認知行動療法を始める人のために

著

デボラ・ロス・レドリー
ブライアン・P・マルクス
リチャード・G・ハイムバーグ

監訳

井上　和臣

訳

黒澤　麻美

星和書店

Seiwa Shoten Publishers

2-5 Kamitakaido 1-Chome
Suginamiku Tokyo 168-0074, Japan

Making Cognitive-Behavioral Therapy Work
Clinical Process for New Practitioners

by
Deborah Roth Ledley, Ph.D.
Brian P. Marx, Ph.D.
Richard G. Heimberg, Ph.D.

Translated from English
by
Kazuomi Inoue, M.D.
and
Asami Kurosawa

English Edition Copyright © 2005 by The Guilford Press
A Division of Guilford Publications, Inc.
Japanese Edition Copyright © 2006 by Seiwa Shoten Publishers, Tokyo
Published by arrangement with Guilford Publications, Inc. New York

○序　文

　本書を準備する初期段階に，私たちは比較的経験の浅い認知行動療法家を集めて，非公式な「諮問小委員会」を結成した。初めてのクライエントを診始めた者も，つい最近PhDを取得した者もいた。初心の臨床家に大きな影響を与える心配事は，全委員の心中に生々しく存在していた。洞察を共有し，本の内容形成に助力してくださったColleen Carney, Winnie Eng, Niki Jurburgs, Laura Lajos, Randi McCabe, Jennifer Mills, Karen Rowa, Erin Scottに感謝する。長期にわたり指導した多くの学生にも謝意を表する。あらゆるスーパービジョン関係は，学生をよりよい認知行動療法家に教育していくための方法に光を投げかけてくれるものである。最後に，私たちをよき治療者への道に導いてくれたばかりか，望ましい訓練と指導を与えるためのモデルとなってくれた，すばらしき指導者たちに感謝を表す。

目 次

序 文 iii

第1章 認知行動療法過程への導入 …………………………… 1
1 いかにして臨床家としての自信を蓄えるか …………………… 1
　(1) 準備　2
　(2) CBT過程とその効果的な実施方法を理解する　2
　　　a 治療同盟を確立し維持する　3
　　　b 症例を概念化する　5
　(3) 起こりうる問題に気を配る　6
　(4) スーパービジョンを上手に利用する　7
2 クライエントに会うための準備をする ………………………… 7
　(1) 心の準備をする　8
　(2) CBTの背景にある理論を理解する　9
　　　a 行動主義　10
　　　b 認知主義　12
3 認知と行動の統合－「ブラックボックス」を超越する ………… 14
　(1) 査定の準備をする　18
　　　a 診断のための査定　18
　　　b 症例の概念化のための査定　19
　(2) CBTを実施するための準備をする　20
　　　最後のヒント　22

第2章 クライエントとの最初の面接 ………………………… 25
1 最初の接触 ………………………………………………………… 25
　(1) 助言する　26

(2) 初診の手はずを整える　28
　　　　a　事前通知送付の許可を求める　28
　　　　b　治療費を設定する　29
　2　クライエントに会う前に ································· 29
　　(1) 準備して臨む　29
　　(2) 注目すべき焦点に気を配る　30
　3　待合室で ··· 31
　4　クライエントと部屋に入って ························· 31
　　(1) 自己紹介をして記録の許可をとる　32
　　(2) セッションの概略を示す　33
　　(3) 事務的手続きをとる　34
　　　　a　査定の同意を得る　34
　　　　b　秘密厳守に関して話し合う　36
　5　ここまでのところで症例を概念化する ················· 38
　6　症例 ··· 39
　　(1) 最初の接触　39
　　　　a　助言する　40
　　　　b　事前の手配をする　42
　　(2) 初来院−査定　42
　　　　a　自己紹介と事務的な手続きを行う　42
　　　　b　セッションの概略を伝える　43

第3章　査定の過程 ································· 45

　1　自分の反応に気をつける ··························· 45
　2　査定の目標 ······································· 48
　3　査定目標達成のためのツール ······················· 48
　　(1) 半構造化臨床面接　48
　　(2) 非構造化臨床面接　50
　　　　a　人口統計学的な情報　50
　　　　b　主訴　52
　　　　c　付加的な問題　54

d 家族背景　　55
　　　e 精神状態検査　　56
　　　f ほかのツール―査定をより充実させるために多様な情報源を使用する　　57
　　　g 自記式質問紙　　58
　　　h 面接と自記式質問紙の不調和　　59
　　　i セッション中の行動から学ぶ　　59
　　　j セルフ・モニタリング　　61
　　　k ほかの専門家と話す　　62
　　　l クライエントの生活に関係する他者と話す　　65
　　(3)　暫定的な問題リストで締めくくる　　66

4　初心の臨床家にみられる共通の不安　　66
　　(1)　間と休憩　　66
　　(2)　詳細を見落とす　　67
　　(3)　間違いを犯す　　69

5　マイケルの査定面接　　70
　　(1)　人口統計学的な情報　　70
　　(2)　主訴とその経過　　70
　　(3)　半構造化臨床面接　　72
　　(4)　自記式質問紙　　72
　　(5)　問題リストを作成する　　73
　　(6)　セッションを終了する　　74

第4章　症例の概念化と治療の計画　　77

1　症例を概念化する　　77
　　(1)　問題リスト　　79
　　(2)　基底にある心理機制を提案する　　80
　　　a 社会不安　　80
　　　b 職業の選択　　81
　　　c 家族との対立　　82
　　　d 家族に関する決断　　82
　　(3)　提案された心理機制が，
　　　　どのようにリストにあがった問題を生み出すか　　84

(4) 現在の問題を引き起こしたもの　85
　　(5) クライエントの子ども時代における心理機制の起源　86
　　(6) 定式化に基づく治療を妨害するものを予想する　87
　2 症例の概念化はどのように治療計画に情報を与えるか ………… 88
　　(1) マイケルの治療計画はどのようなものだったか　88
　3 治療計画に関する最後の2点 …………………………………… 90
　　(1) 治療のためのガイド－治療マニュアルを使う　91
　　(2) どの問題を最初に治療すべきか　93

第5章　クライエントにフィードバックを与え，査定報告書を書く…… 97
　1 クライエントの強さを見直す ……………………………………… 98
　2 問題リストと診断を見直す ………………………………………… 99
　3 症例の概念化について知らせ，話し合う ……………………… 100
　4 治療の選択肢を見直す …………………………………………… 100
　　(1) クライエントにCBTに関して
　　　　十分な情報をもって判断してもらう　101
　　　a 共同的経験主義という立場　102
　　　b 時間制限つきというCBTの特質　103
　　　c CBTは能動的に問題に焦点を当て，現在に焦点を定めたアプローチである　104
　　(2) CBTは万人向けか　104
　5 マイケルのフィードバックセッション ………………………… 105
　　(1) 強さを再評価する　105
　　(2) 問題リストを見直す　106
　　(3) 症例の概念化について話し合う　107
　　(4) 治療を推奨する　109
　　(5) 同意を得るために治療の具体的詳細をクライエントに伝える　109
　　(6) ほかの治療選択肢について知らせる　112
　6 CBTについてのよくある質問 …………………………………… 112
　　(1)「CBTは効果があるのか」　113
　　(2)「私の問題に取り組む十分な時間があるのか」　116

(3) 「過去において，なぜ私にはCBTの効果が出なかったのか」　117
　(4) 「私は薬を服用すべきか」　119
 7 査定報告書を書く ･･ 120
　(1) 査定報告書作成に関するいくつかの一般則　120
　　a 一般的な情報　121
　　b 照会事項　121
　　c 査定手順　124
　　d 行動観察　124
　　e 生育歴と問題歴　125
　　f 査定結果　125
　　g 印象と解釈　126
　　h 推奨　126

第6章　認知行動的治療を開始する ･････････････････････････ 129
 1 アジェンダ設定の重要性 ･･････････････････････････････････ 130
 2 第1回治療セッション ･････････････････････････････････････ 132
　(1) 自己紹介，見直し，確認を行う　132
　(2) 治療の概要を示す　133
　(3) 知識を共有する－治療の心理教育的要素　137
　　a なぜ心理教育をするのか　137
　　b 心理教育はどのように構成されるべきか　138
　　c 心理教育を話し合いの形にする　139
 3 再びマイケルの症例について ･･･････････････････････････････ 141
　(1) 第1回治療セッション　141
　(2) 第2回治療セッション　151
 4 先に進む前に－CBTにおけるホームワークでの注意事項 ････ 159

第7章　認知行動療法での最初の難題に取り組む ･･････････ 161
 1 クライエントをCBTに慣れさせていくという難題 ･････････ 161
　(1) 「クライエントが治療の速度に不満をもっている」　162
　(2) 「クライエントがCBTに手こずっている」　163

a 「クライエントは，『よくなる』ためには
　　　　　過去を掘り下げることが必要だと信じている」　163
　　　b 「クライエントは自分の問題が
　　　　　生物学的に決定されていると思っている」　165
2 CBTを実行しながら薬物を服用しているクライエントのための
　特別な配慮 ……………………………………………………………… 166
　(1) 専門知識を伝達する　166
　(2) 薬物療法がCBTの過程を妨害しないようにする　167
　(3) 薬物療法と，症状の改善の原因をどこに求めるかという問題　168
　(4) クライエントが薬物の服用をやめることを助ける　169
3 特別な難題－自殺のリスクがあるクライエントを治療する ……170
　(1) 法的な面　170
　　　a すべてを記録する　170
　　　b スーパービジョンを求める　171
　　　c 同僚に相談する　171
4 自殺のリスクを査定するにはどのような技能と知識が必要か ‥ 171
　(1) 自らの反応に気をつける　172
　(2) 知識で武装する　172
　　　a 素因　174
　　　b 危険因子　174
　　　c 防御因子　176
　(3) それからどうするか　176
5 臨床家に関連したことで治療が妨害される場合 ……………… 177
　(1) 臨床家自身の問題が症例の理解と治療に影響する場合　178
　(2) 治療関係で臨床家が抱える問題　179
6 治療関係での難しい対人的状況 ……………………………… 181
　(1) 「クライエントが多くの個人的な質問をしてくる」　181
　　　a 年齢と経験を尋ねられる　182
　　　b そのほかの個人的質問　184
　(2) 「クライエントが贈り物をもってきた」　186
　(3) 「クライエントから社交行事に招待された」　188
　(4) 「クライエントが私を誘惑しようとしているようだ」　189

第8章 その後のセッション－中核となる技法を教える ……… 191

1 第3回治療セッション－認知再構成法を導入する ………… 192
2 第4回治療セッション－認知再構成法を続け，
　最初の曝露を計画する ……………………………… 198
3 第5回治療セッション－最初の曝露を行う ……………… 200
4 第6〜10回治療セッション－認知再構成法と
　恐れている状況への曝露を継続する ………………… 203
5 上手にクライエントの記録をとる ……………………… 204
　(1) 記録する理由　204
　(2) 記録の内容　206

第9章 認知行動療法において
　　　クライエントの治療への非協力に善処する ………… 211

1 障壁1－クライエントをCBT過程に取り組ませることの難しさ‥ 212
　(1) 繰り返しセッションに来ないクライエントや
　　　遅刻するクライエント　213
　(2) セッション内の作業に抵抗するクライエント　215
　(3) 脱線戦術を用いるクライエント　219
　(4) ホームワークに抵抗するクライエント　224
　(5) 最後に考察すべきこと－クライエントは
　　　心理的問題のない生活に脅えているか　228
2 障壁2－治療関係に関してクライエントが抱える困難 ………… 230
　(1) 「クライエントが心を開こうとしない」　230
　(2) 「クライエントが話しすぎる」　235
　(3) 「クライエントがいつも怒ってイライラしている」　237
　(4) 「クライエントが過度に協力的である」　241
3 結論－困難に直面しながらも，前向きの姿勢を保つ ………… 243

第10章　治療を終える　………………………………… 245

1　最終地点を心に留める ……………………………………… 245
2　クライエントに自分自身の治療者となることを教える ……… 246
3　治療の最後の数セッションですべきこと ………………… 252
　（1）クライエントが治療で達成したことを理解できるように援助する　252
　（2）クライエントの将来に向けての目標設定を助ける　254
　（3）将来に向けての現実的な予想を確立する　255
　（4）症状が再発したら何をすべきか，クライエントと話し合う　256
4　治療を終える－同じ方針を続けるか，調整を行うか ……… 258
　（1）予想より早い終結　258
　　a「よい理由」で早く治療を終えるとき　258
　　b　臨床家が早く治療を終えると決めるとき　259
　　c　クライエントが早く治療を終えると決めるとき　260
　（2）治療を延長する　262
　　a　臨床家が治療の延長を決めるとき　262
　　b　クライエントが治療の延長を望むとき　262
5　症例マイケルに戻って …………………………………… 264

第11章　スーパービジョンの過程 ……………………… 271

1　スーパービジョンの目標 …………………………………… 271
2　スーパーバイザーの役割 …………………………………… 272
　（1）初心の臨床家を訓練する　272
　（2）満足のいくケアを確保する　273
　（3）教育的な指導・助言を行う　273
3　訓練生の役割 ………………………………………………… 274
4　スーパービジョン関係を築く ……………………………… 275
　（1）スーパーバイザーを選ぶ　275
　（2）スーパービジョン関係の意味合いを定義する　276
5　スーパービジョンの方法 …………………………………… 277
　（1）個人スーパービジョン 対 グループスーパービジョン　277

(2) スーパーバイザーに自分の仕事を伝える　279
　　　　a 自己申告法　279
　　　　b 録画・録音　280
　　　　c 現場観察　281
　　　　d いろいろな方法を使う　281

6　スーパービジョン関係での障壁 ································ 282
　　(1) 症例の理解と治療の方法に関する問題　282
　　　　a「スーパーバイザーは自分が臨床家だと思っている」　282
　　　　b「スーパーバイザーと私は学派が対立している」　283
　　(2) スーパーバイザーと訓練生の信頼関係における問題　284
　　　　a「スーパーバイザーから否定的な評価を受けることを恐れている」　284
　　　　b「スーパーバイザーは私のために時間をさいてくれない」　286
　　　　c「スーパーバイザーと私は道義的・倫理的問題で意見が違う」　287
　　　　d「スーパーバイザーは私の治療者になろうとしている」　288
　　　　e「スーパーバイザーが私に対して不適切な行動をする」　289

7　肯定的な面に注目する ·· 291

付記A　認知行動療法の推薦文献　293
付記B　推薦学会誌，推薦ウェブサイト　301
文　献　303
索　引　307
監訳者あとがき　311

第1章 認知行動療法過程への導入

1 いかにして臨床家としての自信を蓄えるか

　どの道のプロにも初めての時がある。建築家は初めてのビルを建築し，教師は初めての授業をし，外科医は初めての手術をする。同様に新人の認知行動療法家は初めてのクライエントを診なければならない。新しい技能を習得し，自ら選択した職業において成長を始めるのは，大いに気分を高揚させるものだが，このような経験の中で不安を感じることもあるだろう。その理由の1つは，私たちの仕事の大部分が予測不可能だからだ。治療を始めるときには，それがクライエントにとって有益かどうかということすらわからない。多くの要因が治療の転帰に関わることになるが，それらをプラスの結果が保証されるような方向で操作することはできないのだ。しかし，この不確定性に対処できないわけではない。

　本書のおもな目的は，クライエントの治療を始めるにあたって，初心の臨床家により大きな自信と統制（コントロール）感をもってもらうことである。私たちは本書全体を通じて，自信と統制感を得るために，次のような4つの方法を提言する。それは，「準備をすること」「認知行動療法（cognitive-behavioral therapy，以下CBT）の過程を理解すること」「起こりうる困難への配慮」，そして「スーパービジョンのよい活用」である。

(1) 準　備

クライエントの治療に関して，初心の臨床家がより自信をもつためには，まず，適切な準備をしておくことである。ある意味で，「適切な準備」は，研修プログラムによって限定される。訓練生がクライエントと接触する前に終わらせておかなければならない要件は，プログラムで決められている。しかし，その要件は，プログラムによって大きな差がある。プログラム開始早々に訓練生にクライエントと作業をさせるものもあれば，その前により広範な講習（課程履修）と臨床研修をさせるものもある。時には時間的な問題で，訓練生が理想的だとされる十分な準備ができないこともある。例えば，単純にカリキュラム上，倫理学の授業があとのほうに組まれているという理由で，その授業をとる前にクライエントに接することになる訓練生もいるだろう。果ては，研修プログラムによる準備ができていないような臨床経験を求める訓練生もいる。例えば，精神力動論に焦点を当てた研修プログラムを受けている者が，CBTの研修を追究したいと決心することもありうる。その人は，ほかの訓練生がCBTのプログラムで学ぶ理論的な背景もないままに，クライエントに会うことになる。このような点に配慮して，本章の「CBTを実施するための準備をする」（p.20）では，初心の認知行動療法家に講習を超えた付加的な提案，例えば，査定と治療セッションの観察，CBT領域の非常に広範囲な文献学習，認知行動的概念化と心理的問題の治療に没頭できるような経験（全国規模の学会など）などについても説明していく。

(2) CBT過程とその効果的な実施方法を理解する

初心の臨床家には，治療過程の全体がつかみどころのないものに思えるかもしれない。治療の過程を通じて何を達成しなければならないのか。どうすれば体系化された様式で治療を確実に進めていけるのか。

治療の開始から終了までを次のようにまとめることで，そのようなわかりにくさをはっきりさせてみよう。私たちの治療は普通，次のように進行していく。

① クライエントを査定と治療の過程に適応させる。
② 査定を実行し，治療の中心になる問題を明確にする。
③ 治療計画を作成する。

④ 治療プログラムを実行する。
⑤ 適切な時期に治療を終了する。

　本書を通じて，求められる目標の達成方法ばかりでなく，各段階で発生しうる困難への対処法にも焦点を当てながら，この過程の全体を説明していく。

　このような5つの段階を別々にとらえると，圧倒されてしまうかもしれないが，私たち認知行動療法家にとっては幸いなことに，心理的問題の理解と治療の方法を提供する包括的な理論的枠組みがあるのである。名前が暗示するようにCBTは，心理的な困難の発症において，さらに重要なことに長期にわたり困難が続くにあたって，問題となる信念や行動がどのような役割を演じるかに焦点を当てる。治療はこれらの問題となる信念や行動を変えていくことも含んでいる。CBTの研究者や臨床家が特定の障害や困難を理解するためのモデルを展開してきたので，それらが治療の進め方の案内をしてくれる（初心の臨床家に有用な参考資料は，p.293 付記Aにまとめてある）。モデルによって，さまざまな症状がどのように連動しているのかを臨床家とクライエントは理解でき，それをもとに症状緩和のためにどのような変化が必要なのかを解明していくことができる。CBTは盲目的に治療を進めていくものではない。CBTのモデルに精通して，査定と治療の枠組みとして使用すれば，もっと安心して治療に望めるであろう。さらに，これらのモデルについてクライエントを指導していけば，クライエントは自分自身の問題とそれをどのように解決していけばよいのかということについて，首尾一貫した理解を得られよう。

　本書を通して，あなたとあなたのクライエントにどのようにCBT過程を進めていけばよいか，ということも説明していく。治療過程を効果的に進めるには，次のような2つの重要な技能がある。①共同作業をしていく人と強い治療同盟を築き維持することと，そして，②クライエントの抱える問題とその治療法を理解するように努力を続けること，である。②の技能は「症例の概念化（case conceptualization）」とも呼ばれる。この2つの技能をここで簡単に紹介する。この2技能を磨くための教訓は，本書全体を通じてまとめられている。

a 治療同盟を確立し維持する
　CBT過程には臨床家とクライエントの共同作業が必要であり，強い治療同

盟が結ばれれば，治療にも役に立つ。さまざまな治療法によって，治療関係と治療の転帰には重大な関係があることがわかっている[30]。CBTにおける治療関係は，経験領域の異なる対等な人間の間に成立しているものとみなされる。つまり，臨床家が心理的問題を理解・治療する専門家として訓練されているのに対して，クライエントは自分の経験している特定の困難において「専門家」とみなされるのである。クライエント自身は「病んでいる」わけでもないし，「異常」でもない。むしろ，クライエントの問題は学習された非機能的な信念や行動を考慮すると，十分に納得できるものである。CBTは，このような信念や行動を「学習解除（unlearn）」して，より効果的な思考・行動のしかたを学習する方法を示すので，希望を与えてくれるのである。

　査定と治療が進むにつれて，クライエントの問題についての理解を明らかにしていくのは，臨床家の仕事である。しかし，これは両者が協力的に前向きであって初めて可能となる。したがって，臨床家ができる限りクライエントを治療に参加させることが必須となる。臨床家の仕事は，治療計画を立ててそれを実施することだが，クライエントもすべての過程に参加すべきである。クライエントは臨床家に正確な情報を提供し，行動計画を立てるために緊密に作業を一緒に行い，計画をやり遂げ，場合によっては修正を提案していく。治療が進むにつれて，クライエントには徐々に計画の実行に対するより大きな責任を与えるべきである。治療が目指すのは，クライエントに自分で自分の治療者となる技能を教えることである。この目標のためには，強い治療同盟を確立することが必要不可欠である。

　残念なことだが，良好な治療同盟を作っていくための規則集やガイドラインというものは存在しない。しかし，C・R・ロジャーズの業績[39]を参考にするとよいだろう。ロジャーズは臨床家の必須の性質として，共感（クライエントの世界をクライエントの視点から見る能力），純粋性（語ることと行動のしかたを，考えや感じることと合致させること），非独占的な温かさ（敬意をもって接し，クライエントに配慮を示す）を強調している。ロジャーズはまた，クライエントをありのままの姿で受けとめ価値あるものと認める，無条件の肯定的受容（配慮）という態度を奨励した。この無条件の肯定的受容という考え方は，一般的には症状に関してクライエントを責めないという認知行動療法家の

態度によく合致する。症状は認知的・行動的要因が重なって持続しているのであって，怠惰，やる気の欠如，脆弱さなどのせいではないと考えられる。総合すると，これらロジャーズ派の性質は，CBTを含む多くの治療形態で，かなりの信頼性をもって良好な治療転帰を予測できるものであるとわかってきている[28]。

　共感的かつ温かで率直なやり方で行動するというのはそれほど難しいことのようには思えないだろうが，私たちの気持ちがほかのことに向いているとそうはいかない。初心の臨床家は，自分がクライエントにどのような印象を与えているか心配したり（例：「若くみえすぎないだろうか」，あるいは「経験十分と思われているだろうか」），正しく効果的に仕事（例：査定）を片づけることに気をとられたりして，必要以上に自分に焦点を当ててしまうことがある。このようにしていると，自分らしくしていることができなくなったり，本来もっている性質を表すことが困難になったりする。そうならないようにするために，初心の臨床家はクライエントに注意を集中するように，あらゆる努力をすべきである。クライエントの言っていることと，あなたが言っていることにどう反応しているかということに注目しよう。クライエントとクライエントの問題に注意を集中すれば，クライエントはより安心し，支えられている，理解されていると感じるものである。

b　症例を概念化する

　症例の概念化とは，基本的にクライエントの特定の問題が認知行動モデルの中で，どのように理解できるか，ということに関する作業仮説である。これはあらゆる臨床家が習得すべき最も重要な技能の1つである。信頼関係の確立・維持と同じように，症例の概念化はすべてのクライエントの査定と治療の全過程を通じて用いられる技能である。最初に会う際に，クライエントは困難な感情，問題行動，心を悩ますような思考について語る。さらには，家族歴，ストレスやトラウマとなる人生の出来事，現在の状況に関して，重大な情報を提供してくれる。何が効果をあげ，何が役立たなかったのか語りながら，過去の治療でどんな努力をしたのかを伝えることもあるだろう。

　初心の臨床家は，これらの情報に圧倒されて，体系化などできないと思って

しまうこともあるだろう。しかしながら，認知行動理論を利用すれば，情報を体系化し，クライエントの現在の心理的な問題を継続させている要因についての仮説を立て，治療計画を作ることができるようになる。言いかえれば，概念化の過程は，クライエントを単なる症状の集合体とみるのではなく，臨床家が症状の原因と症状間の関係を明確に考察することに役立つのである。こうすることで，一見複雑なクライエントの感情的・行動的な問題が，対処可能なレベルにおさまるのである。第3章から第5章で，情報収集法と意味のある情報の整理法，そしてこの情報を基盤にしてクライエントに関する有用な仮説を展開する方法について論じる。症例の概念化を進めるのは，ジグゾーパズルを完成していくようなものである。それぞれの部分は，理にかなう形でぴったりとかみ合わなければならない。臨床家はクライエントが経験している困難な状態に関して整合性のある理解を展開し，その困難をクライエントが解決していけるように計画を進めねばならない。さらに，最初の概念化と治療計画を展開させたあとでも，症例の概念化は治療の成功に不可欠な要素であり続ける。本書を通して論ずるように，クライエントの心理的な問題に対する私たちの理解の質はセッションごとに新しい情報を獲得するにつれて変わっていく可能性が高いので，査定も症例の概念化も継続して行わなければならない。

　CBTの全段階においてそうであるように，症例の概念化も共同的な過程であるべきである。治療前の査定に続いて，症例の概念化もクライエントとともに行わなければならない。どのように分かち合うかということがとても重要である。臨床家がどのようにその症例を理解するに至ったかということを，クライエントに言って聞かせるのではなく，臨床家はそれを仮説として示し，クライエントに修正する機会を与えるのである。治療の最後まで，その姿勢を続けることが大事である。

(3) 起こりうる問題に気を配る

　CBTの経過中にどんな問題が起こるかをあらかじめ理解しておくことは大切なことである。容易に強固な治療関係が確立され，クライエントは常に治療に応じ，臨床家が望むような変化をしてくれるというのは，理想の世界での話である。現実世界では，治療がそれほど円滑に進展するのはまれである。難題

への挑戦でストレスもたまるが，刺激と活力を与えてもくれる。

CBTにおいて，いつ難題が発生するか，どのような難題が出てくるかを予測することは非常に難しい。しかし，どのような厳しい事態が起こりうるのかということと，さまざまな対処方法を知っておくことは，初心の臨床家にとって大変有益である。本書全体，特に第7章と第9章において，これらの問題に焦点を当てていく。

(4) スーパービジョンを上手に利用する

スーパービジョンをうまく使うことで，初心の臨床家は，経験する不安感の一部を緩和できる。これについては第11章，つまり最終章で扱う。クライエントを診始めたときには孤独を感じるかもしれないが，実際は孤独な状態ではないのである。訓練生たちには，スーパービジョンを受けるという利点がある。先輩臨床家たちが生涯を通じて多くのクライエントを診てきたことから集大成した経験を分けてもらえるのである。第11章で，スーパービジョンを最大限に活用する方法と，スーパービジョン関係で生じうる問題への対処方法を述べる。

臨床家になるというのはエキサイティングな職業選択である。私たちの大半が，人助けをしたくてこの道を歩みだす。その過程は退屈とは無縁である。私たちの会うクライエントは，一人ひとりが訴える内容においても，臨床家との間に形成する同盟の点でも，唯一無二であると言える。紆余曲折もなく治療が進んでいくクライエントですら，考え抜くべき興味深い問題を呈してくる。臨床家としてのスタートを切ることは，本当にストレスの多いことかもしれないが，好奇心という気概をもってこの道を進んでいってほしい。

この章の残りの部分では，査定と治療の準備について述べる。

2 クライエントに会うための準備をする

初心の臨床家はよく，クライエントに会う際の最善の準備方法について助言をしてほしいと言ってくる。不安感を軽くするには，このような情報を求めるのは悪くない。クライエントのいる部屋に歩み入ったときに何が起こりうるの

かということをある程度把握しておけば，確実に自信がついていくだろう。その上，自分自身の不安に気をとられずにいられれば，その分よりよいケアをクライエントに提供できるのである。

　先に進む前に，重要なことを1つ示しておこう。まだ十分に準備できていないような気がするという理由で，最初のクライエントに会うことを先延ばしにする初心の臨床家がいる。臨床活動についての文献を見ること，他の人が治療や査定を行うのを観察すること，これらをロールプレイで練習することは，確かに意味のあることではあるが，クライエントの査定と治療の方法を習得する最良のやり方は，現実にこれらの活動に従事することにほかならないのである。簡単に言えば，実践すればするほど，技能が身につくのである。ここでは，まもなく始まる現場での直接的な臨床活動の基盤となる，知識と技能のよき枠組みを構築するためのヒントを与える。

(1) 心の準備をする

　一般的に，初心の臨床家は自分の能力について不安を抱いているものだ。この不安をやわらげるには，不安の原因を調べることが必要である。臨床行動を行うにあたって有能であるとはどういうことなのかについて非現実的な期待を抱くことが，しばしば困難の一因となる。新人はとかく自分が無能なのではと思ってしまう。臨床家としての技能は経験を通じてのみ伸びていくものであるが，初心であるというだけの理由で，すべて失敗してしまうのではないかと思うのは，あまり現実的とは言えない。実際，臨床家の経験と治療の転帰の関係を調査した研究は，驚くほどに一貫性がないのである。経験と転帰の間に正の相関関係を見出したものもあるが[13,43]，だいたいにおいて相関性は中程度であった。臨床家の経験と治療転帰は無関係だという研究もあり[42]，治療の中断率と無関係だという研究もある[44]。

　これらの研究から，初心の臨床家は，自分の経験不足がクライエントにマイナスの影響を与えるなどと思う必要はない。臨床家としてのキャリアに踏み出す大半の人は，そもそもその選択が適正だと本人や周囲の人を納得させたような技能をもち合わせているのである。これらの技能というのは，ロジャーズの示した共感，純粋性，非独占的な温かさに合致する可能性が高い。この章でこ

れから述べるような優れた準備と，第11章で論じられるようなしっかりしたスーパービジョンとを組み合わせれば，初心の臨床家でもクライエントに何らかの利益を与えられるものなのである。

　初心の臨床家の自信を失わせてしまいかねない別の問題は，治療における成功という転帰に，非現実的な定義を与えることである。治療の成功は，決められた期間内，通常は短期間内にすべての症状や問題が除去されることと定義される，と信じている初心の臨床家は多い。このような信念は，臨床家にとってだけではなく，クライエントにとっても不当である。多くの場合，クライエントは私たちが望むほどには改善しないものだ。よって，クライエントのあらゆる問題を完全に解消するという目標は非現実的で，初心の臨床家を失敗に導いてしまうのである。次のように自分に言い聞かせるほうが理に適っている。「私の目標は，ある特定の問題の理解と治療に対する認知行動的アプローチへとクライエントを方向づけることである。私はその問題の治療に効果があるとされる認知行動的な技法をクライエントに指導するのである」。この目標は合理的で，測定しやすく，あなたが影響力をもち得ないような，クライエントごとに異なる多くの要因によって特に変動するものではない。

(2) CBTの背景にある理論を理解する

　CBTの背景となる理論を詳細にわたってすべて解説するのは，本書の役目ではない。しかし，ここでCBTの理論的な支柱に簡単な洞察を加えておく。初心の認知行動療法家は，クライエントと行う作業の根底にある理論に関して，講習とさらなる文献学習（p.293 付記A参照）により，知識の基盤を確かなものにしておくべきである。

　現在，CBTは，心理的な障害の理解と治療に関する2つの独立した理論を統合したものである。行動主義と認知主義である。行動主義の最も厳格な形では，排他的に，観察可能で測定できる行動のみに注目し，すべての心的な事象は無視する。心なり脳といったものは，探求の価値がない「ブラックボックス」とみなし，代わりに環境と行動の相互作用に焦点を当てるのである。認知主義は心の役割，特に感情と行動を決定するものとしての認知に焦点を当てる。

a 行動主義

しばしば「行動主義の父」と考えられているJ・B・ワトソンは，すべての行動と行動変化を古典的条件づけによる学習の機能と考えた。彼は複雑な行動ですらも，すべて簡単な学習過程で獲得された構成要素となる行動に分解できると主張した。古典的条件づけには2つの主要要素がある。①無条件刺激と反応，②条件刺激，③条件反応である。無条件刺激とは，特定の反射反応を引き起こしうる刺激である。その一例は食物である。無条件反応である唾液の分泌を自然に引き起こすからである。条件刺激はある無条件刺激と組み合わされる前は中立的であった刺激である。例えば，もし赤ん坊が緑の照明を見せられても，それを見るという以上には何ら特別な反応をしないであろう。しかし，母親が食事を与える直前に繰り返し緑の照明を見せれば，赤ん坊は最終的には緑の照明だけでも反応して唾液の分泌を始める。こうなると，唾液分泌は条件反応ということになる。繰り返し組み合わされることで，単独の無条件刺激（食物）とともに起こるのと同じ反応（唾液分泌）を，条件刺激（緑の照明）が引き起こすようになったのである。ワトソンはすべての学習は（したがってすべての行動変化も），このタイプの単純な刺激－反応の結合を通じて生じると信じたのである。

ここで，CBTの治療者が関心をもつ問題行動において，古典的条件づけが働いていることを明白に示す例をもっとあげてみよう。ワトソンと同僚のロザリー・レイナーはアルバートという男児と有名な実験を行った。アルバートはネズミを見たことがなかったので，ネズミに対する学習された反応というものもなかった。言いかえると，白ネズミはアルバートにとって「中立的な刺激」であった。ワトソンとレイナーは，うるさい音（無条件刺激）と同時に組み合わせながら，アルバートにネズミを見せた。その音はアルバートに，驚愕反応か恐怖反応（無条件反応）を引き起こすことがわかっていた。白ネズミと音をたった7回組み合わせるうちに，アルバートはネズミ（条件刺激）だけでも恐怖反応（条件反応）を示すようになった。アルバートはネズミを恐れることを「学習」したのである。実際，アルバートは，ウサギやサンタ・クロースのお面などの，白くて毛がふわふわしたような物体も恐れるようになったのである。行動主義の用語では，アルバートの恐怖はほかの白い毛皮つきの物体に「般化」

されたのである。ピーター坊やのケースと言われる別の研究[24]は，恐怖もまた「学習解除」できることを示した。恐怖の原因は不明だがウサギを怖がっていたピーターという名前の男の子が，連日昼食時にかごに入ったウサギに曝露された。ピーターはもはやウサギを恐れなくなったので，実験者たちはピーターがウサギと恐怖の間ではなく，ウサギと昼食をとる快感との間に新しい連想関係を発達させたと推定した。これらの初期の学習と「学習解除」の実験は，人々がどのように恐怖を習得し，そういった恐怖の解消をどのように援助できるかということに関する，私たちの現在の理解に対しても重要である。

B・F・スキナーは行動主義の隆盛における，もうひとりの主要人物である。スキナーの条件づけ理論はワトソンのものよりも精緻であり，古典的な条件づけではなくオペラント条件づけに焦点を当てている。オペラント条件づけでは，刺激は反応を引き出すものと考えられていない。そうではなく，生命体が環境と相互作用すると，あらゆる種類の反応（オペラントと呼ばれる）を表出する。特定の反応に対して生命体にほうびが与えられると，その反応は再起する可能性が高い。行動主義の用語では「強化」されるということである。臨床家として目にするような問題において，機能しているオペラント条件づけの例を見よう。登校の前に泣いて，そうすると母親から学校に行かずに家にいることを許してもらえる子どもの例を考えてみよう。この子は家で過ごす日がとても楽しい。ふだんは兄妹たちと分け合わなければならない母親と一緒に過ごし，テレビを見て，ビデオゲームをするのである。この子どもは毎朝泣き続ける可能性がある。というのは，この行動が望んでいる結末を生む，ということを学んだからである。その後もし母親が，子どもは泣いてもおかまいなしに学校に行かせるべきだと子育て雑誌に書かれているのを読めば，子どもは泣くことがもはや望ましい結果を導かないということを学び，泣くことをやめるだろう。言いかえると，子どもは泣くことと学校を休んで家にいることの間の連想関係を「学習解除」するのである。

私たちが認知行動療法家として出合う問題の中には，純然たる行動主義を実際に応用できるものもある。しかし，単純な刺激－反応連合は，すべての学習された行動を説明できるわけではない。行動現象は複雑になるほど，行動に対するもっと複雑な説明が必要になる。人々が何を考え，感じているのか知るこ

ともまた，行動を理解するためには重要である。

b 認知主義

　認知主義は，堅固な行動主義者が心を「ブラックボックス」とする見方と対比する際に，厳密な行動主義との違いが最もはっきりする。認知モデルは心に関心を寄せているのである。特に思考は，刺激とそれに対する私たちの反応を媒介する変数として働くので，重要と考えられている。

　認知モデルとそれに関連する治療法と言えば，明らかにA・T・ベックを連想する。ベックは1960年代にうつ病の治療のために認知療法を展開したが，それ以降，認知療法は一般的な「日常生活での問題」と，ほとんどすべての精神障害に応用されている。認知療法は，ゆがんだ，あるいは非機能的な思考があらゆる心理的な問題の基盤に存在していると提案する認知モデルに基づいている。さらに，非機能的な思考は気分と行動に重大な影響を与える。認知モデルの鍵となる概念は，行動に影響するのは出来事それ自体ではなく，出来事をどう知覚するかということである，というものである。

　この大事な概念を説明するために，次の例をあげる。以下の状況を考えてみよう。ジェーンは映画を見るため，7時に友人と会うという計画を立てる。今，7時30分である。ジェーンの友人はまだ来ず，映画はまもなく始まろうとしている。ジェーンのこの出来事に対する反応はどのようなものだろうか。慢性的な心配屋のジェーンは，即座に，友人が映画に来る途中に車の事故に遭ったと想像する。このためジェーンはとても心配になり，焦燥感を感じる。ジェーンは友人の携帯電話にかけてみるが，応答はない。彼女は高速道路の真ん中で大破した車の中にいる友人の姿をまざまざと思い描く。もし友人が車に閉じ込められていて，それでも意識があれば応答するかもしれないし，励ましの言葉をかけられるだろうと考えて，電話をかけ続ける。したがってジェーンは映画館の外に立って，友人に電話を繰り返しかけ，友人の運命と友人を助けられない自分の不能に関して，いっそう混乱していく。

　別の人物なら全く異なる反応をするだろう。ジョンは，友人が自分と一緒に過ごすのがいやなので，代わりに別の友人と会う計画を立てたのだと思うかもしれない。こうなるとジョンは落胆し，家に帰ってかなり泣くかもしれない。

スーザンは，過去にもよくあったように，友人が自分と会うことを忘れたのだろうと考えるかもしれない。このためスーザンはムッとするが，その後ひとりで映画館に入るかもしれない。ジェフは自分が時間か日を間違えたのだろうと考えてしまう。このため，うかつだったと思い，帰宅途中に店に入り，何週間も前から買おうと考えていたスケジュール帳を購入するかもしれない。この例は，ある1つの状況が，それに対する人の認識方法しだいでさまざまな感情的・行動的反応を引き起こしうることを示している。これがまさに認知モデルの心臓部なのである。

　ベックにより発表された認知モデル（図1.1）は，中心にある中核的信念から始まる。自己，他者，世界に関する信念は，成長しながらの経験に基づいて，子ども時代に形成される。中核的信念は「その人物により絶対的な真実，ものごとの『当たり前の状態』とみなされるほどに，根源的で深層にある理解」である（文献7，p.15）。中核的信念は包括的で状況全般に適用される。これは自動思考とは対照的である。自動思考は「その人の心の中を通過する実際の言葉あるいはイメージ」と説明されるもので，状況によって特異的なものである。

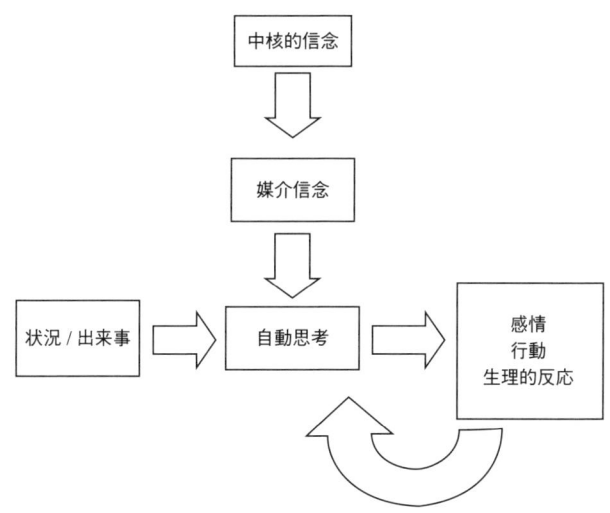

著作権 The Guilford Press, 1995に許可を得て転載。

図1.1　認知モデル[7]

中核的信念と自動思考の間には，媒介信念があり，これは「態度（attitudes），ルール（rules），思いこみ（assumptions）」（文献7，p.15）から成立する。これらの概念を説明するために，ジェーンの例に戻ろう。ジェーンが「私は不運な人間である」という中核的信念を抱いているという可能性は高い。ジェーンは，この中核的信念と自動思考（「友人は事故に遭った」）の間に，「私に近い人たちには悪いことが起こる」や「世の中は危険に満ちている」などを含む，さまざまな媒介信念をもっているかもしれない。

認知モデルは，人々がさまざまな状況にあるとき，中核的信念と媒介信念から直接的に影響を受けた自動思考が活性化されると仮定する。次に自動思考が私たちの反応に影響する。最も基底的な信念はどのような状況でも思考に強い影響を与えるので，同じ状況でも人は全く違った反応をするのである。

3 認知と行動の統合－「ブラックボックス」を超越する

認知モデルでは，刺激は出来事とその出来事に対する私たちの解釈（考え）によって構成されている。刺激は思考のみで成立していることもある。応答とか「反応」に言及する際，認知モデルは3種類の反応を指している。感情的反応，行動的反応，生理的反応である。ジェーンが友人は映画館に来る途中で車の衝突にあったのだと自動的に結論してしまうとき，彼女は心配し（感情），友人が大丈夫か確認しようと繰り返し携帯電話に電話をかけ（行動），震え，発汗，息切れのようなあらゆる種類の身体症状を経験する。これらすべての反応はジェーンの状況に対する解釈の結果であり，その状況というのは，多くの異なる方法で解釈が（それゆえ，反応が）可能なものである。図1.1に示したように，これらの反応は続いて自動思考にフィードバックされる。例えば，ジェーンの友人が数回電話に出なかったとき，ジェーンの次なる自動思考は「彼女は死んでしまったにちがいない」であった。友人から応答のないことがジェーンの信念を固める役割を果たしたのである。

それでは，CBTはどのように機能するのだろうか。本書全体を通してCBTの仕組みを論じるが，最も基本的なレベルでいえば，CBT傘下にある技法は，この状況から解釈へ，そして反応へ，という出来事の連鎖を変容するように働

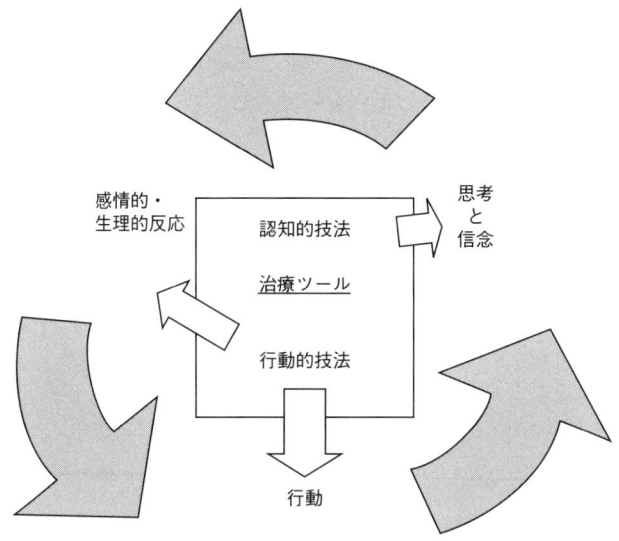

図1.2　CBTでの症例の概念化に対する基本的モデル

くのである。図1.2に表したように，CBTには認知療法と行動療法双方の治療手段が関係している。しかしながら，認知的技法が認知のみを標的とし，行動的技法が行動のみを標的にしていると考えるのは，単純すぎる。図1.2が示すように，これらのシステムの一方における変化は，まぎれもなく他方での変化という結果を招くのである。

　初めに，これが認知的技法ではどう応用されるのか，考察しよう。主要な認知ツールは認知再構成法であり，これは不適応な思考を同定してリフレーム（新しい枠組みを与えること）することを意味している。認知再構成法は，自動思考を「真実」と扱うのではなく，思考に疑問を投げかけ，非合理的だったり不適応的だったりすればリフレームするのである。ジェーンの例に戻ろう。ただし，先ほどと同じシナリオが，ちょうどジェーンが認知療法を始めたときに起こったと想像しよう。友人の遅刻に対するジェーンの自動応答は，いまだに友人はひどい事故に遭遇して死んでしまったというものである。しかしながら，新たに発見したCBT技能によって，今ではこれらの思考を疑問視することができる。すぐに彼女は性急に結論を出したことに気づいて，友人が遅れて

いることにはいろいろな説明ができ，友人が死んでしまったという可能性は少ないことだと悟るのである。ジェーンは，友人がもたもたしているだけなのかもしれないこと，道に迷ってしまったのかもしれないこと，職場で何かあったのかもしれないこと，携帯電話の電源を入れ忘れたのかもしれないことを認められる。このような認識が全く異なった行動的反応につながる。ジェーンは友人の携帯電話にメッセージを残すことに決める。入って映画を見ていると伝え，ただ遅れているだけならば入ってきて自分に会ってくれるように，あるいは何が起きたのか知らせるためにあとから電話をくれるように，と言い残すのである。これは，映画館の外で混乱しながら繰り返し友人に電話をかけるのとは，行動的に全く異なっている。ジェーンはまた，感情的にも生理的にも違う反応をするかもしれない。映画館に落ち着いて映画を楽しめば，ひどく不安にかられたりせず，心穏やかにリラックスできるだろう。

　ジェーンはCBTから何を学んだのだろうか。彼女にとって最も重要な教訓は，1つの状況にはいろいろな解釈ができる，ということである。彼女はまた，1つの状況に対していろいろな反応方法があるということを学んだ。混乱して友人に電話をすることは，彼女にとって，あるいは友人にとって何の利益もないということと，映画を見に行ったことが喜びだったし，何ら負の結果をもたらさなかったこと（例：友人が困っているときに助けになれない，という彼女の恐怖は現実化しなかった）がわかったのである。認知を再構成するという行為が，期待どおり，ジェーンの信念と，ストレスがかかる可能性のある状況に対する彼女の行動的反応，感情的反応，生理的反応に正の影響を与えたのである。

　この相補的な関係は，行動的技法ではどう適用されるのだろうか。CBTには，現実（生活での）曝露，社会技能訓練，リラクセーション訓練，構造化された問題解決訓練など，多くの行動的手段がある。しかしながら，これらの手段の共通点は，認知再構成法と同様に学習理論に基盤があり，新しい反応を学びながら，刺激と反応の間の古く不適応なつながりを学習解除していくことを含んでいる点である。例えば，現実曝露をすれば，人は不安を感じさせる無害な刺激に直面できる。このような引き金となる対象に繰り返し曝露するのは，自分の不安は根拠がないものだということを学習するためである。スタンとい

うひどいヘビ恐怖症の男性を例にあげよう。記憶にある限り，スタンはあらゆるヘビに関連した刺激（例：ヘビの絵，映画の中のヘビ）を恐れてきた。彼は最近家を購入し，園芸に取り組んでみようと思い立った。しかしすぐに，庭にはよく見かけるような小さなヘビがいることがわかった。まれにヘビを目にすると，彼は恐怖感をあおるようなことを考えた（例：「私を噛むだろう」「このヘビの毒で死んでしまう」「対処できない」）。こういった思考で，彼はもっと不安になり（感情的反応），動悸や発汗（生理的反応）は起こった。庭でこのような小さなヘビを見るたびに逃げ出して，その後誰かが家に来てもう庭にヘビがいないと確認するまで，何日も外に出ないのだった（行動的反応）。やがて庭は放っておいたせいで雑草が茫々になり，近所の人に苦情を言われるようになった。

　スタンは治療を受けることを決心し，ある行動療法家に会うことにした。治療では，初めはヘビに関連した刺激への曝露，徐々に本物のヘビへの曝露が繰り返された。何度も曝露されるうちに，スタンはヘビに対して好悪のない中立的な反応を示し始め，のちには実際にヘビがとても好きになり，庭仕事を再開したばかりか，ペットとしてヘビを購入すらしたのである。ヘビを脅えや恐怖と関連づける代わりに，喜びと趣味に結びつけたのである。

　スタンの治療は純粋に行動療法的だったようにみえる。反復的な曝露によって，新しい刺激－反応連合を組み立てたのである。とはいえ，この新しい連合はいかに確立されたのだろうか。確かに，スタンはヘビに関して新しい信念を育てたかのようにみえる。曝露でヘビに関してより多くのことを知り，自分の住む場所にいるヘビの大半が噛みつかず，毒もないことがわかった。彼は，ヘビはヌルヌルした感触のものではなく（曝露前はそのように思っていた），実際は乾燥していて触り心地がよいことも知ったのである。さらにヘビがさまざまなすみかを動き回ったり，食べたり，砂の下に穴を掘るといった自然な動きをするのを観察することが楽しくて興味深いものだ，ということも学んだ。このような学習が1つの刺激－反応連合（ヘビ－恐怖）を消し，新たな刺激－反応連合（ヘビ－喜び）の形成につながったのである。治療が表面的には「行動」のみに焦点を当てているようにみえたのに，この新しい連想関係が信念の変容（「ヘビが好きだ」「ヘビは怖くない」）につながり，行動の変化（例：園芸，ペ

ットとしてヘビを買う，など）につながったのである。

(1) 査定の準備をする

　治療を始める前に，クライエントの徹底的な評価をすることが必須である。査定には普通2つの目標がある。1つは「精神障害の分類と診断の手引き　第4版 テキスト改訂版」(DSM-Ⅳ-TR)[1]に基づいて診断を下すことである。すべての臨床の場でDSMの診断体系が活用されるわけではないが，CBTでは使用するので，よく学習することが重要である。査定のもう1つの目的は普遍的なものである。つまり，治療の指針として役立つような概念化，あるいは理論的な理解を形成することである。言いかえると，認知行動療法家は以下のような疑問に答えようとしているのである。どんな非機能的な思考がクライエント固有の感情的・行動的問題を生じさせているのか。そして，問題のある感情や行動がどのように非機能的な認知にフィードバックしていくのか。

　　a　診断のための査定

　初心の臨床家が，DSMに基づいて診断を決定するという，査定の第一目標を達成するにはどうしたらよいだろうか。診断技能は経験を通してのみ研ぎ澄まされるものであるが，臨床家は診断分類について熟知して査定を始めねばならない。これは，最低でも，よく頻繁に現れる心理的な障害に対する診断基準には十分精通しているということを意味する。これらの基準を暗記する必要はないが，さまざまな障害の一般的な記述と，障害と障害を区別する方法は知っておくべきである。多くの障害には共通の特性があるので，クライエントと話す際には，鑑別診断に適するような質問をしなければならない。

　特定の症候群に対して，正確にDSMの診断を下す最善の方法は，この目的だけのために作られた半構造化臨床面接（第3章に詳述）を使用することである。クライエントに用いる前に，臨床家がこのような面接に通じておくことは必須事項である。適切な準備には，面接の全体像を明確に把握し，どのような言い回しで質問するか学び，進行の規則（例：概念の特別な定義をクライエントに知らせ，時間制限を守るなど）に精通し，面接でのセクションから次のセクションへの移行方法を学ぶことが含まれる。この知識は，手引きを読んだり，

研修テープを見たり，同僚やスーパーバイザーが査定を実施するのを観察することで習得できる。同僚かスーパーバイザーと一緒に査定をしてもよい。私たちの見解では，査定方法を学ぶ最もよい方法の1つは，経験豊かな臨床家がクライエント数人の査定を行うところを見て，それからベテランの臨床家が見ている状態で数件の査定を行うということである。1回の査定が終わるたびに，初心の臨床家はフィードバックと，質問をする機会を与えられるべきである。

経験を積んだ臨床家を観察すると（研修テープで見ても，同席して見ても），初めは威圧感を感じるかもしれない。面接は話題から話題へ優雅に流れていくように思われ，面接者は，的確に査定を終わらせるためにどの経路をとるべきかを厳密に理解しているようにみえる。すでに注意したように，こういった技能は準備（面接の形式に通じ，診断基準を知っておくこと）と実践から得られるものである。そうは言っても，自分に対して妥当な期待感をもつこともとても大事である。高い技能を身につけた面接者も，かつては今のあなたと同じようにぎこちなかったのである。

b 症例の概念化のための査定

DSMの診断は一点しか伝えてくれない。クライエントの経験している症状が全体として，認定可能な障害や症候群に該当するか，ということである。確かに私たちは多くの診断対象に関連する知識をもっている。罹患率，男女の比率，平均発症年齢などである。それにもかかわらず，これらの「事実に基づいた」データとクライエントを理解することとは別物なのである。一群の症状に名前を割り当てられたとしても，それは，これらの症状がどのように始まったか，あるいは何が持続させているのかをあなたが理解しているということではないのである。ここでCBT理論と症例の概念化が登場する。臨床家は単純な診断を超えて，CBTの枠組みの中で，なぜクライエントが特定の問題を抱えているのかを理解しなければならない。それゆえに臨床家は，自分の問題や感情的反応，行動的反応，そしてこれらの反応に先行したり結果的に生じたりする事象に関するクライエント独自の考えについても情報を求めることになろう。

診断技能と同じように，症例を概念化する能力は時間と経験に伴って育まれ

ていく。ひとたびクライエントを診始めたら，毎週のスーパービジョンの間に，進行中の症例の概念化を話し合うべきである。スーパービジョン・グループに参加して，ほかの臨床家の症例の概念化を聞いたり，自分の概念化を披露したりすることも有益である。このような状況では，症例についての異なる理解方法を受け入れる姿勢も大事である。症例の概念化は進行形の作業だということを忘れてはならない。クライエントの問題に関するあなたの洞察や，クライエント自身の洞察，時には他の専門家たちの考察に基づいて，修正されることもあるのである。

　症例の概念化に関しては，優れた文献が数点ある。すべての初心の臨床家にとって必読なのは，J・B・パーソンズの "Cognitive therapy in practice: A case formulation approach"[38]である。パーソンズのアプローチは第4章でもっと詳細に論じる。症例の概念化に関するもう1つのよい参考文献は，J・S・ベック "Cognitive therapy: Basics and beyond"[7]の第2章である。

(2) CBTを実施するための準備をする

　査定が完了し，症例が概念化され，治療計画が考案されたら，臨床家のすべきことは，始めることのみとなる。初心の臨床家は，CBTを現実に行う準備をどのようにしたらよいのであろうか。準備の大事な要素の1つは文献を読むことである。CBTの範疇にある幅広い技術に関して，すぐれた知識基盤をもつことは必要不可欠である。CBTの核となる技術を説明している最良の文献で入手可能なのは，J・S・ベックの "Cognitive therapy: Basics and beyond"[7]であろう。多くの初心の臨床家がその核となる技術を学ぶには，以下の本も役に立つであろう。

- D・D・バーンズ： "Feeling good: The new mood therapy"[10]
- D・グリーンバーガーら： "Mind over mood"[20] （C・A・パデスキーらの "Clinician's guide to mind over mood"[36]も参照）
- R・L・リーヒィ： "Cognitive therapy techniques: A practitioner's guide" (2003)
- A・T・ベック： "Cognitive therapy and the emotional disorders"[5]

● A・T・ベックら："*Cognitive therapy of depression*"[6]

　初心の臨床家がCBTの核となる技術をつかんだら，具体的な心理的問題に対するCBT理論と療法の知識を習得しなければならない。よい出発点になるのは，D・H・バーロウの"*Clinical handbook of psychological disorders: A step-by-step treatment manual*"[3]のような守備範囲の広い本である。これには多くの具体的な心理的問題が取り上げられた章があり，各問題の性質とそれらの理解のための認知行動モデル，そして最初の査定から終結まで，治療のためにどうCBTを使用するかということを概括している。CBTが多様な心理的問題にいかに応用されるか，ということに関しての優れたモデルと，データ（有病率や治療転帰研究から発見された内容）と実用的な知識（症例，対話例，クライエントが記入する用紙など）をうまく融合したものを提供してくれる。

　ある特定の問題を抱えたクライエントの治療を始めるときには，その特定の分野に関するより専門的な文献検索も重要になる（p.293，付記A参照）。これには，治療の手引きばかりでなく，研究論文（例：疫学，病因論，診断の問題，治療へのアプローチを論じる文献）も含まれる。特定の問題の研究に関する短い概観を掲載しているマニュアルもあるが，当然のことながら，いちばんの焦点は治療過程を通して，臨床家を導くことにあるのである。

　残念ながら，本や治療のマニュアルを読むだけで，この分野の最先端の知識についていけるようになるわけではない。現場に立つ臨床家は，影響力のある治療転帰の研究や，さまざまな心理的問題の性質をよりよく理解することに役立つような研究に関しては，遅れずについていく習慣を身につけなければならない。この分野には優れた専門誌が多すぎて，ここですべてをあげるわけにはいかないが，付記B（p.301）に初心の臨床家が注目してもよいと思われるものをいくつかあげている。

　文献学習に加えて，もっと経験のある臨床家を観察することでも，CBTを実行する準備ができる。ビデオテープでCBTの「名人」を鑑賞すれば，多くの情報（と楽しみ）が得られる。行動療法推進協会（Association for Advancement of Behavior Therapy）は，世界的に著名な認知行動療法家がクライエントを治療している姿をみせる，一連の「世界巡りビデオ」と呼ばれるものを作成し

た。これらのビデオは優れたCBTを目にする機会を与えてくれるもので，特定の問題に対する治療を生み出した当人をみられることもある。

「世界巡り」シリーズは治療の短縮版をみせるものなので，初心の臨床家は治療全体のビデオテープも手に入れるべきである。多くの研修クリニックは訓練生のために，興味深い症例のテープを保管している。初めから最後まで症例をみることで，多くの異なる治療技法ばかりか，治療過程のいろいろな段階で起こりうる問題にも触れられるのである。初心の臨床家はできるだけ，自分の所見をもっと経験のある臨床家，理想的にはその治療を行った臨床家本人と語り合うべきである。そうすれば，治療の進行中に下された決断をどうして下したのか，臨床家に説明してもらうことができるのである。

治療セッションはまた，マジックミラーの陰から，あるいは臨床家，クライエントとともに部屋に入って，実際に観察できる。これは優れた学習方法である。特に各セッション後に，その臨床家と一緒に時間を過ごして，その症例を論じたり質問をしたりできるとよりよい。もし臨床家，クライエントと同席できるのなら，臨床家のスタイルやクライエントの受け入れしだいで，徐々にもっと能動的な役割を果たすこともできるかもしれない。みんながあなたの役割を明確に理解できるように，あなたの参加のしかたについては，みんながあなたの役割をはっきり理解できるように，治療開始前に臨床家やクライエントと話し合っておくとよい。

CBTの実行方法を本当に学ぶ最善の方法は，実際にやってみることにほかならない。本書の第11章では，自分のクライエントの治療を始めるときに，スーパービジョン関係を最大限に活かす方法の概略を示し，スーパービジョンについて詳しく説明する。

最後のヒント

CBTの初心の臨床家には，国際，全国，あるいは地方の組織に加入することも勧める。これらの組織の会員資格があれば，CBTの研究と実践における最新の状況について，情報を受け続けることできる。これらの組織はまた，会議の後援もするので，その場ではワークショップや講演に参加して学んだり，CBTに関心をもつ人に会ったりできる。これらの組織には行動療法推進協会，

国際認知療法協会（International Association for Cognitive Psychotherapy），さらにはもっと専門化されたアメリカ不安障害協会（Anxiety Disorders Association of America）などがある。認知療法アカデミー（Academy of Cognitive Therapy; ACT）も優れた情報源である。ACTは認知療法の進んだ専門知識を有する者に認定を与えるが，CBTを中心におく臨床心理学博士課程プログラムのリスト，インターンシップ，博士課程修了後の特別研究員の地位など，初心の臨床家にふさわしい情報源も提供している。

第2章
クライエントとの最初の面接

　仕事の性質と働いている環境しだいで，クライエントとの最初の接触は変わってくる。クライエントになるかもしれない人からの電話を受ける臨床家もいる。クライエントを割り当てられて，最初の予約を決めるために電話をかけるのが初めての接触という場合もある。最初の来院時まで，クライエントと接触をもたない場合もある。

　この章では，架空の出来事の進行をともにみていく。あなたのおかれた臨床環境と厳密には合わないかもしれないが，一般的な流れである。この進行をたどることで，クライエントを知っていく過程を具体的に説明できるだろう。症例の概念化を伝えるために，クライエントとの早い段階でのやりとりを示しながら，最も重要な，新しいクライエントとの信頼関係を築くことに焦点を当てる。

1 最初の接触

　どのような形でクライエントが最初に接触してくるかにかかわらず，治療を求める第一歩で，多くの人はひるんでしまうものだ。臨床家は誰でも，実際に行動を起こすまでに，電話をすることを何カ月も，さらには何年も考えていたというクライエントに会ったことがある。このようなことを考えると，クライエントの状況とクライエントが感じているかもしれない不快感やきまりの悪さに，敏感になることが大事である。最初の電話での連絡や来院は，一般的にク

ライエントの問題を徹底的に評価，診断するのにふさわしい場ではないことも，心に留めておくのが大事である。むしろ最初の接触は，次の適切な段階を決めるため，問題と関連性の高い基本的な情報を手に入れるための場として考えたほうがよい。

どのようなクライエントに対しても，よい出発点にするためには，その人の抱えている問題がどのような種類のものか，簡単に描写するように求めることである。「今日は，どのようなご相談ですか」「今日，電話をかける気になったのはどういった理由からですか」「最近，どのような問題を抱えていられるのですか」といった質問を発することである。質問に容易に明確に答え，臨床家にさらなる質問をする機会を与えてくれるクライエントもいる。問題に対する，あるいは治療を求めねばならないことに対する恥の気持ちや困惑から，電話で情報を伝えることや，問題を詳しく話すことをためらうクライエントもいる。このような状況では，その人を助けたいという前向きな意思を伝え，情報を分かち合えるようになるための時間を十分にとることが重要である。何か適切なことを勧められるのは，十分に情報を得てからである。

電話をかけてきた人たちが経験する最初の不安を乗り越えるには，まず，電話をかけてくれたことを喜ばしく思い，非常に個人的で苦悩をもたらす情報を打ち明けることがどんなにつらいかわかっていると伝え，「分かち合う」行為を強化することである。第二に，適当であれば，その人の心配事をよくあることだとして（「あなたの問題は，私たちのクリニックに相談する多くの人が経験するものとよく似ています」），力を貸せることを伝え安心感を与えることも，とても役立つ。ひとたび，その人たちが話し始めたら，理解のある，落ち着いた，審判を下すような印象を与えないやり方で，話に反応することが不可欠である。この雰囲気ができれば，ほとんどのクライエントは問題に関して，肩の力を抜いて話し続けることができるだろう。

(1) 助言する

最初の会話での臨床家の目標は，その人がどう進んでいくべきか，何らかの助言をすることである。考えるべき選択肢はたくさんある。もっと詳しい評価をするために，その人を呼ぶという可能性もある。別の選択肢として，あなた

も同僚も治療できないならば，別の専門家かクリニックに紹介することもある。この場合，電話をかけてきた人が拒絶されたと感じないように，配慮しなければならない。例えば，このように言うことができよう。「あなたの現在の主な問題は，夫婦関係にからんでいるようですね。私たちのクリニックでは，カップル療法はやっていませんので，そのような治療をしてもらえるところをご紹介しましょう」。万一，その臨床家が新たなクライエントを受け入れていない場合や，電話してきた人が加入している保険では受けつけてもらえない場合を考えて，3〜4の選択肢を教えたほうがよい。どれもうまくいかなかった際にはまた電話するように話しておくこともよい方法である。

　時として，治療を求めるよりも情報を得るために臨床家に接触してくる人もいる。なかには，本気で治療に取り組む準備はないけれど，自分の問題についてもっと知りたい，あるいは支援組織に参加したい，といった段階にある人もいる。ここでも，将来，治療を受ける気になったらまた電話するように勧めた上で，情報を提供すべきである。また別の場合には，臨床家として，治療の必要はないと感じることもある。例えば，電話をかけてきた人が非常に軽度の症状を説明し，治療のため来院する時間があるかどうか心配しているということもありうる。このような場合には，セルフヘルプの本，ウェブサイト，あるいは地元の支援組織などを紹介することもできる。こうした最低限の介入で十分な人もいるかもしれない。これらを試したあとで，必要な犠牲を払ってでも，より構造化された治療を受けることに価値を見出す人もいる。一般的に，クライエントになる可能性のある人が臨床家に電話してくるときには，何か（予約でも，紹介状でも，あるいは情報でも）をもって帰りたいのである。臨床家と話すために電話をしたことは前向きの変化につながる，前向きの決断であったという感じを与えるようにすべきである。

　先に進む前に強調しておきたいのは，この最初の接触の間は，その人にゆっくりと，理解しやすい用語で情報を提供すべきだということである。心理学の専門用語は避け，情報は簡潔かつ率直なものとし，必ず，何か質問はないかと尋ねるべきである。

(2) 初診の手はずを整える

　電話してきた人があなたの勤務するクリニックで査定を受けるのに適した候補者であるとしよう。そうしたら，次は最初の来院を決めることである。その場合には，臨床家は相手に来院の目的と，来院に必然的に伴う事柄を知らせるべきである。不安を抱えていると，人は細かいことに注意を払いにくくなるということを心に留めて，いつ（日時）セッションがもたれ，セッションはどのくらいの期間続き，最も重要なこととしてはクリニックまでの交通手段などを，その人がしっかり理解しているかどうか確認する。最初の電話をすることに集中しすぎて，このような詳細を聞き忘れてしまい，電話をかけ直すことを恥ずかしいと思う人もいる。すべての必要な情報を必ず伝え，それがわかりやすいかどうかを確認しよう。

a 事前通知送付の許可を求める

　初診日程が決まったら，予約時間を忘れないためと，来院の交通案内，予約を変更したい場合の連絡先，そしてクリニックについてや，その人が治療を求めている種類の問題についての一般的な情報を伝えるために，事前通知を送ることもある。質問紙をクライエントに送って，査定セッションまでに記入しておくように頼んでおくことも，とても役に立つ。このようにすれば，その質問紙を査定がスムーズに進むように利用することができる（第3章）。

　事前通知などを送る前に，クライエントに郵便物を送ってもよいか尋ねることが肝心である。家族に治療を受けようとしていることを知られたくないので，自宅に送付物が来るのを好まないクライエントもいる。送る際には，差出人がわからない封筒を使用し，親展と記すべきである。クライエントとの接触におけるこの段階では，これらの点に関して，クライエントの希望に沿うことが最善である。しかし，このような心配が症例の概念化にとって大切であり，治療が始まれば，臨床上の注意を払うべき焦点になりうることを忘れてはならない。例えば，とても孤立していて，社会的な支援が欠如していると感じているクライエントにとって，自分の経験している問題がどのようなものか，家族にオープンに話せるようになることは，大きな意味があるだろう。

b 治療費を設定する

　査定に訪れる前，そして治療を始める前に，査定にいくらかかるのか，クライエントに知らせるべきである。庶務・会計の別担当者がいて，料金の手続きなどと治療が分けられているところもある。臨床家が自ら，支払いなどを処理しなければならないところもある。アメリカ心理学協会（American Psychological Association; APA）の「心理学者の倫理原則と行動規範」[2]では，誰が治療費を設定し徴収するかということにかかわらず，治療費や金銭面での取り決めは「可能な限り早期に」話し合うように要求している（6.04a項）ということを心得ておこう。クライエントと基本的な治療費を話し合うだけではなく，未払いの代金や予約が守られなかった場合の方針を説明することも大事である。自分のクリニックの方針を熟知して，クライエントには必ず，明白でわかりやすい言葉で説明せねばならない。クライエントには，合意された治療費を払うことに同意し，料金に関する方針を理解したことを認める書類に署名してもらう。

2 クライエントに会う前に

(1) 準備して臨む

　非常に個人的な問題を話し合うために臨床家に会いに来るときには，クライエントはとても緊張しているものだ。セッションをできるだけ落ち着いた感じのものにするのは，私たちの務めである。最初にクライエントに会う際には，覚えておくべきことがたくさんあるので，これは大変なことかもしれない。クライエントに関する大まかな情報（最初の電話の際に収集された可能性が高い），クライエントが書き込むべきすべての用紙（例：同意書），あなたの査定尺度資料，ペンや鉛筆，時間を意識するための腕時計か時計が必要である。状況によっては，セッションをビデオなり音声テープに記録する準備をすることも必要である。もし，多くの臨床家が共同使用する，こういったすべてのものが手近にそろっているわけではない部屋でクライエントを診る場合，必要なものと必要な作業をすべて覚えておくことはさらに難しい。重要な書類，道具などをとって来るために診察室や治療室から出たり入ったりすることは，だらし

なくプロらしからぬという印象をクライエントに与える可能性が高い。

　備えが整った状態にするためには，十分な時間をとることである。午前9時に最初のクライエントが来ることになっていて，ほかの臨床家と共同使用する部屋で準備しなければならないことがわかっているのなら，30分前に到着すること。時間をかけて，必要なものがすべてあり，部屋が整然として清潔であることを確認しよう。自分の部屋でクライエントを診るのなら，必要なものをすべて整理しておき，繰り返すが，仕事をする場所は必ずきれいにし，どのようなクライエントに関係する情報（例：電話の伝言，ファイル）も片づけておくこと。もしクライエントが部屋に入って来て，机のまわりの散らかっている紙にほかのクライエントの名前が書いてあるのを見れば，当然，あなたの守秘義務に対する姿勢を疑うだろう。

（2）注目すべき焦点に気を配る

　最初の対面でのやりとりの要点に進む前に，注目の焦点という問題について述べておこう。査定であろうとも治療セッションであろうとも，クライエントとのやりとりのすべてにおいて，私たちはクライエントに焦点を当てるべきである。不安なとき，人は自分自身に焦点を当てがちである。「正しいことを言っているだろうか」「私が今までにこれをやったことがないと，クライエントにわかるだろうか」「査定の最後の部分で，質問を1つ忘れなかっただろうか」といった具合である。こういうことにある程度注意することは，セッションの目標が確実に達成されるためには大事なことである。しかし，クライエントに与える印象に気をとられすぎるのはよくない。クライエントが言っていることを聞きそびれたり，実際，何か重要なことを尋ねるのを忘れてしまったりする可能性が高くなるだろう。

　クライエントと接するときは，できるだけクライエントに注目すべきである。クライエントの言っていることと，ボディランゲージや顔の表情を通じて伝達していることに，気をつけるべきなのである。非言語的な部分に注意を払えば，診断を下し，その症例の概念化過程を始めるのに必要な情報を手にして，セッションを終えることができるだろう。

　こうは言っても，より自分に焦点を当てることが適切なときもある。スーパ

ービジョンの間には，当然，クライエントとのやりとりの間にあなたがどのような印象を与えたかを論じ合える。初心の臨床家とっては，自分自身の治療のテープを見たり聞いたりして，変えたいと思う行動を特定することも，大変有用であろう。例えば，自分が課題をやり遂げたるとに注意を奪われて，クライエントに共感を示すことをおろそかにしていたことに気がつくかもしれない。このようなことを知っていれば，将来のセッションでのやりとりで役に立つだろう。

3 待合室で

　私たちがクライエントに会う最初の場所は，一般的には待合室である。クライエントにあいさつするときには，守秘義務を心に留めながらも，相手をリラックスさせることが大事である。受付係がいるのなら，どのクライエントがあなたの担当する人か，教えてもらうのがいちばんである。それから，その人に近づいて，自己紹介し，クライエントの来院を歓迎して診察室まで案内するのである。待合室に向かって名前を呼ばねばならないのなら，姓を使わないようにするとクライエントのプライバシーを守ることができる。

4 クライエントと部屋に入って

　最初のセッションの始めの数分にいちばん気をつけるのは社交上の儀礼である。ほかにすべきことは山ほどあるのだから，これは愚かしいアドバイスに思われるかもしれない。とは言え，作業の達成を急ぐあまり，クライエントにあいさつしたり来院を歓迎したり，機嫌うかがいをしたり，自己紹介することを忘れてしまうのは，本当によくあることなのである。この最初の数分というのは，信頼関係の確立，クライエントをリラックスさせること，単なる症候群としてではなく人としてのクライエントに関心をもっているということを知らせるという点で，大きな違いをもたらすものだ。

(1) 自己紹介をして記録の許可をとる

　セッションのこの時点で，クライエントに大まかな状態を尋ねることが適当であり，正確に呼びかけること（例：「ジョーンズさんとお呼びしますか，それとも，スーザンと言うのがよろしいですか」）が当然大切である。一般的に，成人のクライエントに初めて会うときは，Mr.やMrs.を苗字につけて呼ぶのがよい。多くのクライエントがすぐにファーストネームで呼ぶように言ってくるし，もちろん，そのように呼んでかまわないか尋ねてもよい。クライエントに対して敬意をもつということが大原則である。経験から言って，ほとんどのクライエントはファーストネームで呼ばれることに全く抵抗がないが，初めに許可を求めることは，クライエントの希望に敬意を抱いていることを示し，よい信頼関係を築くのに役立つ。

　クライエントに自己紹介する際は，名前を告げてどのように呼んだらいいのか知らせる（例：スミス先生と呼ばれたいのか，スミスさん，あるいはジェーンがいいのか）。クライエントにもう少し「専門家としての自分」を語ってもよい。例えば，「2年ほどこのクリニックに勤務しています。臨床面と研究面の両方で，主としてカップル関係に関心をもっています。大学院生の頃からカップルの治療をしてきて，本当に楽しんでやっています」のように。このような専門家としての自分を説明するのは決して義務ではないものの，初対面の緊張をほぐしてクライエントをよりリラックスさせることができる。時としてクライエントはあなたについてもっと多くの情報を求めてくることもある。既婚者か，子どもはいるのか，どこで育ったのか，そのほかの個人的なことを知りたがることもあるのである。こういった質問はクライエントの臨床家に対する正常な好奇心からくるのかもしれない。また，治療関係が一方向的だと思われるので，質問することもあるだろう。クライエントが詳しく自分のことを語るのに，私たちは比較的何も話さないと言えるかもしれない。クライエントがもっと多くの個人的な情報を求める理由に関係なく，情報を強く要求されると不快になるかもしれない。このような質問にどう答えるかについては，治療上の信頼関係を確立する目標と，どこまでいくと過度の自己開示に当たるかという感覚のバランスをとったほうがよいと心に留めておこう。どの程度になると過剰になるかということは，あなた自身が自己開示を苦にする度合いや，第7章で

詳しく論じるように，クライエントに対する付加的な自己開示が禁忌事項になっているかどうか，といったさまざまな要因で決めればよい。しかしながら，多くの場合，ある程度の個人的な情報を伝えることは，クライエントの好奇心を満たし強固な治療関係を作り上げていくのに役立つので，容認してもよいだろう。

　訓練生としてのあなたの地位は相手に伝えなければならない。アメリカ心理学会（APA）は，あらゆる研修中の臨床家はスーパーバイザーがいることと，その人の名前をクライエントに告げることを要求している（10.01c）[2]。カナダ心理学会（CPA）も同じような要求をしている（code Ⅲ.22）[11]。第7章で，クライエントにあなたの研修のレベルを伝えることに関係してくる可能性のある問題について説明する。当面は，クライエントとの最初のセッションで，早めにスーパービジョンの件を伝えねばならないということを心に留めておいてほしい。

　初セッションを進めていく前に処理すべき最後の仕事は，セッションを音声テープかビデオテープに記録するという問題である。研究の場では，一般的に査定と治療セッションをテープに記録する。臨床の場では，訓練生はスーパービジョンのために，査定と治療のセッションを記録するように言われる。クライエントに許可を求めるときには，臨床家はなぜセッションを録画・録音するのか，見るのは誰か，守秘義務遂行のためにどのような警戒措置（例：テープがどのように保管されるか，など）がとられるかを説明すべきである。一般的に，秘密厳守の点と，スーパービジョンでどのようにテープが使用されるかきちんと説明すれば，大半のクライエントはテープに録ることに対してほとんど拒否しないものだ。

(2) セッションの概略を示す

　ひとたび紹介がすんだらクライエントに，セッションが何を意味するのか，概要を伝えよう。一般に初回の面接では，臨床家は事務的な手続きを行う。具体的には，査定実施の同意を得て，守秘義務についてクライエントと話し合う。そして次に査定に進む。この章の残りでは，「事務的手続き」のとり方について記す。次章では，最初にクライエントをどう査定に向かわせるかという点も

含めて，査定面接を概括する。

(3) 事務的手続きをとる

　初診での開始時には，同意を得て守秘性について話し合うべきである。クライエントにはじっくり同意書を読んでもらい，質問がないか尋ねる。この過程でクライエントの心配事や疑問に配慮すれば，クライエントが自分の抱えている問題を話し始める前からすでに，治療同盟が望ましい形でスタートするだろう。

a 査定の同意を得る

　クライエントからの同意を得なければならない行為には，どのようなものがあるだろうか。APAの倫理綱領[2]もCPAの倫理規範[11]も，心理学者が査定と治療の双方に対してインフォームドコンセントを得ることを要求している（APA規則3.10, 9.03, 10.01とCPA規則 I.19参照）。さらに，「できる限り早く」同意を得ることが重要である（APA規則10.01a）。APAとCPAは口頭でも書面形態でよいと許可しているが，カルテに口頭での同意が得られたことを記すだけよりも書面化した同意書のほうが優れたやり方である。

　同意を得る際には，次のようなことを心に留めておくこと。同意書の場合，クライエントと一緒に用紙をすべて読むのが好ましい。しかし，当然ながら重要な点はあまり形式ばらずに強調することである。いずれにしても，クライエントには必ず自分のペースで同意書全体を読んでもらう。クライエントが読み終えたら，内容を理解できたか確かめ，質問はないかと尋ねること。クライエントが同意書を理解していないようだったら，一緒に見直して，クライエントが理解できる言葉で言いかえることは大切である。もしクライエントがいきなり署名欄にジャンプし，同意書を読まずに名前を署名し始めたら，その前に内容を確認することが大事だと伝える。口頭で同意を得る場合には，書面の同意書に含まれる重要な点をクライエントと一緒に確認するべきであり，口頭で同意されたことをカルテに記入こと。

　同意書にはいくつか必須の情報が含まれていなければならない。これらはAPAの規定にもCPAの規定にも概略が示されている（CPAのI.24, APAの

9.03aと10.01a参照)。一般には次のようなことである。

① クライエントは行われることの目的と性質を理解していなければならない。同意書のこの部分は，査定や治療プログラムが何を含意するものかということと，これらの目的をクライエントのために強調すべきである。説明は書面で示され，さらにわかりやすい言葉で，クライエントに口頭でも説明すべきである。

② クライエントに治療の利点と欠点について伝えなくてはならない。臨床家としては，あらゆる効果の可能性を押し売りする方向になりがちだが，クライエントが利点と欠点の両方を知っていなければ，査定と治療についての十分な情報をもとに決断を下すことはできない。クライエントに対して，CBTには経験に基づく多くのエビデンスがあることを知らせ，クライエントが助けを求めている問題に関する情報（例：治療転帰研究では，社会恐怖のクライエントのおよそ75％がCBTでよくなった）を与えることは，間違いなく適切な行為である。その一方で，プラスの効果を保証はできないということを知らせなければならないクライエントもいる。さらには，すべてのCBTプログラムで必須となる認知と行動の変化を実行することは，短期的にみると困難でストレスがかかるものになりかねないことを，クライエントに対して指摘することも大事である。

③ クライエントにはまた，CBTに代わる選択肢（例：ほかの治療法）と，何もしなかった場合にどうなる可能性が高いかについても伝えるべきである。多くの臨床家が，自分の属する治療学派に傾倒しているが，私たちには役立つ可能性のあるほかの療法に関しても知らせる倫理的な義務がある。例えば，「社会不安障害に対して治療を求めないと，社会的状況で困難を経験し続けることになるかもしれません。社会恐怖に対するCBTに代わる治療法もあります。社会不安の治療で，ある種の薬物は短期的にはCBTと同じくらいに効果があるということが研究でわかっています。ただし，長期的にみると，CBTのほうが薬物よりも有効です。社会恐怖の治療では，CBTにまさる心理療法はないということが示されています」という具合である。

④ 同意書では，クライエントは特定の活動への参加を拒否できるし，不利

益なことなどなしにいつでもやめることができるということを，明らかにすべきである。
⑤　同意書には，個人情報の保護と限界に関しての話し合いが行われたことも含まねばならない。守秘義務の問題については，各クライエントと査定や治療の開始前に話し合うこと。

b 秘密厳守に関して話し合う
　守秘義務に関する議論の重要性は，いくら強調しても足りないくらいである。この点が気にかかっていると，とてもはっきり言うクライエントもいるだろう。このようなクライエントは，家族や雇用主に情報がもれることを心配しているかもしれない。率直にプライバシーの問題を言葉に出さないクライエントも，懸念を抱いているかもしれないし，治療は全くの他人と非常に個人的な問題を話し合うことを含んでいるのであるから，不安をもつのは当然である。言ってしまえば，多くのクライエンは秘密の保護なしにはそもそも治療を受けようとは思わないだろうし，あるいは，治療を始めても，抱えている困難に深く関わる可能性がある問題を話し合うことに尻込みしてしまうだろう。
　どうしたら，この非常に重要な点に関して，クライエントは納得して安心できるだろうか。第一に，あなたとあなたのクリニックのほかのスタッフにとって守秘義務がいかに大事なものであるかということと，倫理規定ばかりでなく法律によっても，たいていの状況で秘密を守るように義務づけられていることをクライエントに伝えてもいい。クライエントに，あなたのスーパーバイザー，そのスーパーバイザーのグループスーパービジョンに参加する臨床家，あるいはクリニック内でクライエントのケアに直接たずさわる人たち（例：クライエントの薬物療法を担当している精神科医）以外とは，クライエントの話をすることはないと伝えること。
　同様に重要なこととして，守秘義務を破らなければ状況について話し合うこと。このような状況は，アメリカ，カナダの各州法で強制されているもので，あなたとあなたが診るすべてのクライエント双方がきちんと理解していなければならない。もし規則を知らないのなら，あなたの臨床スーパーバイザーに説明してもらったり，州の免許委員会に電話して情報を送ってもらうこと（全州

の免許委員会への連絡方法に関してはwww.asppb.orgを参照)。

一般に,①自傷の脅かしをする,②他者を傷つけると脅かす,③子どもの虐待を語る,④裁判所から記録が召喚される,というのが守秘義務が破られる状況であるということを,クライエントに伝えるべきである。ほかの強制報告法(例:自己防衛ができない成人の虐待に関する強制的報告)のある州もある。秘密の厳守とその限界に関する話し合いをできるだけ早い段階で行うべきであることを,ここで再度強調しておこう。

第三者のために仕事をしている場合には,守秘義務に関係した重要な問題が浮上する。例えば,雇用者のための従業員査定や,学区のための生徒の査定,

表2.1　同意の獲得

患者との臨床活動のできるだけ早い段階で同意を得ることが不可欠である。

覚えておくべき重要点
- 査定と治療に対する同意を得なければならない。
- 口頭での同意より書面のほうがよい。
- クライエントには自分のペースで同意書を最後まで読んでもらい,読んだことが理解できていることを確認し,質問をうながす。

同意を得る際に必ず話し合うべき情報
- クライエントに査定・治療活動の目的と性質を理解してもらう。
- クライエントに査定・治療活動の利点と欠点を知らせる。
- クライエントに当該の査定・治療活動に代わりうるもの(例:ほかの治療)と,何もしなかった場合にどうなる可能性が高いかということを説明する。
- 同意書では,クライエントは任意の活動への参加を拒否することができ,どの時点においても不利益なことなどなくやめることができる,ということをはっきりさせる。
- 同意書には,プライバシーの保護とその限界についての議論も含まれていなければならない。

秘密の厳守に関する話し合い
- あなたとあなたのクリニックのスタッフにとって,守秘義務がいかに重要であるかということを納得してもらう。あなたが倫理規定と法律の両方により,個人の秘密を守るように拘束されていることを,クライエントに説明すること。
- 守秘義務が反故にされる特定の状況を話し合うこと。
- 第三者である支払い者に情報を開示する件について話し合うこと。

あるいは裁判所の命令による査定を行っている場合である。このような状況では，守秘義務の規則が変わってくる。ここでは，査定している人ではなく，雇用主，学区，あるいは法廷のために働いているのであり，それゆえにクライエントから得た情報をこれらの依頼者に報告することになる。このような場合には，すべての関係者が守秘義務の限界を知らなければならない。

表2.1は，クライエントから同意を得る過程に関して，覚えておくべきことを要約したものである。

5 ここまでのところで症例を概念化する

ここまでのクライエントとの接触では，「すべきこと」をこなしたにすぎない。自己紹介をし，背景と研修（クライエントに訓練生としての地位を知らせることを含めて）についても説明した。これからすることへの同意も得たし，守秘義務とその限界も注意深く概要を示した。あなたかクリニックのスタッフが診察料を設定し，その徴収や予約の不履行などに関してクライエントと話し合った。まだ主訴に関してはクライエントと話し合ってはいないが，この最初の接触は，治療計画とその実行はもちろん，症例の概念化においても有用な重要な情報を確実に生み出してくれるだろう。

初心の臨床家は実際の仕事はまだ始まらないと思って，最初のセッションの開始の部分を軽視してしまうことがある。しかしながら，このような事務管理上の話題を話し合うと，多くのことがあらわになってくる。例えば，治療費や治療の規則について話しているうちに，けんか腰になるクライエントもいるかもしれない。また緊張して自分の側の主張をしようとしないクライエントがいるかもしれない。クライエントはまた，秘密厳守に関する話し合いに対して，際立った反応をすることもありうる。これらの情報についての話し合いで，普通でない強い反応があったら，臨床家は，その問題は触れられたくない類のものであり，査定の過程でより徹底的に探求しなければならないという仮説を立てる。この間のクライエントの反応はまた，その人が対人関係での対立や難問に対して，普通どう反応するかということについて情報を提供してくれる。要は，最初の話し合いで観察されたクライエントの反応から，多くの情報が与え

られるということである。その後のセッションと，治療外の状況で似たような難しい話題が話し合われるときにどんなことが予想されるかを暗示してくれるからである。

6 症　例

　ここでは，最初の接触と査定過程の開始を具体的に示すために，1つの症例を紹介する。地元紙で治療クリニックの記事を見たマイケル・Jという40歳の独身男性が，社会不安障害の治療について問い合わせるために電話をしてきた。助けを求める彼の依頼を聞き，クリニックの秘書がある臨床家に電話をつないだ。この最初の電話で，J氏はクリニックの臨床家とおよそ30分間話をした。最初に臨床家は，どのような種類の問題を抱えているのかを簡単に説明するように頼んだ。

(1) 最初の接触

臨床家：Jさん，どうして今日電話をくださる気持ちになりましたか。

マイケル：その，いい大人にはまぬけなことに聞こえるでしょうが，人前で話をするのにひと苦労しているのです。最近学生に戻ったのですが，授業で発言ができないし，今やっている勉強では人前で話すことが大いに要求されるのですが，落ち着きを失ってしまうのです。年中へまをして…，ただただひどいものです。

臨床家：そういう状況のとき，どんなことが起こると恐れているのですか。グループ内で話すのをためらうのは何のせいでしょうか。

マイケル：このいやな感じとしか言えません。ひたすらに緊張してしまうんです。

臨床家：多くの社会不安のクライエントが，そのように言いますよ。緊張することがどうしてそれほどいやなことなのか，何か感じていることはありますか。

マイケル：緊張を感じるとあがっているようにみえますよね。認めざるをえないので言いますが，この世にはほかに例はないだろうというほどにひどく

赤面するんですよ。公の場で話すたびに，顔がほてって，燃えるような真っ赤になっていくのを感じるんです。それに緊張すると声が震えてしまうこともわかっています。とにかくひどいんです。

臨床家：ということは，他人があなたの身体的な不安症状に気がつく，ということを心配されているようですね。当たっていますか。

マイケル：ええ。そう思います。

臨床家：わかりました。それでは，あなたが赤面しているとか，声が震えていると他人に気づかれたら，どんなことが起こりそうですか。

マイケル：みんなが私のことを愚かなヤツだと思うでしょう。そもそも何で学校に入ったのかと不思議に思って，聖職者としてやっていくことができるかどうか，疑問に思うでしょう。

臨床家：聖職者になるのですか。

マイケル：ええ。社会不安の人間にはなかなかおもしろい選択でしょう？

臨床家：まあ，そうですね。それは次の質問につながります。現在の生活に，どんな変化を起こしたいのですか。

マイケル：社会的な場で，もっと冷静でいたいのです。どんな印象を与えているかとか，人が自分をどう考えているかということよりも，仕事に専念したいのです。気にして疲れてしまうんです。

臨床家：注意の対象が分断されているという感じですか。

マイケル：そうです。半分はすべきことに集中していても，心の半分は自分がうまくやっているかということを考えて大忙しになるのです。百パーセント集中していると感じたいのです。これは，私のような人間には全面的に現実的なことではないと思いますが，現在よりはうまくこなせるようになることが必要なのです。この社会不安は本当に私のキャリアを危機に追い込むかもしれないのです…。選ぼうとしている仕事の種類を考えると，生命そのものも危うくしかねません。

a 助言する

　臨床家はこの電話の最後に，マイケルがクリニックでのより徹底した査定を受けるにふさわしい候補者だという結論を出した。この短い話し合いの中で，

マイケルは社会恐怖の診断基準に合っているように思われた。彼は社会的状況やパフォーマンスの際に，不安の兆候（赤面や震え）を露呈してしまい，そのせいで人々が彼にマイナスの評価を与えると恐れていた。この診断を確認するため，徹底的な対面での査定が必要であろうし，そうすれば，臨床家は治療に関係があるかもしれないほかの併存状態が存在するかどうか，確かめることができるだろう。マイケルはまた，クリニックに電話してきた時点で，主として社会不安が彼のキャリアとライフスタイルの選択を妨害していたという理由で，治療を受けることへの強い動機づけがあった。対面での評価を実施すれば，臨床家はマイケルに，治療についてと，治療がどのように彼を助けうるかということに関して，もっと多くの情報を提供できるだろう。電話をしてきたときの動機づけがこれほど強くないクライエントの場合は，臨床家は直接会ったほうが，治療を始めるのにふさわしい時期かどうかをもっと徹底的に評価できる。時としてクライエントは，治療の性質やほかのクライエントの成功例を耳にすると，動機が高まるものである。

マイケルの最初の電話は，臨床家が彼の心配は「よくあるものだ」と話し，質問の機会を与え，評価を計画して終わりとなった。

臨床家：あなたは，私たちがここで治療しているクライエントたちの心配と，非常に似かよったものを抱えているようです。短時間の電話での会話で診断を下すことはできないので，もし興味があるのでしたら，次の段階はもっと徹底的な査定を行うために，私たちのクリニックに来ていただくということです。私たちの査定過程には2つの主要な部分があります。私たちはクライエントに，社会不安と，それに関係した問題に関する質問を送ります。また，臨床面接のために，臨床家と会っていただくように，クリニックに来ていただきます。このとき，社会不安のせいで抱えている問題について，もっと詳しく話し合うことができます。臨床家はまた，現在あなたが経験しているほかの問題についても質問するでしょう。

マイケル：それがすべて終わったら，どうなるのですか。この問題に関して治療を受けるべきですか。

臨床家：それはすばらしい質問です。ここで行っている査定の目的は，実際の

ところ二重構造なのです。クライエントが経験している問題がどのような種類のものか理解するだけでなく，治療が必要かということと，必要な場合には治療はどのようなものになるべきかを確認するのも目的なのです。あなたが話してくれたことから考えて，治療は実際に効果があるだろうと思われますが，査定が完了するまではその件は保留にしましょう。査定が終われば，私がフィードバックをし，どんな治療をおすすめできるか話し合うために，再来院の時間を決めましょう。

b 事前の手配をする

ここで，マイケルと臨床家は2時間の予約を決めた。これにより臨床家は，DSM-Ⅳの構造化臨床面接（SCID）を使用して，十分な時間をとってクライエントを査定できる。SCIDはマイケルにとってクリニックでの標準的な査定である。臨床家はマイケルにクリニックへの道順を教え，査定のために来院する前に完成してもらう質問紙を送るため，許可を得て住所を聞いた。また，査定の費用について話し合うために，クリニックの経営事務管理者と話をするように指示した。

(2) 初来院－査定

マイケルは査定面接に数分早く到着した。質問紙はすべて完成してきていて，待合室では臨床家に心のこもったあいさつをした。マイケルは身なりも身だしなみもきちんとしていた。臨床家が彼を面接室に案内した。予約時間前に，臨床家はSCIDのコピーとペン，そして腕時計を用意しておいた。またDSM1冊と，マイケルが家で完成してきた評価尺度の得点を解釈する際に使う「カンニングペーパー」ももち込んだ。

a 自己紹介と事務的な手続きを行う

自己紹介が交わされ，クライエントは「マイケル」と呼んでほしいと言った。臨床家は守秘義務のことを話して，マイケルと口頭で査定同意書を確認し，彼の質問に答え，同意書を一人で読んでもらった。彼が読んでいる間に，臨床家は問題となりそうなことを把握するために，マイケルの自己評価尺度に目を通

した。注目すべき発見は，社会不安尺度での相対的に高い得点と，生活の質尺度でのやや低い得点（やや不満ということを示す）だけであった。抑うつ尺度と，心配やパニックを含むほかの不安に関係した症状を査定する尺度では，治療の必要が認められない範囲内の得点であった。

b セッションの概略を伝える

マイケルが同意書に署名すると，臨床家は続いて査定面接の目的とセッションの残り時間がどのように進行するのか説明した。これは，マイケルが過程の全体に対して違和感をもたないように力になろうと，気を配りながら行われたのである。

臨床家：今日これから先は，構造化臨床面接を行います。この面接は広範囲にわたるさまざまな心理的な問題を査定するものです。確実に「あらゆる可能性を探ってみる」ようにする方法です。あなたの問題に対して社会不安というのが最もよい説明なのか，また，気づいておくべきほかの問題をあなたが抱えているのか，確認したいのです。私がする質問の中には，あなたに非常に関係しているものがあるので，それらに焦点を合わせます。そのほかの質問はあなたには当てはまらないものなので，さっと通過します。今日，一緒に過ごす時間の目標は，あなたが経験している問題がどのような種類のものかということと，どのように治療を進めていくのが最善かということについて，感触をつかむことなのです。どう思われますか。

マイケル：少し怖い気がします。この件に関してすべて話すことができるかどうか…。

臨床家：よくわかります。何か特に不安に感じていることがありますか。

マイケル：電話で言ったと思いますが，社会不安を抱えているなんでばかだなあと思うのです。つまり，私は40歳にもなるんです。歳とともに治るものではないのですか。

臨床家：とてもいい質問です。社会不安というものは，人が治療を求める約20年も前から始まっている傾向があるということが，研究でわかっています。ここで診ている社会不安のクライエントの多くが，あなたくらいの年齢で

すよ。社会不安を抱えていると，他者から否定的に評価されるという恐怖とは別の不安障害を抱えている場合よりも，治療を求めるのが難しいのです。

マイケル：そうです。こんな問題を抱えているなんて，奇異な人間だと先生に思われるのではないかと考えているのです。

臨床家：私の仕事はあなたを助けることであって，審判することではないのですよ。何があなたに問題を引き起こしていて，どのように力になったらいいのか，私が理解するには，オープンで正直になり，与える印象のことなどは心配しすぎないでください。面接を始めてみて，どんなふうに感じていますか。

　ここで臨床家は，必要ならば休憩をしてもよいと言い，それから査定面接の家庭環境・生活歴の部分へと進んだ。マイケルの症例はここで中断しよう。第3章では，最初に査定の目標と方法を説明してから，マイケルの面接に戻ることにしよう。

第3章 査定の過程

　この時点で，クライエントに査定への参加に同意してもらい，秘密厳守とその限界について確認してもらった。次に査定を進めていく。この章では，最初に一般的な指標を提供し，それから査定過程の目標について説明する。次に，こういった目標を達成するために，さまざまな査定のツールの使い方を説明する。最後に，一般的な査定がどのように進行するか，イメージしてもらうために，再びマイケル・Jの症例を例にあげる。

1 自分の反応に気をつける

　査定の間，クライエントはあらゆる種類の情報をあらわにし，その中には非常に異常なものやこちらを動揺させるものもある。クライエントが伝えてくれる情報への臨床家の反応は，治療関係に大きな影響を与えるものだ。もし臨床家の反応が，他人と情報を分かち合うことに関するクライエントの否定的な信念を強化すれば（例：私を変わっていると思うだろう，私のことなど助けたくないのだろう，など），クライエントは当然ながら臨床家とそれ以上の情報を共有することをためらうだろう。クライエントが私たちに話すことには，細やかな感受性をもって反応することが大切である。

　どのような反応がよくないのか，考えてみよう。臨床家がクライエントの経験に対して，奇異だとか，異常だとか，悪趣味だといったことを言うべきでないことは，言うまでもない。臨床家にとってもっと難しいのは，クライエント

がいやな気分になるような反応を控えることである。こういったかすかな反応には，否定的な顔の表情や，クライエントの言ったことに対して通常よりも反応に時間がかかること，あるいは全く反応せず部屋に気まずい沈黙を残してしまうこと，などが含まれよう。クライエントが難しい情報を打ち明けても，うなずくなり，「なるほど」とか「わかります」と言うことで，きちんと聞いたことを必ず認めるように。クライエントが何かとても難しいことを伝えてくるときは，クライエントの経験とどう助けていくかをよりよく理解するために役立つので，話してくれたことを喜んでいると伝えることもまた有益である。

　クライエントが自分に関して，奇異，異常，あるいは心を悩ませるものと定義することは，臨床家にとってはよくあることだろう。初心の臨床家は多くの症例を診ていないとはいえ，読んだりクライエントのテープを見たり，自分で治療したもの以外の多くの症例をみせられるグループスーパービジョンでの集まりに参加したりして，知識はもっているはずだ。経験を積むにしたがって，クライエントが私たちに語ることをそれまでに治療したクライエントから聞いたことと比較したり，大まかな同定ができるようになる。そのため，クライエントが経験や感情を語るとき，私たちがクライエントが予想するほどにショックを受けることはあまりない。クライエントは多くの場合，ほかの人も同じような症状を経験していて，自分の症状が治療で軽くなると知れば慰められる。これを心に留めて，クライエントの問題を軽くみることなしに，よくあることだと伝えるというのが，大ざっぱな指標である。「そのような心配を抱えたクライエントをたくさん診ていますよ」のような言葉は，大きな効果をもたらすだろう。

　しかし，私たちは実際に，独特な症状や経験をもつクライエントに出会うことがある。この場合は，「ええ，もちろん，あなたの心配と似かよった問題を抱えたクライエントを診てきましたよ」とは言えなくなる。とはいえ，似たような症例と比較することはできるものだ。強迫性障害と神経性大食症のクライエントを考えてみよう。クライエントのおもな強迫性障害の症状は貯蔵癖であった。多くのクライエントと同様に新聞，紙コップ，輪ゴムをためこむ一方で，彼女は食料もためこんでいた。実際のところ，彼女のアパートの部屋全体が，あちこちで購入してきた食べ物でいっぱいだった。このクライエントはむちゃ

食い発作が起きると，部分的には新鮮で新たに購入した食物をむさぼるのだが，貯蔵してあり，しばしば腐敗してネズミに半分食べられてしまった食物も大量に食べるのであった。この症例はこのクライエントを査定した臨床家にとって非常に衝撃的であり，査定後にクライエントから，このような例を診たことがあるかと尋ねられた。本当のことを言えば，臨床家は診たことがなかったのである。臨床家はクライエントに「あなたの症状と全く同じ例は診たことがありません。でも，貯蔵癖があるすべての強迫性障害のクライエントと同様に，あなたは将来必要になるかもしれないと心配して，ものをとっておくのですね。あなたの場合，一気に食べてしまえる食物が十分にないかもしれないと気になるので，食べ物をとっておくのです。これは，最後になって情報が必要になるかもしれないと心配して，何年分もの新聞をとっておくクライエントとよく似ています」と反応することで，臨床家はクライエントの症例が独特なものであることは認めながらも，ほかの症例との類似性を示すことができた。こうして，クライエントの経験を理解したことと，効果的な治療を考案できるということを，クライエントに納得してもらうことができたのである。

　最後に1つ，大事なことがある。初心の臨床家はよく，クライエントが非常に苦痛な，あるいは恐ろしい話をするときに，クライエントの前で泣いてしまうのではないかと心配する。極端な反応を示す（例：涙が顔を流れ落ちる）という可能性は，かなり低いということを覚えておくべきである。初めて会うクライエントに対する私たちの反応は，長年知っている家族や親しい友人への反応とはかなり違うものだ。けれども，そのような違いはあるとしても，治療は対人関係であり，特に悲しい，あるいは恐ろしい話への反応として涙がわいてくるのは，純粋に自然なことである。臨床家はこのような反応を心配しすぎないことだ。どちらかと言えば，共感していることをクライエントに伝え，描写している出来事に対してのクライエントの感情的な経験を当然だと認めることになるのである。そうは言っても，治療セッション中，冷静沈着な態度を保持することがたびたび困難になるのなら，臨床家はスーパーバイザーに知らせるべきである。究極のところ，臨床家が感情的に反応して，クライエントから注目をそらすようになってはいけないのである。スーパーバイザーは，この種の困難にどう取り組むべきか，初心の臨床家に助言を与えてくれるだろう。

2 査定の目標

査定を進める情緒的な基調が定まったら，査定過程の具体的な目標に向き合う。すでに注目したように，査定の進行を通して次のような2つの目的が達成されねばならない。
① クライエントの症状を描写する診断を下す。
② 治療の計画に使用できるようなCBTの用語を使って，クライエントの症状の仮説的な説明をする。

クライエントはよく，あいまいな複数の問題を抱えて，診察室にやって来る。気分が落ち込む，心配である，ストレスでつぶれそうだ，自分あるいは他人が問題行動とみなすことをしている，などである。これらの状況で，病歴となぜ問題が継続するのかということを説明できるような現在の要因に関する理解を展開していくのが，私たちの仕事である。クライエントの問題を継続させているのが何であるのかわかれば，それらの継続因子を変えることに狙いを定めた治療計画を考案できる。

3 査定目標達成のためのツール

ここでは，査定目標達成のために使えるツールを説明する。完全な査定をするには，多種多様な情報源から情報を収集することがポイントであるから，面接，質問紙，行動査定を含む，多くの査定ツールを網羅する。クライエントの問題をよく知っている人から，どのように情報を収集したらよいか，ということについても説明する。

(1) 半構造化臨床面接

臨床家によるクライエントの査定方法は，実際のところ，臨床家の職場の環境，帰属している学派，そして個人的なスタイルしだいである。これらの要因にかかわりなく，最も人気のある査定技法は，臨床面接である。クライエントの問題を同定し，治療計画を立てるために，多くの臨床家が何らかの臨床面接を日常的に行っている。

面接は構造化の度合いにおいてさまざまである。一部の状況（特に研究が行われているような場合）では，一般的に半構造化面接が使われる。よく使われるこの種の面接には，DSM-Ⅳの構造化面接（SCID-Ⅳ）[16]とDSM-Ⅳの不安障害面接スケジュール（ADIS-Ⅳ）[9]がある。この種の面接の目標は，現在使用されているDSMの診断基準に基づいて，（1つあるいは複数の）診断に達することである。

初心の臨床家が半構造化臨床面接を初めて行うとき，普通，気がかりになることがいくつかある。面接が大げさで，個人の感情を交えないものに思われると心配する初心の臨床家もいるだろう。これは確かにありうることで，特に臨床家がまだ面接に全面的に慣れていない場合には，そうなりかねない。初心の臨床家は一言一句質問を正確に読むことに執着してしまい（これらの面接の実行に関する指導によると，すべての臨床家はこうするべきなのだ！），しばしば，それることなく面接を続けることに焦点を当てすぎて，実際に大げさで，特にクライエントに関心をもっていないかのような印象を与えるかもしれない。

面接スタイルは時間とともにうまくなっていくと信じて，安心してよい。面接に慣れるにつれて，どの質問をするのか順を追っていくことへの集中が弱まり，クライエントが言っていることにもっと集中できるようになるだろう。半構造化面接は，初見時には構造化されていると思われても，ひとたび慣れてしまえば，それほど構造化されていないものなのである。質問は一語一句正しく読むべきだが，ただ書かれた質問をクライエントに読み上げるだけでは，あまり役に立つ情報は引き出せない。クライエントがある特定の障害の基準を実際に満たすかどうかという決断に達するには，追跡的な質問を付け加えることが大事である。

半構造化面接を使用する際には，信頼関係に配慮することもまた大事である。すでに述べたように，初心の臨床家の場合，大げさで堅苦しい調子になってしまうかもしれない。臨床面接を2年もやれば，寝ながらでも暗誦できるようになり，退屈で無関心に聞こえてしまうかもしれない。どちらの状況にもならないように，クライエントが言っていることに焦点を合わせること。いつも同じ質問をしているかもしれないが，全く同じ返答を受けることは決してない。ク

ライエントの言っていることに注意を払い，クライエントに関係する質問でさらに情報を求め，何よりも温かく共感的であらねばならない。このようにすれば，堅苦しいものになりがちな面接が，クライエントにとって非常に肯定的な経験に変わっていき，面接の間にクライエントは理解されたと感じて，苦悩に対する何らかの解決策を提供してもらえると信じるようになるだろう。

(2) 非構造化臨床面接

　治療の場によっては，クライエントが特定の障害の厳密な診断基準を満たしているかどうかということにあまり重要性がおかれないときもある。実際，さまざまな学派の多くの臨床家が，DSM診断の価値を信じていない[41]。こういう人がもっと関心をもつのは，クライエントが多くの異なる領域（例：家庭生活，職業生活，その他）において，どのように機能しているかということと，クライエントが人生の試練にどう対応しているか（例：対処様式，社会的支援など）ということかもしれない。この観点からは，臨床家は，クライエントの問題を理解し治療計画を考案するのに十分な情報を集めることをしながらも，あまり指示的でなく，もっと柔軟な面接になってもよい。

　非構造化面接には，初心の臨床家に特有の心配がついて回るものだ。半構造化面接は，臨床技能と勘を要求することは確かだが，面接者に査定過程を完全なものにするための枠組みを提供する。非構造化面接では，その「杖」のようなものがない。それとも，あるだろうか。査定の主要手段として非構造化面接を使うほとんどの臨床家は，話題の標準的な概略というのを使用しながら面接を進めていく。表3.1に，一連のガイドラインを示す。ひとまずこれに準じながら，のちのち自分なりのスタイルが発達するにつれて調整していけばよい。

a　人口統計学的な情報

　最初に人口統計学的な情報を収集するのがよいだろう。この種の質問は普通，脅威を与えるものではないので，治療での信頼関係を築くのに役立つ。このような質問によって，クライエントがどのように役割を果たしているか，非常に予備的なイメージを描くことができる。最も大事なのは，クライエントの現在の問題がどの程度，仕事上，学業上，あるいは社会的な機能に影響を与えてい

表3.1　非構造化臨床面接での話題の概要

人口統計学的情報
- 氏名，生年月日／年齢
- 民族／宗教的背景
- 現在の職業・職位／学業上の身分
- 現在の交際関係／家族構成
- 現在の住状況

主訴
- 問題の描写
- 問題の始まりと経過，症状／エピソードの頻度
- 問題の先行状況　（例：状況的な引き金，人生での出来事など）
- 問題と関連した思考（例：自動思考，信念）
- 引き金／人生での出来事への反応（例：感情的・生理的・行動的反応）
- 問題の強度と持続期間
- 同問題でのこれまでの治療
- 付加的な問題

家族背景
- 親，きょうだいの年齢
- 育ち方と家族の関係
- 親の婚姻歴
- 親の職業，社会経済的地位
- 家族の医学的，精神医学的病歴

個人歴
- 発育上の大きな出来事
- 初期の医療歴
- 学校への適応と学業成績
- 問題行動の存在
- 友人関係
- 趣味／関心
- 交際（恋愛）歴

るか，という点である。問題のせいで，最近，それまでの活動ぶりに重大な変化が生じたかどうかを査定すべきである。例えば，小さな子どもとパートの仕事を抱えた母親は，かつては容易に家庭と仕事上の責任のバランスがとれたが，

落ち込みを感じ出して以来，最も簡単な作業でも大変なことのように思える，と訴えるかもしれない。現在できている程度なら，これまでもほとんど変わりなくやれていたというクライエントもいる。このような場合には，第三者がクライエントの生活に期待するような働きができているのかを査定することが重要である。例えば，もし30歳の男性がいまだに実家で両親と生活していて，学校を卒業したことも仕事をもったこともないとすれば，注目に値するだろう。

b 主　訴

人口統計学的情報がすべて片づいたら，主な問題についてクライエントに尋ねるのが適当である。「どんなことで，今日，ここにみえたのですか」や「あなたが経験してきた問題について，話していただけますか」などと問いかければよい。クライエントには自分の言葉で自分の問題を説明してもらい，面接中，その問題を話し合いながら，臨床家はクライエントの言葉を使うようにする。もしクライエントがパニック発作を「ストレス発作」と言えば，同じ面接中，時間が経過してからも，彼に「パニック発作」に関してもっと話してくれという代わりに，「ストレス発作」についてもっと話すように頼むことができよう。主訴について話すときには，いつ始まり，どのような経過をたどってきたのか，病歴を把握することが大事である。エピソード性のある障害（例：うつ病）では，別個のエピソードを何回経験したのか，査定すべきである。また，症状の頻度（例：1週間に経験するパニック発作の回数，あるいは強迫性障害のクライエントでは，強迫観念や強迫行為に使われてしまう時間）に関する情報も収集できる。

認知行動モデルに従う場合には，臨床家は，クライエントの主訴について，その開始や経過以上に学ばねばならないことがたくさんある。図1.1（p.13）を振り返ると，臨床家は症例を理解するために，認知モデルの「空欄補充」を開始したいのである。まず問題となる思考や行動を引き起こす状況や出来事から質問すればよい。クライエントに，問題が始まったか悪化した直前と数カ月前に，生活の中で何が起こっていたのか（例：「憂うつを感じ始める前にあなたの人生で何が起きていましたか」），どの刺激が現在の症状の引き金となったのか（例：「どんな状況でパニック発作が起こるのですか」），そして問題が起こ

る広い意味での前後状況に関して尋ねることができる。

　それから，こういった状況において何を考えているかをクライエントに問うべきである。このようにして，自動思考と，より深く根ざし長く存在している中核的信念に探りを入れ始める。例えば，離婚にひき続いてうつが始まった女性は，「再び幸せになることはないでしょう」と訴えるかもしれない。同様に，地下鉄や電車でパニック発作を経験する人は，電車に乗っているときはいつも「心臓がとても速く打っているから，心臓発作が起きるのだわ」と考えると報告するかもしれない。すでに説明したように，ある状況や出来事は，別の人には別の意味合いをもつものであり，クライエントの独特な解釈を理解できるように，査定のこの部分には時間をかけねばならない。

　この解釈に基づくと，クライエントは似たような状況に全く違う反応をするものである。だからこそ，クライエントには直接の誘因となる状況に対する感情的・行動的・生理的反応について質問するべきである。例えば，パニック障害のクライエントには，地下鉄で心臓発作を起こすのでは考えるとき，どのように感じて行動しているか，尋ねられるだろう。恐ろしく不安になり（感情），汗をかいて震え，胸で心臓が激しく鼓動するのを感じ（生理的反応），このように感じたときには，次の駅で下車する（行動）と答える可能性が高いだろう。同様に，離婚のあとでうつになったクライエントには，二度と幸せにはなれないと考えるとき，どう感じていかに行動するか質問できる。とても悲しく，腹立たしく感じ（感情），いやな目に遭うと確信しているので，もうデートなどしない（行動）と答えるかもしれない。

　これらすべての反応（感情，生理的反応，行動）について質問するのは必要不可欠である一方で，クライエントと逃避行動，回避行動について話す時間をとることが特に重要である。なぜなら，これらはCBTにおける大半の行動的作業の標的になるからである。この点を探るため，クライエントには「抱えている問題のせいで，現在，どのようなことをしないでいますか」とか「自分のおかれた状況により対処しやすくするために，どのようなことをしますか」などと尋ねることができる。行動的反応には明白なもの（例：「私はもう地下鉄には全く乗りません」「離婚以来，決して友人と外出をしません」）もある一方で，微妙なものもあるので，このとても大切な情報の収集に時間をかけるべき

である。例えば，パニック症状のあるクライエントは，不安を感じたら数駅手前で下車して歩くこともありうるし，あるいは心臓発作を起こしそうになったときに助けてくれる人と一緒の場合のみ地下鉄に乗るのかもしれないし，携帯電話と抗不安薬をもっているときだけ地下鉄に乗るということも考えられる。この種の情報は，症例の概念化と治療のための計画立案にとって，欠かせないものである。

　クライエントのほかの問題に進む前に，過去にクライエントが受けた治療について質問し，その適切性を評価すること（例：問題に対して正しい種類の治療なり投薬を受けただろうか。適正な服用量の薬物を与えられただろうか。適正な期間，治療を受け続けただろうか）もまた大事である。この情報は治療計画に役立つ。例えば，クライエントが過去に，十分かつうまく実行されたCBTの1クールを受けたことがあり，それが有効だったと考えているのなら，効果を再促進するようなブースターセッションが症状の再発に対処する効果的な方法になるかもしれない。治療歴に関する情報はまた，今後の治療に関するクライエントの信念に対処する点でも，役に立つ。例えば，飛行機に乗ることを恐れるクライエントが，過去の治療はいつも失敗に終わったので，何をしても自分は救われないのではないかと心配していると，語るかもしれない。探っていくうちに，飛行恐怖を直接の治療標的にしていない精神力動療法を3～4年受けていたということがわかる場合もあろう。そうなれば，飛行恐怖の治療に関する自分たちの知識を伝え，効果を支持するエビデンスが出ている治療をまだ試していないということを教えてあげられるだろう。

c 付加的な問題

　クライエントに最も切迫した問題のほかにも何か問題を抱えていないか尋ねることもまた，非常に大事である。面接のこの部分では，半構造化面接で使用されるのと似たような，精神障害を検査する質問を一通り尋ねると有効なこともある。DSMを指標にして，気分障害，不安障害，摂食障害，物質使用障害そして身体的愁訴（例：心気症，身体醜形障害），性同一性への懸念といった問題について，質問すべきである。精神病的症状もスクリーニングにかけるべきである。すでに注意したように，臨床家は経験を積むにつれて独自のスタイ

ルを展開し，怒りの問題，完璧主義，身体像への不安のような，DSMの診断範疇にぴったり当てはまらない，ほか問題を判別することにも慣れてくるであろう。特定の問題が同定されれば，CBTの臨床家は認知行動的な症例の概念化と治療計画のために，十分な情報収集をする指標として認知モデルを再び使用できる。

d 家族背景

　主訴とクライエントが経験している問題がはっきりわかったら，家族背景と個人歴の情報を集めることにする。これには，家族の社会経済的状態，親の職業，家族の精神的ならびに一般医学的病歴や家族関係の力動などが含まれる。この情報は同定された問題の病因に関して，重要な手がかりを提供することがある。

　さらに，家族歴を問うことは，臨床家がクライエントの中核的信念の感触をつかみ始めるという点でも役に立つ。中核的信念というのは，私たちが成長する際の経験に基づいて，子ども時代に形成される自己，他者，そして世界に関する信念である，ということはすでに説明してきた。成長期のクライエントの生活に関して簡潔に質問すると，現在の問題の根底にある信念に光を当てることもある。最近離婚したクライエントが，何もまともにはできないと四六時中言われるような家庭で育っていたとしたら，離婚をさらなる自分の失敗だと考えて，将来を絶望視することもありうる。この解釈は，愛情豊かな家庭で育った人の解釈とは，ずいぶん異なっているであろう。このような環境で育った人が離婚した場合は，別の人に出会い，強固な関係を築き，最終的には再び幸福になるという未来図を描ける可能性はもっと高いだろう。

　クライエントが自分の経験している問題に関して抱いている信念も，出身家族のもつ信念に関連している可能性がある。臨床家は，精神疾患の病因と治療の潜在的な有効性に関して家族がもっている信念を尋ねるべきである，なぜなら，これらは，治療で前向きの変化をとげられるかという点での，クライエント自身の期待に影響するからである。もし家族が同じような問題を抱えていて，治療後に大いに改善したというのなら，クライエントは自分が治療を受けることにかなり希望をもっているかもしれない。家族内で，逆の例（すなわち，慢

性的に病んでいる人物）をみてしまった場合には，自分の変化に対する展望という点で，あまり期待をもっていないかもしれない。こういう人たちは「自分には欠陥がある」とか「私は異常だ」といった中核的信念を抱いていることもある。このような信念を臨床家が知れば，治療に打ち込むことを妨害するような誤った思い込みをクライエントが拭い去るように，力を貸すことができる。

e 精神状態検査

最初の面接のあとで，クライエントの精神状態を疑わしく思ったり，器質的な脳疾患の可能性を考えたなら，精神状態検査（Mental Status Exam; MSE）を実施してもよい。カプラン・H・Iらによると，MSEは「面接中の患者の外見，話しぶり，行動，思考の記述である」（文献27，p.276）。MSEは，査定コー

表3.2 精神状態検査

全般的記述	
●外観	服装と身だしなみはどうか。姿勢はどのようか。
●行動と精神運動活動	精神運動制止（抑制）あるいは興奮を示しているか。チック，げん奇症，硬直性のような異常な運動行動をみせるか。
●検査者に対する態度	臨床家に対してどのように振る舞ったか。臨床家との信頼関係のレベルはどうであったか。
気分と情動	
●気分	感情に関して自発的に話したか。感情の深さや強度はどのようであったか。面接中に頻繁な気分の変動があったか。
●情動	面接中，（顔の表情や声の調子等から推測して）情緒的反応をみせたか。情緒は気分と合致していたか。
●適切性	感情的反応が話されている話題と適合していたか。
話し方	発話の量，速度，質はどのようだったか。
知覚の異常	幻覚や錯覚を経験していたか。そうであれば，どの感覚系が関係していたか。
思考	
●思考過程あるいは形式	考えに，過剰あるいは欠損気味なところがあるか。問われた質問についていき，適切に答えられたか。

●思考の内容	妄想を経験していたか。思考内容に関して，ほかに強迫観念，先入観念，自殺あるいは殺人念慮のように注目すべきものはあったか。
感覚と認知	
●覚醒と意識水準	周辺事情に関して認識が減退したようすだったか。
●見当識	時，所，人に対して見当識は正常か。
●記憶	最近の記憶はどうか（例：朝食に何を食べたか）。遠隔記憶（例：子ども時代の思い出）はどうか。認知の障害を隠そうと何かしたか（例：作話）。
●集中と注意	面接中，集中力に問題があったか。不安や気分障害のせいに思われたか，あるいは意識の混濁や学習欠陥によるものと思われたか。
●読み書き能力	簡単な文を読んだり書いたりできたか。
●視空間能力	簡単な図形を模写できたか。
●抽象的思考	抽象的な方法で考えることができたか。
●情報と知性の程度	教育水準と背景から期待される知的課題を達成できるか。
衝動の抑制	性的衝動，攻撃衝動，その他の衝動を抑制できるか。
判断力と洞察力	社会的判断能力を示したか。どの程度まで自分の疾病を認識していて，どの程度その疾病を理解しているか。
信頼性	自分の状況をどの程度正確に報告できたか。

文献27, p.276転用。
著作権：Lippincort Williams & Wilkinsの許可を得て掲載。

スを通じての観察に基づいて効率的に行うことができ，「検査者の精神科患者に対する面接時の観察や印象を要約した総体」（文献27, p.276）を生み出すものである。

　MSEは執筆者によって少しずつ違う記述がされている。表3.2に，カプラン・H・Iらの様式の概要を示し，必要な情報を集めるために査定中に注意を払うべきことを記した。

　f　ほかのツール―査定をより充実させるために多様な情報源を使用する
　面接が事実上あらゆる心理査定の一部となる一方で，ほかの情報源が査定の質を大いに向上させることもある。このような情報源というのは，自記式の質

問紙，観察技法，クライエントのセルフ・モニタリング，ほかの専門家と話すこと，クライエントの人生に関わっている人々と話すこと，そしてクライエントのセッション内の行動などである。

g 自記式質問紙

診断や症例の定式化のための手段として，質問紙のみに頼ってはならない。しかしながら，査定過程全体における有用な要素になりうることは確かである。すでに述べたように，査定セッションの開始に先立って，質問紙に記入するように頼むこともできるし，査定が終わってからでもよい。質問紙を査定セッションに先立って渡した場合には，話し合いを円滑にするためにセッション中に使うこともできる。初めて会うときクライエントは，個人的な情報を打ち明けることをためらうかもしれない。クライエントがさまざまことを正直に話しやすくなるように，強い信頼関係を築くことが重要である一方で，質問紙が功を奏することもある。例えば，査定面接中は自殺念慮を否定しても，自殺念慮に関する自己報告項目で肯定するクライエントもいるかもしれない。臨床家は慎重なやり方でこの点をとりあげるべきである。例をあげると，「記入してくださった質問紙で，多少自殺を考えていたと記していますね。私たちがここで会うクライエントの多くは，このような懸念について話しにくいようです。最近考えていたのはどんなことなのか，もう少し話してくださいますか」のようになる。

査定セッションで質問紙を使おうと思っているなら，得点の算出方法を正確に知っておくことが大事だろう。さらには，得点の意味するところと，どのように臨床的に有用な形で使えるかということも知らねばならない。標準的な測定バッテリーを使うのなら，得点計算のルールと得点範囲がもつ意味を書いて，「カンニングペーパー」を作ることができる。

自己報告は，セッション中に話し合いを円滑にする目的で使用されることがなくても，心理報告書に包含しうる非常に有用な情報を導く。多くの場合，自己報告は面接の間にわかったことの確認になる。例えば，報告書は「大うつ病性障害の診断基準が満たされた。クライエントはまた，質問紙でうつ症状を報告した。ベック抑うつ質問紙IIの得点は中等度のうつ状態を示すものであった」

のようになるだろう。

h 面接と自記式質問紙の不調和

時としてクライエントの質問紙での反応は行動と調和しない。これに対しては，いろいろな説明ができる。クライエントが特に初めて治療を求める場合，何が困難をきたしているのか，明確に伝えるのはなかなか難しい。これは，いくらかの心理教育を受けセルフ・モニタリングを行って，問題思考や行動に対する自分の意識を高めたあとでは，もっと簡単になるだろう。

質問紙では，面接中に感じられたよりもずっと悪い状態や悪くない状態を思わせるような反応をするクライエントもいるだろう。例えば，ひどくやせ衰えてみえるのに，摂食と身体像障害の尺度では，最小限の症状しか申告しないクライエントがいるかもしれない。同様に，臨床面接では中等度のうつ症状を報告しながら，うつ質問紙では深刻といえる範囲の点がつくクライエントもいるだろう。こういった問題には，さまざまな対処方法がある。その1つは単純に，査定報告書に矛盾を記すことである。もう1つのやり方は，不一致に関してクライエントに質問することである。当然のことながら，クライエントを虚偽行為の現行犯で捕まえようとしているかのように感じさせる非難めいた姿勢はとりたくない。しかしながら，クライエントの状況をよりよく理解できるように，このような食い違いに向き合ってみるようクライエントに求めることは，意味があるかもしれない。症状を過小報告したり否定したりするクライエントは，時として治療の準備ができていないものだ。これは重要な情報であり，クライエントのための計画を作るときには，考慮に入れるべきである。反対に，自分がいかに苦しんでいるのか理解してほしいと必死なあまり，あるいは何らかの二次的な利得（すなわち障害者手当）のために大げさに報告するクライエントもいる。このような場合には，その苦悩を認め，できるだけ早く必要としている援助を手に入れるように努めると保証することが有益である。

i セッション中の行動から学ぶ

査定の間のクライエントの行動を注意深く観察することも，症例の概念化を充実するための貴重な情報源になる。クライエントの質問に対する回答を超え

て，部屋で臨床家と一緒にいるときの行動のしかたは，「実生活」でクライエントがどのように行動し，他者と関係しているのかをのぞき知る窓口になりうる。さらに，これらの微妙な点は，治療がどのように進展していくか，予期することにも役立つ。

　クライエントは，査定過程が進んでも，口数が少なく，控えめで情報を曝露することを躊躇するか。あなたが質問するときに怒るか。「禁忌事項」である話題が多くあるか。クライエントはあなたに媚を売ったり，非常に個人的な質問をしたりするか。クライエントは初心の臨床家に割り当てられて不満であるか。クライエントはあなた，あるいは治療過程に対して，過度に批判的か。査定中のクライエントの行動のしかたは無数にあるので，こういった行動は症例の概念化で使用されるべきである。

　クライエントの主訴によっては，もっと本格的な観察が査定の別の選択肢として使われることもある。観察はクライエントの「活動中の」問題を目にする機会を与えてくれる。これにはいろいろな方法がある。夫婦（恋人）関係での問題を訴えるのならば，夫婦がある問題について話し合い，解決を図るようすを観察できる。特定の恐怖症を訴えるのなら，臨床家はその人が怖いと思っている刺激にどの程度まで近づけるのか，行動テストを組み立てることができる。例えば，クライエントがクモを恐れているのならば，臨床家は段階的に恐怖を増す課題を用意して（例：クモの絵を見る，クモの絵に触る，瓶に入ったクモと同じ部屋に入る，クモに触る，など），不安がそれ以上の行為を阻むようになるまでに，これらの課題をどこまで進めることができるのか，確認することができる。行動テストは，自分自身の行動に関するクライエントの説明がかたよっていないかを解明するためにも使うことができる。例えば，社会恐怖の場合，本当に社会的な状況ではうまく行動できないのか，あるいは単にそのように感じているだけなのか決定するために，クライエントに面識のない人と世間話をしてもらうことができる。基本的に観察法は，クライエントの問題を現実の姿で見たほうがよく理解できる，と臨床家が考えるときにはいつでも使用できる。行動テストは時間がかかり，時には準備が難しいが，多くの有用な情報を提供してくれるものである。

j セルフ・モニタリング

　セルフ・モニタリングは，クライエントの問題が日々の生活にどのような影響を与えるかということについて展望を開く，もう1つの優れた方法である。この技法を用いるときは，クライエントが標的となる行動（例：悪夢，怒りの爆発など）の生起を記録する。このような記録にはたいてい，その行動が起きた日時，症状が明白であった状況，症状が起きたときの思考，症状が起きていた間のクライエントの感情的反応が含まれる。セルフ・モニタリングで得られた情報（例：症状の出るきっかけ，回避，非機能的思考，反応の様式）は，症例をより正確に概念化してその治療をどう進めていくか決定するために，査定過程で使用することができる。

　例えば，毛髪を引き抜く行為（抜毛癖）の治療を求めた16歳のクライエントを取り上げてみる。このクライエントの頭部には大きな毛髪のない部位があったが，どのくらい頻繁に髪を抜いているのか，あるいはどのようなことが抜毛の引き金になるのかと問われた際，彼女ははっきりしないと答えた。もっとよい情報を得るため，彼女は1週間，自分の抜毛をモニタリングするように言われた。次の査定のときに，彼女は臨床家に自分のモニター表を見せた。クライエントは日中，学校でのみ毛を抜いていたこと，さらには社会科と運転者教育の時間にだけ抜いていたということを報告した。臨床家は，もしあるとしたら，これらの2つの授業の共通点は何かと尋ねた。クライエントは両方とも恐ろしく退屈だと答えた。もっと興味深かったり，ついていくのが大変な授業では，するとしてもまれにしか髪を抜かないのだった。またセルフ・モニタリングによって，抜毛をすれば最初のうちは頭がよりはっきりした（例：退屈な授業中に眠ってしまうことを防いだ）が，その後は抜いたことをとても後悔するようになったということも明らかになった。セルフ・モニタリング用紙はまた，1週間あたり約150本の毛髪を抜いていたことも示した。どこで抜毛が起こり，どのような条件下で維持されているかを知ることは，治療計画にとって決定的に重要であった。さらに，どのくらい毛を抜いているか認識し，抜毛が自分自身に対する否定的な情動や思考に関係していることを理解したことで，クライエントは母親に強いられて最初の査定に来たにもかかわらず，治療を受ける動機づけができたのである。

k ほかの専門家と話す

　クライエントの症例に関してほかの専門家に話すときには，その前にクライエントの許可を得なければならない。なぜほかの専門家と話したいのかということをわかりやすく説明すべきであり，もしクライエントが受け入れてくれたなら許可書に署名をしてもらい，話をする前に相手の専門家に届けなければならない。秘密厳守を守って情報を伝えなければならないことを覚えておくこと。ファックスや電子メールは非常に便利なコミュニケーション形態ではあるが，どちらも受け取り先を間違えることがあるので，守秘義務の観点からは危険を伴う。どちらを使う際にも，事前に地域と連邦国家による規定を確認し，あなたが勤務するクリニックの職員にも確認をとらねばならない。

　初心の臨床家は，もっと経験を積んでいる専門家に無能だという印象を与えることを恐れ，接触することに不安を感じることがある。さらには，初心の臨床家というものは，ほかの専門家は受容的でないと思いがちである。何より覚えておくべきことは，ほかの専門家に相談しないことのほうが，無能とみられてしまう可能性があるということである。究極のところ，ほかの専門家は，あなたがクライエントによりよい治療をするのに役立つような貴重な知識をもっているのである。さらに，ほとんどの専門家は喜んで知識を分け与えてくれるものである。臨床家は自らの治療経験や，治療に関するさらなるアイディアについて好んで語ることが多い。あなたのもっていない専門知識を有する専門家（例：内科医，産業カウンセラーなど）は，あなたになじみのない情報について説明してくれる。

　時として，不親切な専門家に出会うこともある。電話をかけ直してくれないか，かけてくれたとしても粗野で助けたくなさそうなようすなのである。若い臨床家は，これを個人的な侮蔑と解釈するだろう。スーパーバイザーが電話をしていたら，もっと実りある会話になっただろう，と想像するかもしれない（そしてこの想像はあたっているかもしれないのである）。しかしながら，誰が電話をしようとも非協力的な人たちもいる。そんなときには，対人関係の懸念はうまくかわして，不快な状況だとしてもできるだけ多くの情報を得ることに集中したほうがよい。

　これを明言した上で言えるのは，査定過程においてほかの専門家と話すこと

は，非常に役に立つ可能性があるということだ。臨床家以外の保健医療の専門家からの情報を必要とすることもある。クライエントがこれまでに服用した薬や現在服用中の薬をはっきり覚えていない場合や，クライエントの身体的健康と精神的健康の関係について疑問がある場合などである。例えば，一部の心理的症状（例：抑うつと不安）は内科治療を要するような状態（例：内分泌異常）で説明がつくかもしれないので，このような点についてはクライエントの内科医と相談することが役立つ。心理状態の中には，クライエントの身体的健康に直接影響を与えるものもある（例：摂食障害，薬物使用問題）ので，このような場合には，クライエントの身体的健康のケアをしている人たち（例：プライマリケア担当の医師，栄養士など）と連絡をとることが，クライエントにとって有益である。最後に，治療に関する決断に影響を与えうる身体状態がある。例えば，パニック障害と喘息か心臓病のような身体疾患のあるクライエントに，内的曝露（パニックの症状を誘発するように意図された練習）を実施する前には，クライエントを診ている医師にどの訓練が安全に行えるものか，確認するのが賢明である。

　あなたが査定しているクライエントを査定したり治療したりしたことのある専門家と話すことも望ましいことだ。クライエントが紹介されてきた場合，なぜ紹介されたのか，本人が知っていることが多い（例：「X医師のところに査定に行きましたが，うつ病の治療が必要だと言われて，その点ではあなたのクリニックがこのあたりではいちばん優れているということでした」）。しかし，どうして紹介されたのか，はっきりわかっていないこともあるので，より多くの情報を得るために紹介者と連絡をとることも必要である。

　時には，臨床家があるクライエントの1つの問題について治療を終え，自分の専門外の領域でも治療が必要だと考えた際に，紹介が行われることがある。クライエントの抑うつに関しては治療に成功したが，そのクライエントが次は夫婦間の問題に対処する必要がある，というような場合である。また，ある学派の臨床家が，クライエントあるいはクライエントの経験している問題には別の学派のほうがよりふさわしいと考えて，そちらの臨床家に紹介することもある。あなたが用いる治療技法と同じ技法で標的となる問題をすでに治療しようとした臨床家からクライエントの治療を求められた場合には，困惑するかもし

れない。あなたがクライエントを治療して効果が出るのか，という問題を投げかけるだろう。効果が出ることもあるだろう。臨床家とクライエントがうまく共同作業をできるかということには多くの変数が影響するので，時としてある臨床家はクライエントの改善に援助できても，別の臨床家にはできないということがあるのである。このような状況では，そのクライエントを治療した人物と話すことが常に役に立つ。

　強迫性障害の治療のために査定を受けに来たクライエントを考えてみよう。査定時にクライエントは，強迫性障害に対して優れた曝露反応妨害法を行うと知られているクリニックで，すでに診てもらっていた。私たちはどうしてこのクライエントがそのクリニックでの曝露反応妨害法に成功しなかったのか，不思議に思った。クライエントに尋ねると，曝露法は全く行わなかったと言った。私たちの好奇心が刺激され，治療がどう進んだのか確認するために，クライエントの臨床家に連絡をとった。その臨床家は，強迫性障害の克服にとっていかに曝露が重要か，明白な理論的根拠を提供しても，クライエントがそれを徹底的に拒絶したと教えてくれた。私たちのクリニックにおける強迫性障害の治療に関してクライエントに話し，治療が別の臨床家のもとで行われたものととても似たものになるであろうことをはっきりさせ，彼女にとって重要であると思われる曝露法をやってみる気になれるかどうか尋ねた。私たちは，なぜ推奨するのかということを十分に教えてから段階的に曝露を行うと説明した。治療の初めには曝露反応妨害法を疑わしく思ったけれども，ひとたび試してみると決めてからは非常に効果を上げた，というかつてのクライエントたちと話してみたいかどうかも尋ねた。クライエントはそのようなことをすることは決して考えないと言い，自分を説得できる人などいないと思うと言った。この話し合いのあと，私たちは薬物治療について話をするようにと，ある精神科医に紹介し，曝露反応妨害法を試す意志に変化があれば将来私たちのところに来てもよいという可能性を残しておいた。このクライエントの前の臨床家と話すことによって，治療に関してよい決断を下せるような情報をクライエントに提供しながら，彼女の懸念に直接的で正直な形で取り組むことができたのである。前の臨床家と話していなければ，クライエントにまたしても否定的な経験をさせてしまっただろう。私たちはそうする代わりに，準備ができたときにクライエントが戻

って来て治療を開始できるよう門戸を開いたままにして，成功する可能性を増やしたのである。

I クライエントの生活に関係する他者と話す

クライエントの生活に関わっている人々も，有用な情報源である。これには，親，配偶者，ルームメイト，そして若いクライエントの場合には教師も含まれよう。この種の情報を求める前提は，「クライエントを調べあげる」ということではなくて，むしろクライエントの問題をより完全かつ正確にとらえるために役立てるということである。

他者を情報源として使うときはまた，許可を得ることが必須である。クライエントの明確な同意なしで家族に話してはならない。成人のクライエントがあなたの査定を受けに来たと伝えるだけでも，守秘義務違反である。許可を得るにあたっては，なぜこのような他者と話すことが大事だと考えているのか，クライエントにはっきりと知らせなければならない。例えば，夜眠ることができないのに日中は居眠りが出るという睡眠の問題を抱えたクライエントを考えてみよう。彼は居眠りの頻度や，寝てしまったときにどのくらいの長さ眠るのかを報告できないかもしれない。クライエントの妻に相談し，彼女の観察したことを尋ねれば，有用な情報が得られる可能性が高い。

どんな状況で，このような会話を交わしたらよいのだろうか。もし，家族や親しい友人がクライエントの査定に同伴していれば，単純に部屋に招き入れてクライエントのいる目の前で査定に協力してもらえる。これができなければ，電話で話し合うこともできる。どのような場合でも，クライエントの生活に関わる人と話す際は，プライバシーを尊重することが非常に大事である。これは，面接中にクライエントが話したすべてのことや，症例の概念化（「彼の極度の完璧主義は，成長期にあなたがとても要求の厳しい母親だったことと関係しているにちがいないと考えています」）を家族に伝える機会ではない。このような会話は，クライエントとの信頼関係に影響を与えうるということを覚えておくように。もしクライエントがセッション後に帰宅し，臨床家に対してひどいことを言ったという理由で母親から怒鳴りつけられたら，臨床家に立腹するのが当たり前だろう。こういうことはせずに，症例の概念化に役立つような，的

をしぼった質問を準備して，重要な他者と接触すべきである。例えば完璧主義的なクライエントが，完璧主義がどう自分の生活に影響するかをうまく描写できなければ，彼の妻と話すこともできよう。クライエントが毎日どのくらいの時間を家の掃除に費やすのか，家の中や周囲のものが不完全だと感じたときどう反応するのかということを，彼女に尋ねることができるのである。

(3) 暫定的な問題リストで締めくくる

次章では，J・パーソンズの症例の概念化に対するアプローチ（ひとたび査定が完成した際に，症例の初期的な理解に到達する過程）を導入する。パーソンズは査定の終わりには，症例の概念化の出発点として，問題リストを作成するべきだと提案している。問題リストを「クライエントの問題の包括的なリスト」（文献38, p.19）と描写している。言いかえるならば，これは査定過程中にクライエントが取り上げたすべての鍵となる心配事の要約の役割を果たす。問題リストは抑うつ，パニック発作，むちゃ食い発作のような治療を求めることと関連した心配ばかりでなく，失業，夫婦間の軋轢，身体の健康に関する問題のような要件も含む。このような問題の中には，治療に無関係と思われるものもいくらかはあるだろうが，関係していることもあるのである。この種の問題は，ほかの問題を誘発したり，持続させたりすることがある。例えば，夫婦間での問題は感情制御の一形態としてのむちゃ食いを引き起こしうるし，失業状態は抑うつを持続させるかもしれない。このような問題はまぎれもなく治療の邪魔になる（例：非支持的で批判的な配偶者は，恐れている状況への曝露法を定期的に行うという，クライエントの試みを阻害するかもしれない）。査定セッションが終わったあと，臨床家はこれらの表面的には全く異質な問題がどのように絡み合っているのかを割り出すという目的をもって，症例の概念化の構築を開始するためにこのリストを利用できる。

4 初心の臨床家にみられる共通の不安

(1) 間と休憩

初心の臨床家は査定のときに，不安になるものである。多くの初心の臨床家

は査定中の間や沈黙を気にかける。というのは，面接中にあるページを探したり，特定の問題に関してもっと探究すべきか考えたり，次にクライエントに何を尋ねるか考えたりして，1分ほどの時間を必要とするかもしれないからである。一般に懸念するのは，間合いをとることで，クライエントが臨床家を経験不足とか，問題が何なのか判別できないのでは，などとみなすのではないか，ということである。このような間というのは，クライエントよりもむしろ，あなたのほうが気になるものだということを心に留めておくように。クライエントが間に気づいたら，普通は，臨床家は考えているのだと思うだろう。そしてクライエントは，自分が混乱をきたすような問題に対しての助けを求めているのだから，その問題を熟考するために多少の時間を必要としたからといって，臨床家に批判的になったりはしないものだ。

初心の臨床家というのは，特定のクライエントに困惑してしまうことがある。時として，査定の実施が困難になるような行動をクライエントがとる場合に，そういうことが起こる。話すことを拒絶するクライエントも，非常に整合性の欠如した話し方をするクライエントもいるだろう。また，自分に問題があることを全面否定することもあるだろう。また，初心の臨床家はひどく込み入った症例という難局に見舞われて，クライエントの適切な診断なり，クライエントの治療にとってどの要因が重要なのか，どうしても決定できないと感じることもあるだろう。査定において，短い間合いが長い沈黙になることもあり，こうなると確かにクライエントにとっても臨床家にとっても気分がよくない。こういう状況では，多くの治療環境において，クライエントに短い休憩をとると伝えてもかまわない。クライエントに洗面所を使ったり，間食をとったり，足を伸ばしてゆっくりする時間を提供すること。こうすれば，同僚に相談したりDSMで何かを調べたり，あるいはどう進めていくか決めるためにただ数分腰かけて吟味することができる。短時間の休憩に難色を示すクライエントはほとんどいないだろうし，実際，特に長時間の査定の途中では，多くのクライエントが喜んで受け入れるだろう。

(2) 詳細を見落とす

初心の臨床家のもう1つの不安は，クライエントに何か大事なことを聞き忘

れてしまうのでは，ということである。報告書の準備をしているとき，あるいはスーパービジョンや臨床検討会で症例を論じ合う準備をしているときに，こういうミスに気づくことがある。同僚が症例の概念化を助ける質問をしてきて，それに答えるのに適切な情報を採集していなかったことに思い当たるのである。どうしたらよいのだろうか。クライエントに電話をして疑問解消のために3つ4つ質問するということや，もう一度クライエントに来てもらうということも，前例がないわけではない。初心の臨床家は無能であるかのように思われることを恐れるかもしれないが，クライエントは普通，臨床家は心配し，クライエントをよりよく理解しようとしているから，このようなことをするのだ，と思うだろう。

　ここで，ある一点に関して注意しておこう。不安と焦燥に駆られた初心の臨床家は，クライエントに補足的な質問をするため頻繁に電話をかけたり，問題をもっと話し合うために来院してもらいたいという誘惑に駆られるかもしれない。もしこういうことをしばしば行っていると自覚したら，スーパーバイザーとの話し合いで取り上げるべきである。スーパーバイザーは，なぜあなたがそのように頻繁に「引き返し」行為をするのか，究明することを助けてくれるはずである。効率性が欠如している場合もあろう。診断基準を知らなかったり，査定ツールの構造を知らなければ，一部の詳細を見落としたり，重要な質問を聞き忘れたりすることにつながるだろう。これは，付加的な準備やより経験を積んだ臨床家の観察，スーパーバイザーや同僚との話し合いによって容易に改善できる。別の役立つヒントは，臨床家は査定中にクライエントの話に集中するように努力すべきだということである。初心の臨床家は，クライエントが特定の障害の診断基準に合うかどうかということに集中しすぎて，クライエントの病歴や何が問題を持続させてしまっているのかを本当に理解するのにふさわしい質問をしないことがよくあるのである。

　臨床家は，最初の査定のあとにわかっているべきことについて，非合理的なほどの期待を抱いているということもありうる。症例を概念化して，治療の計画を立てる十分な情報を収集することは確かに重要だが，症例の概念化は継続的な過程であることを心に留めておこう。この観点からも，査定の開始時には理解に隙間のようなものがあるかもしれないが，症例の概念化は，クライエン

トをよりよく知り，クライエントが生活上の変化を実行していくにつれて変わっていくであろう，というのは当然のことなのである。

（3）間違いを犯す

　情報をとりこぼすのでは，という心配に関連して，間違いを犯すのではないかという恐怖がある。簡単に言ってしまえば，初心の臨床家はよく，クライエントに「誤った」診断を下すことや，誤った形で症例を概念化することを恐れるものだ。例えば臨床家は，鑑別診断の際や，クライエントが複数の問題を訴えているときに，どの問題に最初に注目するかという点で，失敗を犯すことを心配する。すべての臨床家が時として「不正確な」決断をしてしまうものである。これが経験の浅い臨床家でより頻繁に起こることは確かだが，キャリアを重ねていっても，クライエントの査定が的外れであったと，治療が数セッション進んでからわかるということは，たいていの臨床家が経験しているのである。

　初心の臨床家は，このような誤りを発見するためにスーパービジョンが設定されているということを覚えておこう。一般的には，治療が始まる前に診断の決定と治療計画が話し合われる。だから，どのような問題も解決できるし，治療は正しい軌道で開始できるのである。過ちを犯すことは恥ずかしいことかもしれないが，大切な学習の機会を提供してくれる。自分に対して失敗が指摘されたときは，恥を感じることによる短期間の不快に気をとられるのではなく，次回，類似の臨床例を診る際に役立つ知識という点での長期的な利得に注目するようにしよう。

　単なる診断の域を超えて，初心の臨床家は不正確に症例を概念化することも心配する。最初の概念化が，クライエントとの最初の接触で学んだことに基づいていることを覚えておくように。クライエントがどのような問題を抱えていて，一定期間にわたりそれらの問題を持続させているのは何なのか，ということに関して理解するのに十分な情報を集めるのが，私たちの仕事である。これによって治療計画が立てられるが，いつでも基盤になるのは限定された量のデータである。クライエントをよく知るにつれて，症例に対する考え方と対処法を修正していくのは，合理的であり，かつ期待されていることなのである。

5 マイケルの査定面接

　第2章の最後で，臨床家がクライエントのマイケルの査定をまさに始めようとするところまでを見た。ここで彼の例に戻ろう。臨床家が人口統計学的な情報を収集して開始するところである。

(1) 人口統計学的な情報

　マイケルは40歳の白人男性で，別の州の中規模都市でカトリックとして育てられた。学業に秀でており，20歳で医学校に進学し，病理学者になると決めていた。28歳で研修を終えて，医学研究機関の病理部での仕事を得た。医学校時代を通じて，ローマカトリック教会に大いに傾倒し，日曜日ごとに礼拝に参加し，教会のスープを提供する奉仕活動や青年会でボランティアをしていた。36歳にして（修道院で黙想などを行う）静修会に参加し，その間に神父になるべしという神の思し召しを感じたという。彼はこの3，4年間，この方向で求道し，とうとう4カ月前に修練年を始めるために休職していた。この修練期間に，カトリックの聖職者としての誓いを立てるかどうか，よく考えてみようというのである。

　査定時，マイケルはカトリックの神学校に寄宿して，授業を受け，宗教的な仕事をこなしていた。神学校に移る前はひとり暮らしだった。成人としての年月に，彼は散発的には女性と交際していたが，彼自身が「真剣な関係」とみなすようなものは経験していなかった。

　マイケルの両親は今も郷里に住んでいた。ともに健康で，心理的な疾患の病歴はなかった。マイケルの説明によれば，ふたりとも敬虔なカトリックであるにもかかわらず，医学のキャリアを放棄して聖職者の道を考えるというマイケルの決断に驚いて不安になっているということである。自分が結婚をせず，子どもをもうけることもしないかもしれないという見通しに，特に母親が動揺していると説明した。彼の妹は21歳のときに結婚し，4人の子どもの母親であった。

(2) 主訴とその経過

　マイケルは，どうしてクリニックに連絡したのか，簡単に説明するように言

われた。彼は記憶にある限り，社会的な不安を抱えていたと説明した。常に赤面することを案じていたと記憶していたのである。肌の色がとても薄いので，あがってしまうと彼の耳や顔はかなり紅潮してしまうのである。小学3年生のとき，マイケルは読書感想文の発表をせねばならず，そのとき級友の男子のひとりが頭部の代わりにトマトがついた少年が発表をしている絵を高く上げて見せた話を詳しく語った。それ以来，公の場での発表を恐れていると言うのだった。高校時代，マイケルはしばしば，級友全員の前でなく，一対一の状態で発表をしてもいいか，と教師に頼んだ。たいていの場合，うまく逃げられたそうである。なぜなら，彼はとても優秀であり，実際のところ，教師たちは彼が勉強しているテーマに関してじっくり話し合う機会を歓迎したからである。マイケルは，自分がどうみえているかということよりも，自分の知性を明らかに重んじてくれたので，教師たちの前での発表は心配ではなかったと説明した。

マイケルは大学では化学専攻生として，人前で話さなければならないというようなことはあまりなく，学部教育を切り抜けられた。しかし，学生がしばしば質問で責められる状況となる医学校では，再び社会不安が彼にとっての問題となった。マイケルはまた，患者とのやりとりにも大いに不安を経験し，ほかの医師や患者との接触が制限されているという理由で，病理学を自分向きの分野だと決めた。高校時代のように，社会不安で問題が生じるということがあまりない状態で，マイケルはかなりうまくやれていた。けれども，神学校に入ってからは人前で話すことがほとんど日課となった。授業で学生は頻繁に指名され，教育の一部は教会での礼拝や宗教儀式で役務を務めることであった。マイケルはまた，ほかの聖職者や教区民との頻繁な接触も，自分にとってはとても困難だと説明した。

マイケルはまた，自分の主訴とその病歴を語るにあたり，とても率直であった。さらに，臨床家は，認知モデルの「空白を埋める」ことができるような質問を行った。彼の不安を最も頻繁に引き起こす状況というのは，明らかに人前で話すことであった。人生を通じて，より日常的な社交上のやりとりでも問題ではあったが，人前でのスピーチほどの度合いではなかった。公でのスピーチに直面したときの考えについて尋ねられると，マイケルは「いかに私が赤くなるか，みんなにわかってしまう」，また「それに気づけば，みんなに私の無能

さがわかってしまう」と報告した。このため，マイケルは主として人前でのスピーチを回避する（行動的反応）ことになり，どうしてもしなければならないときは（神学校に入って以来そうであったように），彼は必要以上に準備をして（行動的反応），非常に緊張し（感情的反応），赤面，震え，発汗など，不安による多くの身体症状を経験していた。次章で示すように，マイケルの臨床家は彼と過ごした時間内に，マイケルの現在の問題に対して原動力になってしまっていた可能性のある中核的信念がどのような種類のものなのか，大づかみに把握することを含めて，概念化を充実させるために役立つような補足的情報も集めた。

(3) 半構造化臨床面接

　マイケルは，質問された症状の多くを一度も経験したことがなく，彼のSCID（DSM-Ⅳの構造化臨床面接）はかなり迅速に進んだ。マイケルは簡潔で正確な反応様式をみせた。各質問を聞いてきちんと考えているのは明らかである一方で，経験したことのない症状にはあまり説明を加えず「いいえ」と答えられたのである。社会不安セクション中も，マイケルはとても率直であり，臨床家が社会恐怖（臨床家は，面接でのより自由な形式の会話に基づいて，すでにこの可能性を検討していた）という正確な診断を下すのに十分な情報を提供できた。面接の終わりに，診断基準が満たされる現在の診断は，社会恐怖のみであることが明らかになった。査定全体の完結にはおよそ2時間かかった。

(4) 自記式質問紙

　すでに述べたように，臨床家はマイケルが同意書を読んで書名している間に，彼の自記式質問紙に目を通した。ここでの質問紙の結果は，SCIDの間にマイケルが提供した情報と完全に合致していた。マイケルは中等度に深刻な社会不安を経験していると報告し，自分の生活の質（QOL）に関していくぶんかの不満を記述した。面接の終わりに，臨床家はQOLの尺度の中でマイケルが認めた項目（職業生活と家庭生活への不満）に関して質問した。この情報は，症例理解と治療の推奨という観点から，とても有益になるであろう。マイケルの仕事に対する不満の一要因が社会不安であることは明白であった。彼の新たな役

割に対する多くの不快感のため，やっている仕事を楽しむことが難しくなっていたのである。もう1つの要因は，彼が聖職者の道に入るのかどうかという点で，長期にわたり確信がもてずにいることであった。医学の仕事を楽しんでいたのに，神学校で学ぶために1年休職していた。マイケルはこの大決断を下すには1年では十分ではないかもしれないという不安を表明したが，1年以上医学から離れて過ごすことはできないことも承知していた。

マイケルはまた，自分の家族と社会生活に関してもいくぶんかの不満を表現した。強い信仰心にもかかわらず，マイケルの家族は彼が神学校に入ることを，どちらかと言えば支持していなかった。マイケルは，このようにストレスの多い時期に，家族に頼る権利を喪失したように感じていると説明した。過去には，家族は驚くほどの支えとなってくれたのだが，今は「神を除いては，一人ぼっち」と感じていたのだ。臨床家は，聖職者の道に入れば自分自身の家族はもてないということをどう感じているのか尋ねた。マイケルは「ええ，気になっていると思います。自分の家族というのは，ずっともつことになるだろうと考えていたのです。けれども，神が私たちに求められることですから」と答えた。マイケルがそれ以上の詳細を語りたくないことは明白であった。

(5) 問題リストを作成する

マイケルの査定が終わりに近づいたとき，臨床家が問題リストという概念を紹介した。

臨床家：マイケル，ここで今日話し合ったことを，数分で要約したいと思います。これをしながら，私たちが「問題リスト」と呼ぶものを作成していきます。このリストは，現在あなたが直面している全問題を見つめ，「全体像」を理解し，治療計画を工程図のように描き出すことに，とても役立ちます。

マイケル：かなりのリストになりますよ。

臨床家：まあ，始めてみればわかりますよ。最初にリストに載せたほうがよい問題は社会不安ですね。

マイケル：そうです。それが大ごとでしょう。

臨床家：ええ。そして，これがいちばん治療に時間をかけていくものになりそうです。けれども，あなたが直面しているほかの問題も考えていきたいですね。何かしら社会不安との意味のある関連性があるかもしれませんから。

マイケル：わかりました。それでは，「職業選択」もリストに載せるわけですね。

臨床家：そのとおりです。それに，現在あなたが抱えている，家族との対立の一部というのはどうでしょう。

マイケル：それも次なる問題です。はい，リストに載せましょう。

臨床家：関連があると思われるもう1つのことは，聖職者の道に進んだ場合の，自分自身の家族はもたないという決意です。

マイケル：その件は，あまり話したいという気持ちにはなれそうもないのです。神にお仕えするように思し召しを受けたときには，受け入れるしかないことなのです。

臨床家：その意見は全面的に尊重します。しかし，たとえあなたが信じがたいほどに強い信仰心の持ち主であるとしても，恐ろしく厳しい決断のように思われます。

マイケル：もちろん，厳しいです。

臨床家：それでは，こういう提案をさせてください。問題リストにはあげておいて，それから進展途中でこの件が表面化するか確認しましょう。私はどんな話題にせよ，強制はしませんし，私たちの主たる懸案事項は社会不安にちがいありません。それでも，私にはこういったすべての問題点が，何らかの形で関係しているように思われます。したがって，リスト上にあらゆる問題を書いておけば，現在あなたが抱えている問題をよりよく理解するため役に立つでしょう。

マイケル：私はそれでかまいません。

臨床家：それはよかった。

(6) セッションを終了する

この時点で臨床家はマイケルに，来週のフィードバックセッションの際に，彼の問題をより詳細に話し合うと告げた。それまでに臨床家がじっくり考えて，

同僚と一緒に見直しておくということである。

臨床家：マイケル，今日の面接はこれで終わりになります。あなたが来院してくれたことを，本当にうれしく思っています。社会不安があなたの抱えている主要な問題であることは，私にとって明白です。ここ数年間，ずいぶん上手に秘密にすることができていたようですが，職業と人生の計画を変更したため，バランスを失ったのでしょう。違いますか。

マイケル：そのとおりです。実験室と賃貸住宅に戻って，家族も私の選択をよしとしてくれたほうがいいだろうな，と思う日もあるのです。わかりますよね。

臨床家：よくわかります。このように重大な人生の節目を迎えているので，あなたの状況は興味深い状況と言えます。社会不安が，決断をよりいっそう困難にしているように思えますが。

マイケル：そうです。頭が混乱して，この道を選んだのは間違いだったと思う日もあります。けれども，社会不安のせいなのか，本当に間違いを犯したのか，わからないのです。それに今のところ，話ができるのは神学校の人々で，明らかに彼らは何をすべきかについて，客観的なアドバイスというのは与えてくれないのです。家族と話し合えたらいいと思うのですが，話そうとすると，「だから言ったでしょう」というような態度をとるのです。

　面接を終える前に臨床家はマイケルに，何か言い忘れたことはないか，そして質問がないかどうか尋ねた。マイケルは自分の問題を明確に描写できたことに満足していて，査定過程に関する質問はなかった。マイケルと臨床家は，それからフィードバックセッションの時間を決め，臨床家は，その間に質問や気になることがあれば電話をするようにと言った。

第4章
症例の概念化と治療の計画

　ここまででクライエントと臨床家は数時間をともに過ごした。豊富な情報が集められた。臨床面接からばかりでなく，自己報告尺度やほかの専門家との会話を含む情報源を介して，である。査定過程中のクライエントの行動を観察することからもデータが得られた。この過程における次の段階は，どうしたらこれらすべての情報を一貫性のある1つのものにまとめられるか，考え出すことである。より具体的に言うのならば，クライエントの症状とその原因や持続要因に，どうすれば最適な説明を与えられるかということである。

1 症例を概念化する

　第1章でみたように，症例の概念化はあらゆる臨床家が習得する，最も重要な技能である。症例の概念化を通じ，臨床家はクライエントの特定の問題が，認知行動モデルの観点からどのように理解できるかということについて，作業仮説を展開する。そこからは，この理解が治療過程を導いていく。実際，J・B・パーソンズはこの理由から，症例の定式化を「臨床家の方位磁石」（文献38，p.37）と呼んでいる。

　パーソンズは，心理的な問題は2つのレベルで発生すると示唆している。顕在化した問題と基底にある心理機制である。顕在化した問題というのは，クライエントの言明している問題であり，食事の制限や抑うつ，夫婦関係の問題のようなものである。これらの問題は，認知モデルと適合する形で，信念，行動，

感情といった視点から記述することができる。これら3つの構成要素にわたって，問題がどのように顕在化しているかということが，基底にある機制の非機能性を説明する。基底の心理機制は，言いかえれば「顕在化した問題の底にあり，その原因となっている心理的欠損」なのである[38]。パーソンズは「基底にある機制は，自己に対する1つの（もしくは2，3の）不合理な確信の形をとって表に表れ」（文献38，p.1），一般的には「もし－ならば…だ」という構文で言語化されるものだと説明する。例えば，ある患者が「もし太ったら，誰も私を愛してくれない」という信念を抱いていると，これは食べること，体重，体形に関係したきっかけに対する非機能的な思考と感情的反応性（クライエントの顕在化した問題）と並んで，食事制限や過度の運動といった形で顕在化することがある。この例は基底にある機制がいかに顕在化した問題を引き起こしうるかを例示しているが，顕在化した問題も基底の機制を支持する役割を果たす。この例を続けると，摂食上の問題を抱えるクライエントは，社会的にかなり孤立してしまうものだ。人前で食事をすることが困難になり，（しばしば摂食の問題と絡み合った）抑うつと，摂食障害というものの時間を消耗する性質のせいで，ほかの交際もまた制限される。社会的孤立（顕在化した問題）が，クライエントの，自分は愛されないし，それというのも太っているせいにちがいない，という信念に返って，再補強してしまうのである。

　臨床家は，どのようにクライエントの顕在化した問題の基底にある機制を同定するのだろうか。パーソンズの方法はこの過程を6段階で説明し（表4.1），この機制を決定する点だけでなく，機制がどのように治療に影響しうるか考察する点においても，臨床家を助けてくれる。パーソンズはクライエントの顕在化した問題の完全なリストから始め（第1段階），それから全問題を説明することができる，単一の基底にある非機能的信念あるいは中核的信念を，帰納法で推論する（第2段階）ことを示唆している。それから臨床家は，特定の信念がどのように特定の感情的・行動的・生理的症状につながり，それらの症状がどのように維持されているか考察する（第3段階）。それから臨床家は，現在の問題に対する先行状況が，中核的信念と有意義な結びつきをもっているかどうか考察することによって，想定した中核的信念がクライエントの現在の問題の基底にあるという仮説を本質的に「試す」（第4段階）。臨床家は通常，クラ

表4.1　パーソンズの6段階症例概念化モデル

1. 主要な問題と機能上の問題を含めた包括的な問題リストを作成する。
2. リスト上の全問題の基底に存在している可能性がある基底の機制（通常は不合理な信念）を提案する。この達成のため、臨床家は以下のような自問ができる。
   a. これらの問題すべてに共通しているものとは何であろうか。
   b. このように行動する人はどのような信念をもっているものだろうか。
   c. その行動の先行状況と結果はどのようなものだろうか。
3. 基底の機制がリストされた問題をどのように生み出しうるか、仮説を立てる。
4. 現在の問題を引き起こしたものを探る。提案した基底にある機制は現在の問題の誘発因と一致するだろうか。
5. クライエントの人生の早い段階における機制（信念）の起源を探す。
6. 定式化（概念化）に基づいて治療を妨げるものを予測する。

イエントの現在の非機能的な信念に貢献したかもしれない、（一般的には親を介しての）成長期の学習経験を考察していくことで、中心的な問題の起源も考察する（第5段階）。最後に、臨床家はクライエントの中核的信念に由来し、治療への妨げになると予想されるものを考察する（第6段階）。以下はより詳細なパーソンズの6段階である。

（1）問題リスト

　第3章で導入したように、査定過程の最後に暫定的な問題リストが作成される。問題リストにはクライエントの主訴とともに、人生でのほかの問題を含めるべきであり、査定の全情報源に基づいたものであるべきである。その後、臨床家はこのリストを見直し、表面的にはばらばらなこれらの問題が、認知行動モデル内でどのようにつなぎ合わせていけるかを問う。

　マイケルの査定の終わりに、彼と臨床家はこのような問題リストを作成した。明らかな候補は社会不安、職業選択での混乱、そして家族との対立であった。マイケルの査定中に臨床家は、彼が聖職者の道に入れば自分自身の家族をもつ機会を放棄せねばならないということに関して、葛藤を経験していると感じた。マイケルはこれを問題として認めようとしなかったが、パーソンズは臨床家が査定の間に観察して、問題リストに載せるのに適するかもしれないことについては、クライエントに質問をするように提案している。マイケルの臨床家はそ

のようにし，彼らはこの点をリストに加え，それを扱うかどうかは治療が進んでいってから決定するということで合意した。

(2) 基底にある心理機制を提案する

ここでの目標は，クライエントが訴えている，一見別個のものに思われるすべての問題に対して，少なくとも1つの可能な説明を展開することである。認知行動理論に基づいて，仮説として立てられた機制はリスト上の全問題の集約機能を果たすべきである。パーソンズは，この集約がしばしば中心となる非合理的な信念，という形をとると示唆した。非機能的な感情，行為，信念の間の学習された連結はどれでも治療の標的となりうるが，臨床家はどの特定の非機能的な感情と行為が，どの特定の信念と結びついているのか，最初に理解せねばならない。

マイケルの臨床家は，彼の問題すべてを説明する基底機制を考え出す試みとして，問題を1つ1つ調べた。臨床家はマイケルの状況に関する考え方と，そのような解釈から帰結する感情的・行動的・生理的反応に特に注意を払った。

a 社会不安

マイケルの主な問題である社会不安は，他者の面前で何かを行うということが先行状況となっていた。マイケルにとって，いちばん困難な状況は公の場で話をすることであったが，より日常的な社会的交流も難しかった。このような状況になると，ほかの人の前で自分が緊張してみえるだろうと心配し，目に見える不安の兆候は無能さと結びつけられてしまうだろう（自動思考）と心配していた。マイケルは，完璧な印象を与えることが大事であり，「完璧」な印象を前面に出せない人間は他人に拒絶されるという信念をもっていたのである。このようなことを鑑みれば，社交的な状況なり，そのような状況におかれるという予測に対してすら，不安を抱えて反応した（感情的反応）とわかっても，驚くことではない。この感情的反応に付随して，マイケルは，赤面，身震い，発汗のような生理的変化も経験し，このため誰もがこのような症状を目にし，彼が不安であり能力がないのだという結論を出すだろう（自動思考）という確信がますます強まった。過去において，社会的交流への心配は，大幅な回避に

つながった（行動的反応）。マイケルは，これは「他人に完璧にみえないのであれば，試しにやってみる価値すらもない」という信念が駆り立てたものだと説明した。神学校に入ってからは，回避がより困難になった。マイケルは不安を制御し，不安が決して人目に触れないように，ほかの行動をするようになった。おもに過度の準備（行動的反応）をするようになったのである。授業で指名されたときに確実に質問に対する正解を言えるように，夜遅くまで勉強するのだった。また，教会での礼拝の前には，説教や朗読を何度も何度も練習した。たいていの場合，マイケルは質問に正しく答えることに成功し，思慮深く話術巧みな説教を行った。彼はこの「成功」を十分すぎる準備作業のおかげだとした。言いかえると，彼の行動が信念にフィードバックしたのである。マイケルは，自分はほかの人よりミスをしやすく，それゆえにこの最も恐れている結末を避けるためには余計な努力をせねばならない（信念）と信じていたのである。マイケルは一度も「しくじる」ことがなかったので，しくじったら他人に拒絶されるという信念を抱き続けたのである。

b 職業の選択

医学の仕事を休職して宗教的な使命を探求するというマイケルの最近の決断が，職業選択に関する現在の困難に拍車をかけた（出来事）。マイケルは，自分が正しい選択をしたのかどうか，疑念を抱いていたのである。査定中に彼は「途中でやめれば，私にはやり抜くことができなかったのだと，人にわかってしまう」（信念）と説明した。彼はまた「私の歳にもなれば，これだけの重大事に関して，正しい選択ができるはずだと思われるでしょう」（信念）とも述べた。この種の信念がマイケルをとても不安にさせ，多大な生理的反応性に結びつき，マイケルが職業選択を先延ばしにすることにつながっていた（行動的反応）。査定中，拒絶されることについての恐怖もほのめかしていた。彼は，もし医学を捨てれば医学分野の友人や同僚はもう彼と付き合いたくないだろうし，もし神学校をやめればそこでの級友や先輩は彼と関わりたくないだろうと説明した。マイケルが拒絶につながると考えていたのが，彼の決断そのものではなく，職業に関して「正しい」選択をして，それを全うすることができない彼の無能性であることは，臨床家には明白であった。

c 家族との対立

家族との葛藤もまた，明らかにマイケルの職業選択と絡み合っていた。両親は，彼の医者としての職業を誇りにしていて，自らの信仰心にもかかわらず，息子が聖職について考えていることを特に喜んではいなかった（出来事）。自分の決断についての家族の反応を語ったとき，マイケルは「家族は私にこうしてほしくはなかったのです。最終的に家族のほうが正しいということになれば，本当に恥をかくことになります」（感情）と説明した。ここでもまた，マイケルは自分自身を「勝つ」のが不可能な状況に追い込んでいた。聖職者の世界にとどまるなら，家族は彼が大きな過ちを犯したと考えて，そのせいで彼を拒絶するとマイケルは予想していた。しかし，彼はまた，もしやめて医学の道に戻ってもなお，家族はそもそも聖職者になろうと考えただけでも大間違いだったと思い，これも拒絶につながると考えていたのである。職業選択に対する家族の反応をあまりに心配することが，最近のマイケルの側の回避につながっていた（行動的反応）。査定前の1カ月間，単にこれらの難問について話すことや，家族の自分に対する失望を耳にするのを避けるために，マイケルは家族の集まりなどを何度も欠席し，電話もあまりかけなくなっていた。

d 家族に関する決断

これはマイケルが最も話し合うことをためらった件である。ここでの臨床家の質問に対する反応は，ほかの系統の質問への反応と大きく異なっていたので，この行動はかなり目立った。マイケルはずっと結婚して子どもをもうけるものと考えていたが，神と信仰に全面的に身を委ねることを聖職者として全面的に受け入れると臨床家に話した。しかし，彼がそれ以上のことを話したがらないので，臨床家には，この難問に関するマイケルの考えが口に出して語っているよりも複雑なのではないかと思われた。

クライエントの問題を説明する一貫性のある基底機制に到達するため，臨床家はこれらの全情報をどうまとめあげていったらよいのだろうか。パーソンズは臨床家に，クライエントが主訴をどう描写するか考察することを提案している。マイケルが予約を入れるために初めて電話をしてきたときのことを思い出

第4章 症例の概念化と治療の計画

そう。彼は「その，いい大人にはまぬけなことに聞こえるでしょうが，人前で話をするのにひと苦労しているのです。最近学生に戻りまして，授業で発言ができないし，今やっている勉強では人前で話すことが大いに要求されるのですが，これでも落ち着きを失ってしまうのです。年中へまをして…，ただただひどいものです」と言ったのである。最初から，マイケルは自分自身に関してとても高い水準を要求していることと，「へまをする」ことが悪いだけでなく，不安になることすらも，彼の年齢の人間では受け入れがたいと信じていることを語っていた。臨床家との最初の接触でも，臨床家が自分をどう思っているかさえも気にしていたことを考えれば（「いい大人にはまぬけなことに聞こえるでしょうが…」），マイケルの心配は自分自身を失望させることを超えて，他人を失望させ，その結果に苦しむというところまで広がっているのかどうか，知りたいと思うのは，理にかなったことである。

基底にある機制に到達する最も役立つ方法は，おそらく問題リストを吟味して「これらすべての問題に共通するのは何であろうか」（文献3，p.51）と尋ねることであろう。臨床家は，リスト上の行動的な性質をもつ項目（例：公衆の前での発表を避ける）に対しては，「このように行動している人はどのような信念をもっているであろうか」と自問ができる。マイケルが人前で話すことへの心配を描写した際，彼は次のような自動思考を報告した。「私はいつも不安そうにみえる」と「私がどんなに不安かみんなが気づく」，「みんなが自分を愚かだと思う」，さらには「私には決してうまくこなせない」である。臨床家はクライエントがこれらの思考を超越し，また，もしこれらの思考が実際に「正確」であった場合，何が究極の結末になるであろうかと考えることを手助けすべきである。マイケルにとって，人々が彼の不安に気づき，彼を「愚か者」と考えたら，その結果どうなるだろうか。マイケルはもし人がこのような解釈をすれば，仲間，先輩や上司，そして教区民から拒絶されてしまうと信じていた。彼はまた，人生で「不正確な」選択をすれば，同僚，友人，さらには家族からさえも拒絶されると信じていた。マイケルは，どう行動するかということや，どのような選択をするかにかかわらず，誰かに拒絶されることを恐れる人生というものを，自分のために作り上げたかのように思われた。そこで臨床家は，マイケルの問題の基底にあると考えられる中心的な中核的信念は，「私は拒絶

される運命にある」というものだと結論した。

(3) 提案された心理機制が，どのようにリストにあがった問題を生み出すか

症例定式化における次の（そしてたぶん最も重要な）段階は，仮定された中心的問題がどのようにリスト上の全問題につながるか，を述べるということである。直前に注目したように，マイケルは拒絶に対する著しい恐怖を抱いているようである。彼は自分がほかの人よりも過ちを犯しがちであり，人は過ちを

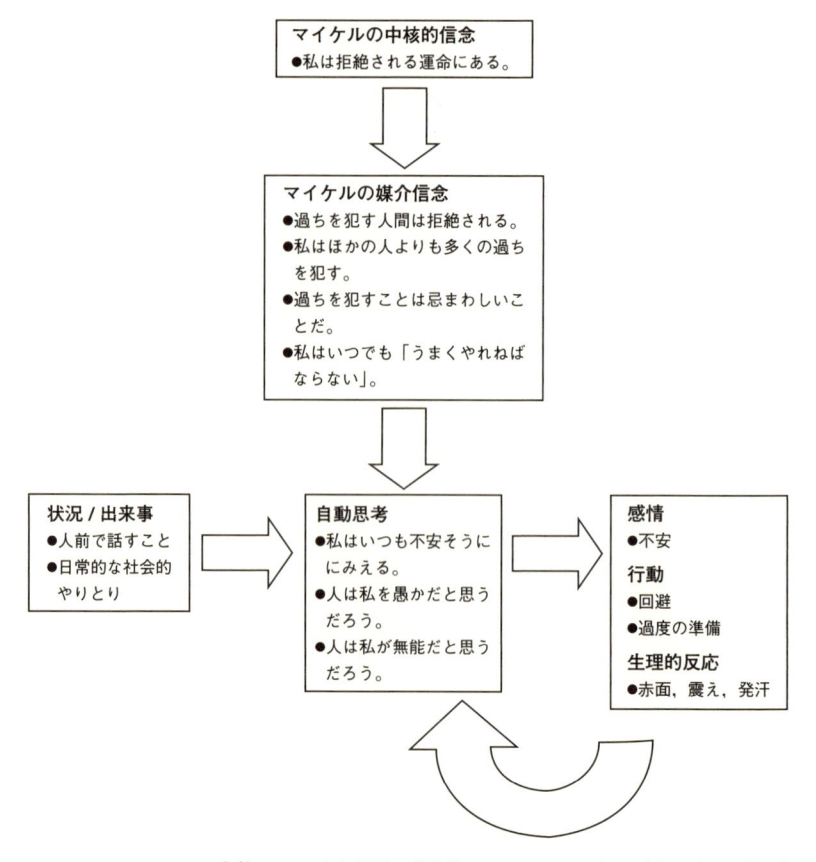

```
マイケルの中核的信念
●私は拒絶される運命にある。
         ↓
マイケルの媒介信念
●過ちを犯す人間は拒絶される。
●私はほかの人よりも多くの過ちを犯す。
●過ちを犯すことは忌まわしいことだ。
●私はいつでも「うまくやれねばならない」。
         ↓
状況/出来事        自動思考           感情
●人前で話すこと  → ●私はいつも不安そうに → ●不安
●日常的な社会的     にみえる。          行動
  やりとり        ●人は私を愚かだと思う   ●回避
                  だろう。           ●過度の準備
                ●人は私が無能だと思う   生理的反応
                  だろう。           ●赤面，震え，発汗
                    ↑_____|
```

文献7, p.18より引用。著作権Guilford Press（1995年）。許可を得て転載。

図4.1　認知モデルをマイケルの基底にある中核的信念に応用する

犯したという理由で他人を拒絶すると信じていて，その意味では驚くことではないが，何が何でもミスをすることは避けるべきだと信じていた。

マイケルの顕在化した問題は，彼の中核基底信念の結果としてみると，つじつまが合った。可能なときはいつでも，マイケルは社会的状況を全面的に回避していた。こうすれば，過ちを犯して拒絶される可能性から保護されていられたからである。どうしても社会的状況に身をおかねばならないときには，彼は過度に準備をして，ミスをしないように発言のすべてを注意深く検討した。彼はまた，誤った決断をするとか，人を失望させ最終的には拒絶されるという恐怖から，人生の行程に関する決断を下すこと，近い関係の人とその決断について話し合うことに，困難をきたしているように思われた。図4.1は，マイケルの症例がどう認知行動モデルに当てはまるかを示している。

(4) 現在の問題を引き起こしたもの

症例の概念化のこの段階で，臨床家は，仮定された機制（中核の非合理的信念）が，クライエントの現在の問題に対する先行状況と有意味な結びつきをもっているか，考察する。実際，機制と問題を引き起こした事象を結びつけるこの試みは，示唆された機制を試す役割を果たす。もしマイケルの中核的信念が「私は拒絶される運命にある」というものであれば，彼の現在の問題に対する先行状況は，彼にこれらの懸念をもたらす出来事か状況であったことが予想される。

これはまぎれもなく事実であった。マイケルがいつも社会的不安を抱えていたのに，治療に来るのに40歳という年齢まで時間がかかったということを思い出そう。臨床家には，マイケルがミスをしたと人が感じ，そのため彼を否定的に判断し，最終的には拒絶するであろうとマイケルが案ずるような，多くの出来事が最近生じたことは明白であった。両親は，聖職者の道に入りたいという願望は間違いであると考えていた。もしこの道を追求すると決めれば，両親は自分と距離とおくかもしれないとマイケルは考えた。もし医学の仕事に戻れば，仲間の神学校生が彼を拒絶するだろう。マイケルにとって，事態を複雑化している要因は，彼のもつ神の概念であった。マイケルは自分は聖職者の道へ召喚されたと感じていて，もしその思し召しを無視すれば，神もまた自分を拒

絶するかもしれないと案じていたのである。

(5) クライエントの子ども時代における心理機制の起源

　前の段落で，彼の問題に関する仮定された機制を支持するような，マイケルに起こった最近の出来事を論じた。自分は拒絶されるかもしれないというマイケルの信念はまた，彼が成長期にこの心配の形成に加担するような経験をしたことを示唆している。パーソンズはまた，仮説への付加的な支持となる証拠が存在するか確認するために，クライエントの個人的成育史を振り返ってみることを勧めている。CBT独特といえる性質の1つは，（この章の続きで，さらに概要が示されるように）現在に焦点を当てるということなので，この勧告に初心の臨床家は驚くかもしれない。CBTの臨床家が主として個人の現在の行動に関心を寄せることは間違いのない真実であるが，個人の人生や経験の歴史的記録を入手しておくことは，問題行動がそもそもどのように発生したのかという説明を助けるかもしれない。その後この知識は，臨床家が現在の不適応な思考や行動を維持する要因を理解して，それらを「削りとる」治療を仕立てていく点で役立つであろう。この情報を共有すると，クライエントはより理解されていると感じることが多く，治療関係を確実に強化するであろうということを覚えておこう。

　SCIDの社会恐怖の部分を実施している間に，最初に社会不安の問題を抱え始めたのはいつだったかとマイケルに尋ねた。彼は記憶にある限りずっと社会不安を感じていたと報告し，これが非常に批判的な両親のいる家庭で成長したためであるととらえていた。子どものとき，何か母親が承認しないことを言うと，テーブルの下で蹴られたという話だった。母親は社交行事に出かける前に，そんなに赤面しないようにしなさいと彼に言っていた。母親が部屋の反対側からマイケルが赤面するのを目にすると，自分自身の顔を指差してみせた，ということが数回あり，それを彼は覚えていた。あとからマイケルの母親は，赤面すると人は彼を「小心小僧」だと思うだろうし，「小心小僧と友達になりたい人などいない」と言ったのである。

　就学するとすぐに，彼が学業に秀でていることが明らかになった。それにもかかわらず，学校はもう1つの潜在的な拒絶に満ちた領域になってしまった。

教師たちはマイケルに多くを期待し，彼が何かに関しててこずると（さらに悪いことに，不注意によるミスをすると），しばしば「実力を発揮していない」という説教をしたというのである。彼は高い学力水準の私立学校に通い，毎年の再登録は優秀な成績がとれるかにかかっていた。毎年マイケルは，退学させられるのでは，という恐怖を抱いて生活した。

　彼は，過去数年間はこの点ではあまり心配することはなかったと説明した。というのは，彼は自分が勤務する病理学実験室の指導役であり，同僚によってチェックされることは事実上なかったからである。それでもなお，すでに述べたように，失敗をすることへの恐怖は，神学校に入学した際に再浮上した。マイケルは，すべての学生が優秀であることを期待され，授業中に質問に正解できなければ，この非常に試練の多い，困難で特別な人生の道を追求する動機に関して，説教される結果になると説明した。さらに，たび重なる「失敗」の証拠があれば，当然，結果的にその学生は，この特別な道には適していないと言われるであろうということだった。

(6) 定式化に基づく治療を妨害するものを予想する

　パーソンズは，クライエントの問題に対して仮定された機制を注意深く試し，それが治療において果たしうる役割を熟考するように勧めている。マイケルの場合，拒絶されることへの懸念が確かに治療の行程に影響する。マイケルにとって，どんなことでも完璧でなければ拒絶が発生するのである。マイケルの臨床家は，治療の早い段階で，マイケルがどのようなやり方でホームワークに取り組むのか，知っておく必要があると理解していた。ミスを犯すことをひどく心配するクライエントの中には，完璧にできないと否定的な判断をされるだろうという恐怖から，ホームワークをすることを回避してしまう人もいる。それ以外の人はホームワークをやりはするが，必ずやきれいに書き，すべてを正しく綴り，ものごとを「ぴたりそのもの」に説明しようとして，過度に時間を費やしてしまうのである。このようなクライエントは，臨床家が望んだやり方で課題を完成したことを確かめながら，臨床家によしとされて安堵感を得ようとする。マイケルの臨床家は治療の早い時期に，ホームワークは完璧にする必要はないし，評価の基盤にもならない，ということが伝わるように心を配った。

マイケルは，臨床家が自分の人生に関わった人たちに続いて，自分のした選択を理由に自分を否定的に判断する人物となるかもしれないと恐れ，自分にとって難しい問題を話すことを避けるのではないか，という心配もあった。最も注目すべきだったのは，家族をもつことに関しての彼の混乱である。信仰心のために家族をもつ機会を放棄するという決意を理由に，臨床家が自分を否定的に判断するであろうと恐れ，マイケルがこの件を話すことをためらっている可能性もあった。

2 症例の概念化はどのように治療計画に情報を与えるか

症例の概念化の考案は，自然に治療計画の展開につながる。症例の概念化が治療計画を充実させるという考えは，ベテランの臨床家には当たり前のものであるが，初心の臨床家は詳細な治療計画を書面にして，それをスーパーバイザーと話し合うべきである。このように計画を明確にしておけば（心の中で1つのパターンを描いているよりも），臨床家は症例が開始から終了までどのように展開していくか，大づかみに把握できる。これは，修正が許されないということではない。しかしながら，修正が加えられるときは常に，行われている症例の概念化の再形成に基づいたものでなければならない。

(1) マイケルの治療計画はどのようなものだったか

マイケルの症例に対する概念化が，いかに彼の治療計画に情報を与えたのか考えてみよう。マイケルは，もしミスを犯せば他人が彼を拒絶するだろうと案じていた。彼はさらに，ミスをすることは彼にとっては非常にありがちな結末であると信じていた。自分に課している極端に高い水準と，失敗は甚大な代価（拒絶）を伴うという彼の信念を考えれば，これは驚くべきことではない。これらの信念は，マイケルの深刻な社会不安の原因であり，また，ある状況を全面的に避けられないときには，その付随物である回避と（過度の準備のような）あらゆる種類の安全行動をとる原因となっていた。このような行動的反応は，失敗に関する信念が不正確で誇張されていることと，失敗の結果は自分が予想しているような悲惨なものとはほど遠いことを学習する妨げになっていた。同

時に，失敗や拒絶に関する忌まわしい予言が現実とならなかった場合，マイケルは自分の回避行動や安全行動のおかげだと判断し，そのためこういった行為を強化していたのである。

したがって臨床家は，マイケルがミスをすることと他人に拒絶されることに関する信念を探求する援助をしていくことに，治療の焦点をおくことにした。この目標の達成のために，CBTをどのように使うことができるだろうか。認知再構成法によって，直接，非機能的思考の是非を問うようにマイケルを手助けすることもできる。行動的には，マイケルは恐れている社会的状況を避けるのをやめねばならないし，避けられないときに依存している過剰な準備も放棄せねばならない。このような行動変化が起これば，自分は特に失敗しやすいという信念と，失敗は他人が彼を拒絶することにつながるという信念を，マイケルがさらに試していくことが可能となるであろう。行動が変われば，不安そうにみえるということに関する信念もまた，探究できるであろう。マイケルは，これは，1語を忘れるとか会話に長い間ができることと同じように，他人が気づくものだと感じているのである。マイケルは，どんな道筋をとろうと，とどのつまりが，すべての「ミス」は彼が周囲の人たちに無能と思われ，拒絶されるという結果に終わると思っていた。信念と行動において，意図的な変化があれば，マイケルは以下のことを学ぶ可能性が高い。

① 彼は他人より失敗しやすいなどということはない。
② 彼が過去に失敗をしたとき，その結果は目をおおうようなものではなかった。実際，ほとんどの人が彼のミスに全く気づかないことと，気づいたとしてもそのような出来事が拒絶につながることは非常に考えにくい。

図4.2は，マイケルの社会恐怖の維持と治療を理解するための認知行動モデルである。

マイケルのほかの問題はどうなるのか。彼が自分はまれにしか失敗をしないことと，実際に失敗してもその結果は拒絶ではないということを学習すれば，ほかの問題も解決するのだろうか。これは十分に可能性のあることであるが，社会不安に取り組んだ際にマイケルが学んだ教訓によって，少なくとも，臨床家の援助を受けてにせよ，単独でにせよ，ほかの問題にもっとうまく対処できるようになるだろう。そうはいっても，臨床家は，ほかの問題が社会恐怖に焦

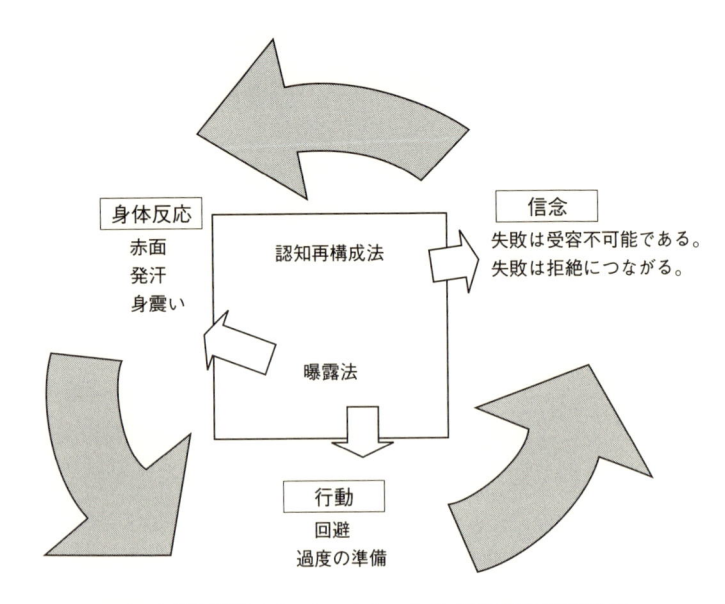

```
                    身体反応                   信念
                    赤面              失敗は受容不可能である。
                    発汗              失敗は拒絶につながる。
                    身震い
                         ┌─────────────┐
                         │  認知再構成法  │
                         │              │
                         │    曝露法    │
                         └─────────────┘
                              行動
                              回避
                              過度の準備
```

図4.2 マイケルの不安がどう維持されているか，およびその治療技法の認知行動モデル

点を定めた治療の妨害になる可能性や，終了時まで未解決のままに残ってしまう可能性にも気づいていた。このような場合には，マイケルの職業，家族関係，将来自分の家族をもつという展望に関する心配に対処するように，認知行動技法をより柔軟な形で用いることもできるだろう。治療のこの段階では，こういったほかの問題に対処するための特別な計画は考案されなかった。臨床家はその代わりに，社会恐怖に対する時間制限つきのCBTのあとも，治療が終わらないかもしれないことを記憶しておいた。治療が進む間，臨床家は，これらの別問題の発展のしかたしだいで，臨床家によるマイケルの症例の概念化と治療計画を継続的に改定しなければならないことがわかっていた。

3 治療計画に関する最後の2点

症例が概念化されると，初心の臨床家はよく，次のような疑問を抱く。
① 治療の組み立て方をどう決めるのだろうか。

② もしクライエントが複数の問題を抱えているのなら，どこから手をつけるか，どうやって決定するのだろうか。

この章の残りでは，この2つについて述べよう。

（1）治療のためのガイド－治療マニュアルを使う

　治療の目標が定まり，クライエントが目標に到達できるようにするには，治療で何をすべきなのか大まかなアイディアがまとまったら，次の疑問は治療の構造をどう考案していくか，ということである。特に初心の臨床家に勧める選択肢は，治療マニュアルを使うことである。治療マニュアルは，クライエントの特定の問題（例：抑うつ，身体像問題など）を克服させるには，治療がどう進展していくべきなのかということについて，明確なアイディアを臨床家に与えながら，症例に構造性を与えてくれる。マニュアルがあれば，集中力を得てクライエントに焦点を当てられ，初心の臨床家が治療のセッションで何を言い，何をしたらいいのかという点で経験する不安をやわらげることができる。一般的な治療マニュアルには，治療の焦点になる問題の性質に関する情報を含まれ，どのように治療が進むべきかを説明し，役に立つ用紙やクライエントに与えるシートが入っていて，時には非協力のような治療での困難な問題に対処するためのヒントも載っている。マニュアルは標準的な治療計画の概要を示すものだが，各クライエントとの治療はそれぞれ特有のものになる。そのため，クライエントに対して治療がどう展開していきそうなのかを考えるためには，臨床家は症例の概念化を使うことが大事になる。臨床家は，どのような種類の信念が認知的な作業の焦点になる可能性が高く，どのような種類の行動的介入が有効か，よく考えるべきである。このような治療に関する具体的なアイディアは，顕在化した問題と，その問題の基底にある非機能的な中核的信念の両方に関して，クライエントを助けていくように方向づけられねばならない。臨床家はまた，症例の概念化が治療の実行に際して予想される障壁について何らかのヒントを与えてくれるかどうか，ということも考えるべきである。例えば，ひどく他人を信用しないクライエントは，特に治療の初期段階では，CBTや臨床家に懐疑的かもしれない。このことを心に留めておけば，臨床家は心づもりができ，クライエントが実際にこのようなの不信感を表した場合，どう対処したら

表4.2　マイケルの治療計画

- 提案された治療期間：16〜20セッション（週1回，1時間のセッション）。
- 社会不安に関して，D・A・ホープらの治療マニュアル[23]を使用。
- 主要な治療の目標：マイケルが，失敗する確率と代価に関する信念と失敗したら拒絶されるという恐怖に関する信念を克服することを援助する。

提案された治療の概略と目標

セッション1：社会不安に関する心理教育的教材
　目標：社会不安の経験が特異ではないとする。マイケルに社会不安の理解と治療のための認知行動モデルを紹介する。マイケルが自らの治療者になることを学べるような，協力的治療過程のための舞台を装備する。

セッション2：心理教育的教材の終了，恐れている状況の階層表を企画する
　目標：セッション1参照。恐れ，避けている社会的状況を特定し，それらの状況に対する曝露をどう進めるか，計画を立てる。

セッション3：認知再構成法（cognitive restructuring: CR）を導入する
　目標：マイケルに，状況自体でなく，状況解釈が問題になるという考えを紹介する。マイケルに非機能的思考を同定し，その真偽を確かめ，新しい枠組みをつける方法を教える。

セッション4：CRを続け，低階層項目への最初の曝露を計画する
　目標：CRに関係する技能養成の継続。非機能的思考をさらに糾弾するため，マイケルに行動的曝露の概念を紹介する。行動的曝露の組み立て方をマイケルに教える。

セッション5：1回目の曝露を実行する
　目標：既存の非機能的思考の是非が問われるので，どのように恐れている状況への曝露が新たなる学習という結果を導きうるか，マイケルに示す。

セッション6〜18：曝露，CRの継続，中核的信念の検査（関連問題に対処する柔軟性をもって行う）
　目標：非機能的信念の過ちを突き，問題行動を変えるために，認知的・行動的方略を使い続ける。マイケルがこれらの新しい信念や行動を内在化し，治療では特に直面しなかった状況にまで般化することを助ける。マイケルが，人生のほかの問題に対する改善努力をするために，認知的・行動的方略を用いることを援助する。

セッション19，20：再燃防止，目標設定，終結
　目標：マイケルを治療の終了に備えさせる。将来に対して現実的な期待をもてるように力を貸す。治療が終わっても前進を続けられるように，マイケルとともに目標を設定する。学んだことと自分自身の治療者になるという新たに見出された能力を振り返って，マイケルが安堵感をもって終結を迎えられるようにする。

マイケルの臨床家は治療のガイドとして，ある特定の治療マニュアルを使うことを決断した。具体的に言えば，D・A・ホープらの「社会恐怖治療マニュアル」[23]である。このマニュアルには，認知再構成法と行動的曝露の実施方法に加えて，心理教育的教材も含まれている。マイケルのフィードバックセッションの終わりに，臨床家は治療マニュアルを見直し，マイケルにふさわしいように定義した治療目標を設定しながら，マニュアルに基づいた治療計画を作成した。この治療計画は表4.2に示されている。マイケルの臨床家は，治療を妨害しうるものも考慮した。すでに症例の概念化は，マイケルのミスを犯すことと拒絶されることへの心配が，彼の治療への取り組み方やホームワークの実行方法（例：完璧にしようとして，ホームワークに時間をかけすぎるなど）に影響するかもしれないという警戒を発していた。同様に，臨床家は治療がマイケルにとって，それほど正確でも注意深くもないやり方で課題を仕上げるための練習の場になるだろう（例：ホームワークに関して，意図的に完璧とはいえない仕事をするように求める）と認識した。

（2）どの問題を最初に治療すべきか

初心の臨床家は，多くの問題を訴えるクライエントに対応する際，「どこから手をつけるか」という問題を抱えるものだ。すべてを同時に扱おうとするのは，臨床家にとってもクライエントにとってもひどく混乱することだろうし，どの1つの分野をとってもほとんど進展がないということになりかねない。この点で，パーソンズが採用したような症例定式化法にしたがうことが大いに役立つ。最初はバラバラにみえる問題リストが，提案された基底にある心理機制によって統合される。この機制の理解が，治療過程に方向性と構造性を付け加え，治療の羅針盤の役割を果たす。

精神障害を治療する環境で働いているときは，この件がもっとやっかいになるかもしれない。この件に取り組む1つの方法として，クライエントにどの問題でいちばん苦しんでいるのかを単刀直入に尋ねることである。特に複雑な症例において，よりいっそう有用だとされるのは，クライエントとさまざまな障害の間の機能的な関係を話し合って時間を費やすことである。問題の中には，

有意味な関連性を全くもたないように思われるものもあるかもしれない。クライエントがヘビへの恐怖と夫婦関係の問題を訴えたとすると，この二者間に有意味な関係性を見出す可能性は低い（が不可能ではない）。障害の中には絡み合っているものもあるが，ある障害が，別の障害のための治療でよくなるかもしれないと期待することは，理にかなったことに思われる。例えば，強迫性障害とうつ病が併存疾患であるクライエントは，もし多くの侵入思考に見舞われたり，強迫行為の実行で一日の大半を費やしてしまうことがなくなれば，うつも感じなくなるだろうと信じているかもしれない。このような場合，強迫性障害に専念し，治療の妨害になるときや強迫性障害の治療が成功してもなお問題が残っているときにのみ，別個にうつ病を対象にするのが適当であろう。

また，ある障害に対する作業の準備をさせるために，別の障害を治療することが不可欠であることもある。例えば，強迫性障害とうつ病を併存疾患としてもつ別のクライエントは，うつがひどくてシャワーを浴びたりきちんとした食事をとったりといった，日常生活での基本的課題をこなすことにも支障をきたしていると話すこともある。このようなクライエントは，強迫性障害に対するCBTのような能動的治療を受けることはとても困難であろう。うつ病に対する治療をまず行い，クライエントがもっと活力ややる気を得たら，強迫性障害の治療にシフトするのが最善と言えよう。

時として，最重要問題に関する認識がクライエントと臨床家の間でずれることがある。そのような状況では，クライエントにあなたの驚きを表明するのが適当である。パニック発作，過食症，さらにうつ病を抱えるクライエントを考えてみよう。

臨床家：それでは，パニック発作が，現在のいちばん大きな問題と思われているのですね。
クライエント：ええ，むろんです。
臨床家：ふむ。それには少々驚きました。査定の間に，パニック発作はかなり間をおいて起こると言われましたよね。
クライエント：はい，そうです。でも，起きればかなりひどいことになります。
臨床家：ということは，発作が起きると，あなたはストレスにつぶされて，一

日が台無しになってしまう，と？
クライエント：ええ。間違いなく大ストレスです。でも，丸一日が悲惨なものになるということではありません。それほど長い時間は続きませんから。
臨床家：食べることに関するほうの問題はどうなのでしょう。丸一日が台無しになったりしますか。
クライエント：毎日がめちゃくちゃになっています。すでにお話しましたよね。1日3回くらい，めちゃ食いをしてしまうのです。それから吐いてしまうのです。虫唾が走るような感じで，きれいにして落ち着くためには，シャワーを浴びねばなりません。ひどいものです。先週は5つの授業を休んでしまいました。
臨床家：だとすれば，過食のほうがパニック発作よりも，もっと生活を妨害しているように思われます。
クライエント：かもしれません。
臨床家：パニックに関して努力するよりも食行動に関して治療を進めるほうが，少々ストレスがかかると感じられているように思われます。
クライエント：ええ，明らかに。
臨床家：とても難しいだろうという点は同意します。3，4週間やってみて，ようすをみる価値がありませんか。
クライエント：そうですね。

　要約してみよう。臨床家の臨床判断とクライエントの判断が一致していなければ，調べてみる十分な理由となる。クライエントは，治療がいちばん困難だと感じる問題や，治療を受けることに迷いがある問題に関して，努力したがらないことがある。

　マイケルの場合，彼と臨床家は，社会不安にまず焦点を当てるべきだと意見が一致した。マイケルには，第一の焦点にはならないが，時々表面化する可能性が高いようなほかの問題（職業選択，家族との対立，家族をもたないという決断）もある。社会恐怖の治療マニュアルは，こういった関連しているかもしれない問題への指標を提供はしないが，問題が起こった際は，マイケルによる社会不安の改善努力を助けていた同じ認知行動的技法を使用して対処するだろ

う。言いかえると，マニュアルには，広範囲に応用できる治療技法が含まれているのである。

マイケルの臨床家は，最初に社会不安に焦点を当てるという決断を，継続的に点検していかなければならないだろう。関連する問題が起こったときに，少しの間それに費やすことは全く問題ないが，これらの関連問題の1つが社会恐怖の治療の邪魔になるほど顕著になれば，治療計画を再検討しなければならないだろう。しかしながら，もっと可能性が高いのは，マイケルが社会恐怖の治療を継続するうちに，こういった関連問題も徐々に改善するというものである。究極のところ，症例の概念化が正確であり，基底にある中核的信念が正しく同定されていれば，この信念に向けた治療（例：社会恐怖への治療）は当然，ほかの問題も改善させるのである。失敗をする可能性が低いことと，失敗は必ずしも拒絶と関連しているわけではないことを，マイケルが理解するようになるにつれて，このような恐怖に心を乱されることなしに，人生のほかの決断に到達できることが期待されていた。

まとめてみよう。症例の概念化が継続的な過程であると，常に覚えておくことは大切である。臨床家は，進め方に関して計画をしてから治療を開始すべきであるが，症例の状態を経過観察という形で評価し，クライエントのニーズに最善の対応をするために，当初の計画から逸脱すべきかどうか決めねばならない。この過程について，マイケルの症例が展開するのに伴い，次の数章を通じて示していく。

第5章 クライエントにフィードバックを与え，査定報告書を書く

　査定を完了するにあたり，経験の長い臨床家はしばしばクライエントに即座にフィードバックを与える。訓練生（訓練段階の臨床家）の場合はこうはいかない。ほとんどの組織で，訓練生は査定をスーパーバイザーと話し合い，症例の診断を確立し，定式化するのを助けてもらうと期待されている。さらに，実際に免許を取得していない臨床家がクライエントに診断を伝えることを禁止している州もある。訓練生たちは，自分の司法管轄域における法律をしっかりと理解しておかなければならない。

　どの程度の情報をクライエントに与えるかを考えるときに目安となるのは，簡潔にしておくということである。多すぎる情報や，複雑すぎる情報をクライエントに提供しても，重荷になったり，セッションの場を離れるときに混乱したりすることになりかねない。クライエントの理解は，治療の成功にとって重要なばかりでなく，治療に対するクライエントのインフォームドコンセントを得ることはフィードバック過程にしっかり取り込まれているので，その意味でも大切である。フィードバックセッションの主要な課題は，以下のとおりである。

① クライエントの強さを評価すること。
② クライエントの問題（問題リスト）を見直し，それらの問題に該当する診断を説明すること。
③ 症例の概念化を分かち合い，話し合うこと。
④ 利点と欠点を考えながら治療の選択肢を考察し，治療の推奨を行うこと。

表5.1　フィードバック過程に関してのヒント

1. 常に，フィードバックへのクライエントの反応に気をつけること。難解な情報をクライエントが消化することを助けること。
2. 単に弱い点や問題を論じるよりも，クライエントの強さを指摘すること。
3. 問題リスト，診断，症例の概念化を提案すること。
   - 問題リストを話し合う際には…，
     - 取りこぼしがないことを確認すること。
     - クライエントに，リストは過度に包括的なくらいでよいのだと納得させる。リストは必ずしも，クライエントが問題の1つ1つに対処せねばならない，ということを意味してはいない。
   - 診断を話し合う際には…，
     - その判断を導いたクライエントの症状を見直すこと。
     - そのような症状の維持を理解するための認知行動モデルを説明すること。
   - 症例の概念化を話し合う際には…，
     - 自分の問題に対するクライエントの見解と合致することを確かめること。
     - クライエントのフィードバックに照らし合わせて，概念化を改訂すること。
4. 治療の選択肢を説明する。
   - CBTがどのようにクライエント固有の問題に役立つのか，見直す。
   - ほかの治療選択肢の概略を伝える。
   - あげられた全選択肢の利点と欠点を話し合う。
5. 治療方法を推奨する。
6. 質問するように伝える。

フィードバックを与えるためのヒントをまとめたものが表5.1である。

1 クライエントの強さを見直す

フィードバックは，クライエントの力を指摘することで，もっと肯定的なものにできる。クライエントに彼らの問題と，機能性を改善するために何をすることが必要なのかを知らせることに夢中になって，クライエントの強さを強調することを忘れてしまうことがよくある。非常に深刻な問題を抱えたクライエントの中にも，生活の中の少なくともいくつかの分野では，かなりうまく機能している人がいる。また，配偶者や家族などの重要な他者からの支援を求めたり，自分の問題とその治療方法をより多く学習する努力をしたりして，必要な

助けを手に入れることに長けているクライエントもいる。治療を求めることは，それ自体が，そしてそれだけでも，間違いなく力である。そしてフィードバック過程で，クライエントにこのような肯定的な性質を思い出してもらうべきである。一般にフィードバックは，共感的で肯定的，かつ希望を与えるようなやり方で与えるべきなのである。強さを評価することから始めると，このような調子でフィードバックを進めることができる。

2 問題リストと診断を見直す

　フィードバックを提供するときの第二の段階は，クライエントとともに問題リストを見直して，どの項目も落ちていないか確認することである。治療中にリスト上の全問題に対してクライエントに働きかけるわけではないが，この時点ではすべて載せておくほうがよいのだということを改めて伝えておくこと。さまざまな査定ツールによって，主問題に関する特定の行動的，認知的，そして感情的な側面が同定されていくだろう。簡潔に，これらの鍵となる症状の概要を示してもよい。

　マイケルの症例のように，問題リストは特定の精神医学上の診断を含むものになることもある。このような場合，臨床家は下されたあらゆる診断について，いかにそのような診断に到達したのか説明しながら，クライエントに知らせるべきである。言いかえるなら，治療者は，具体的な診断につながったクライエントの特定の症状を指摘すべきだということである。いちばん注目すべき点は，クライエントがどうにかしようと独力でずいぶんと懸命に努力したのに，問題が長期にわたって継続してしまった理由も，臨床家は（CBTの用語で）説明すべきだということである。

　経験の浅い臨床家は，診断を受けることに対するクライエントの反応のしかたをよく考えて，そのような反応にクライエントとともに対処する準備をしておくことが大事である。精神疾患をスティグマ（不名誉，汚名）と結びつけ，精神障害を抱えているという考えに反発するクライエントもいる。また，診断を受け入れても，それを弱さの印だとか，何らかの形で自分に欠陥があることを示すものだと見なしてしまうクライエントもいる。同じように，診断を自分

の制御を超えたものであり，それゆえに変えようもないものと感じ，無力感を抱いてしまうクライエントもいる。しかし，多くのクライエントは，自分の問題に名前がつけられることに，前向きな反応をする。他人と違うとか，ひとりぼっちだと感じながら，長年過ごしてきたかもしれないのである。自分の苦しみには名前があり，多くの人が同じ問題を抱えているとわかれば，安心するものである。

3 症例の概念化について知らせ，話し合う

問題リストがはっきりしたら，次に臨床家は自分が症例を概念化したものをクライエントに示すことができる。言いかえると，一見ばらばらな複数の問題がどう組み合わさっていて，統合的な見解がどう治療に情報を与えるか，ということである。クライエントが症例の概念化を理解し，自分の状況に当てはまるとみなすことは大切である。あなたは患者の査定，症例の概念化，治療立案の専門家だろうが，クライエントは自分の経験した苦しみに関しての専門家なのである。クライエントには「これは，問題に対するあなたの見方と一致しますか」と尋ねてもいい。もしクライエントが概念化を「的外れ」とみれば，臨床家は症例の概念化が継続的な過程であることを考慮して，フィードバックと適切な変更をすることを受け入れるべきである。

4 治療の選択肢を見直す

核となる問題が定義され，全体を一体化する基底の機制が提案されると，次に臨床家はクライエントに治療方法の選択肢を提示する。多様な選択肢（例：CBT，その他の形態の心理療法，薬物療法）を示し，それぞれの利点と欠点の概要を説明すべきである。クライエントが大事なことを誤解したり，聞き逃したりしなかったか，終始クライエントに確認することが大切である。時としてクライエントは，身体言語を通じて混乱や半信半疑の状態を表現することがあるので，注意しなければならない。もしもクライエントが混乱してみえたら，中断して「この点で質問がありますか」とか「この件をよりわかりやすくする

ために，何か私にできることがありますか」などと尋ねれば完璧である。質問することは適切なことであり，実際，有益であるということを態度で示して，クライエントにはっきりと伝えること。

（1）クライエントにCBTに関して十分な情報をもって判断してもらう

クライエントにとってCBTが正しい方法（あるいは，より広範囲におよぶ治療プログラム－例えば，薬物治療を含むもの－の重要な構成要素）であると思うなら，次なる仕事は，クライエントにこの治療を進めるかどうか，十分な情報に基づいて決断を下してもらうことである。CBTは，日々使用している者には非常に分別ある方法に思われるかもしれないが，ほとんどのクライエントはCBTになじみがない。クライエントに治療の選択肢を示す際には，認知行動アプローチを説明し，それがクライエントにふさわしいものかどうかについて知識に基づく決定をするのに必要となる，すべての情報を与えることが大切である。

このフィードバックが行われるタイミングは，勤務するクリニックによって異なる。マイケルの場合，治療の選択肢は，査定に続いて行われた別のフィードバックセッションで話し合われた。フィードバックセッションが行われないのであれば，査定の最後に治療の選択肢を話し合うことができる。明らかに，クライエントの中には，治療のための査定を受ける前から治療方法の選択肢を知りたがる者がいる。治療の推奨は査定が完成したときに行われるのが最善であると，あなたがはっきりわかっていれば，これでもかまわない。このような場合は，一般的な形で治療を論じておき，査定に続いて，クライエントの個人的な問題に特定した話し合いができる。

クライエントには，CBTがどのようなものか，「スナップ写真」を提供するとよい。時には，クライエントが「認知」という語の意味を知らない場合もあるということを心しておかねばならない。私たちが認知について語るときは，単純に思考について話しているのであり，CBTは世界をもっと正確かつ適応的に見始められるように，クライエントが特定の状況で抱く考えを変えていく手助けを主眼としているのだと説明するように。この過程を理解できるように，クライエントに関連のある例をあげるとよい。

クライエントに治療の行動的側面を簡単に説明するにあたっては，単に思考だけを変えるのは困難なことがあると説明するとよい。クライエントは臨床家に対して，臨床家が聞きたがっていると思うことを何でも話してよいが，クライエントの世界観に本当に意味のある持続的な変化をもたらすためには，クライエントが新しい経験をすることが必要になる。CBTにおいて，クライエントは全く新しい行動や，長い間実行していなかった行動を試すように求められ，しばしば，非機能的な行動や不健康な行動はやめるように求められる。これらの変化を説明するときにもまた，クライエントの経験に関連のある例を引き合いに出すこと。

クライエントに対してCBTの主軸を説明し，その独特な点を明解にすることが大事である。次の4つのことをクライエントに伝えること。

① CBTの立場（クライエントの問題を治療するにあたり，臨床家とクライエントがパートナー関係に位置する共同的経験主義）
② CBTは時間制限つきの治療であること。
③ CBTがそのように迅速に目標を達成できる理由（すなわち，CBTは心理的な問題の治療に対する，能動的で問題集中型かつ現在注目型のアプローチである，ということ）
④ 認知行動療法家は科学的なものをよしとする傾向があり，効果的と証明された技法の使用を重んずるということ。

a 共同的経験主義という立場

私たちの経験では，CBTの性質の中で最もクライエントを驚かせるのは，臨床家とクライエントがとる共同的経験主義という立場である。クライエントの治療のイメージというのは，しばしば「全知」の臨床家がクライエントの問題の根源に関する解釈を提供するのを待つという，個人の自由連想というものを含んでいるのである。

共同的経験主義の立場はおそらく，臨床家がソクラテス式質問法の技法を使用する際に最もよく発揮される。分析的な治療では，臨床家が解釈をすることが非常に多い。CBTでは，クライエントを思考や行動への自分なりの解釈に導くように，私たちが質問をする。これは，特定の問題に関してクライエント

にどう考えてほしいという考えを私たちがもっていないということではない。例えば、うつ状態のクライエントが「私にとっては、物事は決して変化しない」と言うのであれば、私たちは（友人や家族に話しているときにも、こうする可能性が高いように）「いいえ、もちろん、あなたにとっても変化は起こります」と言う傾向がある。J・S・ベックによると、このような発言は、クライエントに「臨床家の視点」を「説得」する努力という印象を与えうる（文献7, p.8）。説得を使用することには、2つの問題がある。第一に、クライエントの思考や信念が「間違っている」と伝わってしまうかもしれない。第二に、世界を別の方法で見るように説得することにより、私たちはクライエントが価値ある技能を学ぶ機会を奪ってしまう。特にCBTにおいては、クライエントが「（自分の）思考の妥当性や有用性を、データの慎重な再検討を通じて判断する」ことを、私たちが手伝いたいのである（文献7, p.8）。それゆえに、その人にとって事態が変化するであろうとクライエントに語る代わりに、私たちは「将来、あなたにとって事態が変化するかもしれないという証拠がありますか」、あるいは「未来に関して考える方法は、ほかにありますか」と尋ねる。ソクラテス式質問法を使うと、あなたがクライエントの考えを知りたいと思っていることと、あなたがクライエントの経験を理解する手助けをクライエントができるのだということを伝えることになり、そうすれば、クライエント自身の問題の解決法への到達へと彼らを導くことができるのである。

b 時間制限つきというCBTの特質

新しいクライエントはまた、CBTの時間が限定されていることにも驚くものだ。クライエントは何年も続く治療という展望をもっていることが多い。CBTでは、臨床家が継続期間の長さに対しての見通しをもって治療を開始し、この計画をクライエントにも披露する。治療期間の見積もりは、研究、出版されている治療のマニュアル、そしてほかのクライエントとの経験に基づくものである。そのクライエントに独特な症状の訴えも、治療の継続期間についての臨床家の見積もりに影響をおよぼすことがある。中等度のパニック発作を経験し、ごく少ない回避行動のみを示しているクライエントは、6セッションのCBTでかなり改善するかもしれない。対照的に、頻繁で深刻なパニック発作

を経験し，過去2年間，家に閉じこもっていたクライエントは，20回近いCBTのセッションが必要かもしれない。CBTの継続期間に定則はないものの，大半の問題は20回あるいはそれ以下のセッションで，かなり効果的に治療できるようである。

c CBTは能動的に問題に焦点を当て，現在に焦点を定めたアプローチである

臨床家もまた，CBTでは比較的短期間で，いかに重大な効果が得られるか，理解すべきである。CBTは能動的，問題中心，現在中心であるため，治療に対して効率的な方法なのである。この点でも，治療に対して人々が抱いている印象を考えてみると，しばしば子ども時代の経験を語り，どこに自分の問題が起因するのか，洞察を得ようと努力を重ねて，何年も費やすクライエントが登場する。CBTでは，問題の起源には最小限の注意が払われるのみで，その代わりに機能性を改善するために，現在の行動や思考様式を変容することに焦点が当てられる。

(2) CBTは万人向けか

応用範囲は広いが，CBTはあらゆる問題やあらゆる人々に適するわけではない。それゆえ，治療の推奨を行う際，臨床家はクライエントが何か別のアプローチのほうに向いているかもしれないということを考慮すべきである。

CBTが不適当かもしれないのは，どのようなときであろう。すでに注目したように，CBTは認知の面でも行動の面でも，治療への能動的方法である。重度の知的障害があるクライエントは，治療の認知的要素に重きをおくCBTにあまり適さない（行動療法はこのようなクライエントにとても有益であるが）。同様に，身体の健康状態がすぐれないクライエントにも，CBTプログラムの要求は困難をきたすかもしれない（例：曝露，貯蔵癖のような強迫性障害の亜種を抱える人々のための儀式行為防止治療，パニック障害のクライエントのための内的曝露）。そのほかに，単にCBTの概念が気に入らないクライエントもいるだろう。CBTほど構造化されていない，支持的な心理療法のほうが気に入るかもしれない。私たちはクライエントに，CBTの含意することや，どうクライエントの助けになりうるかを教えるべきだが，クライエントが

CBTの実行に興味をもたないのであれば，CBTが適しているのだと信じさせようと試みるよりも，適切な紹介先を提供すべきである。

クライエントが明らかにCBTを熱狂的に歓迎する場合でも，治療の「短所」についても知らせるのが私たちの責任である。CBTは時間のかかる療法であり，臨床家との定期的なセッションと，セッション間に課題を完成するというクライエントの努力を要求するものである。費用がかさむこともあり，治療は必ずしも保険で支払われないことがある。CBTはまた，クライエントが自らを困難な状況におくことと，信念体系にも自分の人生の生き方にもかなり大きな変化を起こすことに前向きな姿勢を求める。決断する前に，クライエントがこのことを理解していることが大事である。

フィードバックを与える過程でよく出る質問に取り組む前に，査定に続いてマイケルに与えられたフィードバックを検討してみよう。

5 マイケルのフィードバックセッション

マイケルは査定の約1週間後にクリニックを再び訪れた。彼は心をこめて臨床家にあいさつし，臨床家との話がとても多くの情報を与えてくれたと感じ，治療を始めるのを楽しみにしている，と語った。臨床家はマイケルの強さを指摘しながら，セッションを開始した。

(1) 強さを再評価する

臨床家：今日，お会いするのを楽しみにしていました。先週のお話も本当に楽しいものでした。あなたがご自分の経験している困難に関して，ずいぶん考えられたことがよくわかりましたし，人生において前向きに変わろうという，強い動機づけができているようにみえました。

マイケル：全くそのとおりです。私は本気でこの社会不安を何とかしなければならないと思っています。

臨床家：この1週間は，あなたにとってどのようなものでしたか。

マイケル：きわめて残酷なものでした。日曜日の晩は月曜の授業の準備をして，一晩中起きていましたし，それから火曜日は礼拝の司会役をしなければな

らなかったので，月曜日の夜もほとんど起きたままでした。こんなふうに週を始めると，週末までにはもう何もできないような状態になってしまいます。これは社会不安というよりも，睡眠がとれないためだと思います。

(2) 問題リストを見直す

臨床家：わかります。では，先週作った問題リストを見直すことから始めましょう。リストに載せた第一の問題は，社会不安でした。先週，あなたの社会不安について話し合ったとき，たくさんの特徴があることに気がつきましたね。例えば，あなたは社会的状況で大変な苦痛を感じるわけですが，他人の前で話をするときが特にひどくて，もっと気楽な状況で人と雑談するときには，もう少し軽い苦痛だということですね。赤面や発汗のような不安の兆候が出てしまうことで，恐怖や苦悩が増すのです。不安に対処するために，あなたは社会的状況や公の場を回避しようとし，あるいは，避けられないときにはその代わりに，悪い印象を与えないよう大いに努力してきたのです。このような回避と苦悩が，あなたの職業生活にも個人的な生活にも大きな負の影響を与えてきたのです。これはすべて当たっていますか。

マイケル：はい。だいたい当たっているようです。

臨床家：今，輪郭だけ示した不安のパターンは，社会恐怖の診断に適合します。社会恐怖というのは，他人があなたを判断したり評価したりする方法に対する過度の心配が特徴となる障害です。実際のところ，これは約13％のアメリカ人が生涯のある時期において経験する，最もよくある心理的障害の1つです。

マイケル：ご冗談を。それほどよくあるものなんて，思ってもみませんでした。

臨床家：いえ，よくあるものなのですよ。

マイケル：ほう。それを聞いて，少し気が楽になりました。

臨床家：それを聞いてうれしく思います。社会恐怖に関して，私がお答えできるような質問がありますか。

マイケル：今はありません。

臨床家：わかりました。何か思いついたら知らせてください。ひとまず，問題リストの続きを見ることにしましょう。職業選択の問題と，聖職の道に入る可能性に関しての家族との対立，自分自身の家族をもつかもたないか決定することに関わる問題もあげておきました。この1週間で，リストに加えたいようなほかの問題を思いつきましたか。

マイケル：もう十分ではないですか（笑）。真面目な話，それでいいと思います。

臨床家：そうですね。では，問題リストは完成したということで，よろしいですね。

マイケル：けっこうです。

(3) 症例の概念化について話し合う

臨床家：さて，私が，どのようにあなたの経験してきたいろいろな問題を解釈するようになったか，一緒に再検討したいと思います。問題に関するすべての断片をつなぎ合わせてみると，治療計画を立てるのに役立ちます。これは進行中の作業ですから，私が間違っていたら，決してためらわずに教えてください。

マイケル：わかりました。

臨床家：私は，ここで扱っているのは，失敗を犯すことに対する大いなる不安であると感じています。これは確かに社会恐怖に合致します。日々「ヘマをする」ことにピリピリしているわけですね。違いますか。

マイケル：いいえ。不安にみえること，不安に聞こえること，誤ったことを言ってしまうこと，そういうあらゆることに。

臨床家：それで，こういったことの何がそんなに悪いのでしょう（ソクラテス式質問法）。

マイケル：ええと，もし不安にみえたり，不安に聞こえたり，ばかなことを言うと，人は私を愚かなやつだと思うでしょうし，その印象を変えるのは相当困難なことでしょう。

臨床家：それで，そうなることは，あなたにとって何を意味するのですか。

マイケル：私の第一印象が悪ければ，人は私と一緒に過ごしたいと思わないで

しょうし，私の教会での礼拝に来たり，授業でのプロジェクトで一緒に研究したりもしたくないでしょう。

臨床家：それは，かなりきついことに思われますね。

マイケル：ええ…。あっという間に誰も相手にしてくれなくなるでしょう。病理学実験室に戻って，たったひとり，あるのは組織標本だけ。

臨床家：それでは，失敗することで，あなたはかなり悲惨な結果をこうむるわけですね。たぶん印象が悪いという程度から，未来永劫悲しくて孤独な状態のままであるというような。

マイケル：ええ。ここに座っていると，いささかばかげて聞こえますが，社会的な状況にあると，しくじることやこういう結末に苦しむ確率がずいぶんと現実的なものに思えるのです。

臨床家：そうですか…。そこが社会不安の部分ですね。けれども，これは問題リストのほかの件にも合致する，と考えてもいいですか。

マイケル：どういう意味でしょうか。

臨床家：つまり，あなたは毎日の暮らしの中でも，失敗することを心配していますが，重大な「人生の決断」においても失敗することを心配しているように思えます。もし聖職につけば，家族を失望させたことや子どもをもたなかったことを後悔するだろうか。もし聖職を断念して医学に戻れば，そのことに後悔が残って，神の目や仲間の神学校生の目にどう映るか，心配するだろうか。こういったことは，誰にとっても重い質問ですが，少々社会不安に包み込まれているようにみえます。今現在，社会不安がこういう決断のすべてを曇らせていて，さらには，他人があなたの決断にどう反応するか，ほかの人が案ずるであろう以上に，あなたを不安にさせているようです。

マイケル：おお。まさに図星です。ばらばらの小さな問題すべてが，しっかり関連し合っているようにみえますね。

臨床家：はい。すべてを1つにまとめる主題は，失敗への不安のようです。これは，あなたの自分の状況に対する見方と合致しますか。

マイケル：そうですね，そういうふうに考えてみたことはありませんでしたが，今，言われてみると，わかってきました。でも，みえてこないのは，これ

に対して私たちがどうするのかということです。無関係な小さな問題の束を抱えているのと，1つの巨大な問題を抱えているのと，どちらがましなのか，私にはわかりません。

臨床家：あなたの言いたいことはわかります。しかし，私には何をすべきか，考えがあります。あなたにお話しして，ご意見をうかがってもいいですか。

マイケル：もちろんですとも。

(4) 治療を推奨する

臨床家：さて，あなたは社会不安の治療を求めてきたわけですから，この点から始めるべきだと思います。それに，このようにたくさんある人生の決断も，社会不安のせいで複雑になっているように私には思えます。例えば，もしあなたが，社会不安に対処することなしに聖職をあきらめれば，社会不安のせいでやめたのか，あなたにとって本当に「正しい」選択ではなかったからやめたのか，いつまでも疑問が残るかもしれません。

マイケル：そのとおりです。今のところ，「ああ，これは自分に向いているとは言えないな」という気持ちになるのはいつも，何か不安を駆り立てることが近づいているときなのです。

臨床家：ああ，それは興味深いことです。それなら，初めに社会不安に対して作業していくことが必要だという確信が，ますます高まります。

(5) 同意を得るために治療の具体的詳細をクライエントに伝える

臨床家：私たちは，社会恐怖のクライエントを明確な対象として企画された，きちんとした治療実行計画を使って，社会不安を治療していきます。治療は16セッション続くのが普通ですが，臨機応変に対応できます。ほかの問題のどれかが，このプログラムの進展に支障をきたすようなら，回り道をしてそちらに対応することもできます。同じように，もしあなたの社会不安が16セッションを終える以前に改善すれば，「ギアを入れ替えて」，次に何を治療するか決められます。

マイケル：大変けっこうです。その計画が気に入りました。

臨床家：何か質問なり，意見はおありですか。

マイケル：ええ，先生は社会恐怖をきちんとした実行計画を使って治療すると言われました。どのようなことが含まれるのですか。

臨床家：最初に心理教育というのを行います。これは，あなたに社会恐怖というものに関して，いくらか学習していただくという意味です。どのくらいの割合で存在して，原因として何が考えられるか，決別したいのにどうしてつきまとうのか，そしてどのように治療できるか，といったことです。それから，あなたの社会不安を引き起こしている思考を特定することに時間を費やし，そのような思考の妥当性を問題にしていくための道具立てをあなたに指導します。その時点で，治療の山場とも言えるところに到達します。曝露法です。あなたに困難を引き起こす全状況のリストを作り，あなたが不安に感じる度合いにしたがって，それぞれをランク付けします。それから，系統的な方法で，それらの状況に直面していきます。

マイケル：「それらの状況に直面する」とはどういう意味ですか。

臨床家：ええ，少々恐ろしく思われるでしょう。説明しましょう。CBTの核となる技法は，怖いと思われている状況への曝露です。回避してきた状況に真っ向から向き合うことで，繰り返し曝露すれば，不安が軽くなることがわかるでしょう。それに，あなたが恐れている結末がかなり可能性の低いもので，もし起こったとしても，その結果はあなたが予想するほど悲惨なものではないであろう，ということもおわかりになるでしょう。

マイケル：例をあげてもらえますか。

臨床家：最初に，準備することなしに説教をしていただくかもしれません。

マイケル：全く準備なしで？

臨床家：違う方法で試すかもしれません。たぶん，初めは準備量を減らしてやってみて，後々には全く「即興で」試してみるというように。

マイケル：それは不可能です。

臨床家：今はそう思われるでしょう。けれども，だからこそ段階的に曝露を行うのです。それほどの不安を引き起こさない程度の状況から開始して，激しい不安を引き起こす状況へと作業を進めていきます。クライエントが最も恐れている状況に到達するころには，もはやそれほど恐ろしいものには思えないこともあるのです。

マイケル：ということは，十分に「即興の」説教をやってみれば，私の不安もだんだんに薄らぐと言われるのですか。
臨床家：たぶん。なぜそのようなことが起こりうるのか，考えがありますか。
マイケル：全面的な大失敗はしないだろう，ということを学習するのだろうと思います。
臨床家：そうです。けれども，もう1つ考えるべきことがあります。人前で話すことが多い人でも，時にはミスを犯すものです。そういうことがあなたに起こった場合の利点は何でしょう。
マイケル：利点？
臨床家：ええ。なぜ，失敗することがあなたにとって，実際，理想的なことかもしれないと言えるのでしょう。
マイケル：そんなに悪いことにはならない，と私に示すためですか。
臨床家：そうです。失敗したとして，神学校からたたき出されたりしますか。教区民があなたをやじったりしますか。
マイケル：いいえ。あなたの言いたいことはわかりました。あなたは，私が拒絶されるようなことはないと言おうとしているのですね。でも，わざわざ失敗するように仕向けたりはしないですよね。
臨床家：私は人に何か「させる」ようなことはしません。けれども，失敗してみることは提案します。意図的にほんの一瞬ばかり間をとってみたり，わざと間違ったことを言ってみたり，何かそんな感じのことをしてみてもいいでしょう。どう思いますか。
マイケル：正気の沙汰とも思えません。
臨床家：そうですか。故意にミスをすることは，多くのクライエントにとって強力な学習経験だとわかっています。失敗した結果はそれほど悪いものではなく，時には失敗したことに全く誰も気づかない場合もあるということがわかったりするのです。とは言え，治療を一歩一歩進めることにして，どこへ到達できるか，試してみましょう。
マイケル：じっくり考えてみますが，何も約束はできません。
臨床家：ごもっともです。
マイケル：それで，社会恐怖に対して何をするのかは，みえてきました。ほか

の問題にはどう処理するのですか。

臨床家：そうですね，CBTのよい点は，あらゆる種類の問題に対処する枠組みを提供してくれることです。社会恐怖のプログラム中に，否定的な思考の同定方法や，そういった思考をただすために，特定のツールをどう使用したらよいか，学習できるでしょう。このような技法は，ほかの問題に取り組み始めた場合にもまた，大いに役立つでしょう。CBTの範囲内のほかの技法から選択，採択することもできます。実際に，関連した問題に取り組むときには，社会恐怖の治療からかなり円滑に移行したと感じられると思います。というのは，同じ普遍性のある観点から，これらの全問題にアプローチするからです。

マイケル：それは，非常によい気がします。

(6) ほかの治療選択肢について知らせる

臨床家：もちろん，ほかにも選択肢はあります。社会不安の緩和に薬の服用を考えることもできます。これは，今までに考えたことがありますか。

マイケル：はい，考えてみました。けれども，今のところ薬はあまり使用したくありません。薬に対して異を唱える気持ちはないのですが，新しい技能を学習するというアイディアが気に入ったのです。それでうまくいかなければ，そのときはたぶん，もっと薬の話をしてもいいかと思います。

臨床家：私はそれでかまいませんよ。途中でも，この件を再び話したいと思ったら，知らせてください。

　この時点で，臨床家はマイケルに，ほかに質問や心配なことがあるか尋ねた。ないということだったので，フィードバックセッションの最後に，臨床家は最初の治療セッションのために，その翌週に来院するように手配した。

6 CBTについてのよくある質問

　この章を終えてCBTの過程に進む前に，クライエントが治療の選択肢を検討しているときによくする質問を振り返っておこう。クライエントの中には，

あなたの簡潔なCBTの概略を聞き，試す価値があると思って「契約」する人たちもいるだろう。あなたの概略説明に質問したり，懸念を示したりしながら聞く人たちもいるだろう。質問や不安に応じるためと，十分な情報を得た上で治療に関する決定ができるように，クライエントが必要とする情報の提供に時間を費やすことは大切である。

(1)「CBTは効果があるのか」

多くのクライエントは（無理もないことだが）CBTが「効果を上げる」のかどうか，質問してくるだろう。ほかの情報源からCBTの有効性を知ってCBTを求めてくるクライエントもいるが，精神保健の専門家との1回目の接触の中で初めてCBTのことを聞くクライエントもいる。CBTが大半の人が抱いている心理療法の概念と大幅に異なっているので，その妥当性や有効性を疑わしく思うかもしれない。治療法に自信をもつことは治療の結果に影響を与えうるので，私たちがCBTに対して感じている自信をクライエントにいくらか教え込むことはとても大事である。

これは，時としてCBTをクライエントになる可能性のある人に「売らねば」ならないというプレッシャーを感じてしまい，初心の臨床家には容易ではないかもしれない。初心の臨床家は，治療を「売り込んだ」のにクライエントがそれを求めないと決めた場合，スーパーバイザーにマイナスの評価をつけられると心配するかもしれない。したがって，治療に関する適切な決断をするのに役立つ情報をクライエントに提供しながらも，本人が望まない治療プログラムにクライエントを押し込むようなことをしないよう，バランスを保つことが大事である。

この「押し売り」を避けるには，2通りの方法がある。第一に，事実のみに終始すること。CBTは実証的に支持されている治療法である，とクライエントに伝えること。クライエントに該当する問題に対するCBTの有効性に関して，具体的な情報を与える。CBTが治療への新しい方法などではなく，40年以上にわたって心理的障害を治療するために使われてきた事実を，クライエントに知らせること。実際に経験があるのなら，あなたが似たような問題を抱えたクライエントを治療したことがあり，CBTでうまくいったということに触

れるのもよいだろう。

　第二に，共同的経験主義という姿勢に立ち返ること。あなたのCBTに対する信頼をクライエントに伝えるのはよいが，クライエントの疑念も大事にするように。究極のところ，あなたはCBTが効果的に機能するのをみてきているが，クライエントはみたことがないのである。クライエントにCBTを試して，効果がでるか確認するようにうながすこともできる。クライエントの仮説は，CBTは自分の役に立たないというものかもしれないが，ある時点で（例：合意された治療の中間点で），状況の進展具合はどのようなものか再評価してもらい，その仮説を支持する理由が増えたかどうか確認するようにうながすこともできよう。いずれにしても，CBTが自分に効果があるかもしれないという可能性を，クライエントが受け入れているということが最も重要である。試してみるまでは，クライエントがこのアプローチを全面的に信頼することを期待するのは，理にかなっているとは言えないだろう。

　クライエントとこの話し合いをするときに，今では苦もなくできることを初めて学習したとき，どのような感じであったか覚えているか，と尋ねてみるとよい。ほとんどの人が，名前のつづり方や靴ひもの結び方を学んだことを思い出せる。新しい言語，スポーツ，楽器の演奏を学ぶのがどのような感じであったか，覚えているクライエントもいるだろう。運転することに特に恐怖を覚えるクライエントについて考えてみよう。

クライエント：気分よく運転できる段階に到達するなどということは，想像もできません。克服しようと努力してきましたが，どうしてもできないのです。

臨床家：あなたは，最初は不可能だと思われたことを，新たに学ぼうとしたことがありますか。

クライエント：ふむ。フランス語を学んだことだと思います。夫はフランスの出身なのに英語が堪能ですが，彼の親類たちはフランス語しか話しません。だから婚約したときに，フランス語を学ぶべきだと決心したのです。結婚式のあと，フランスを訪ねることになっていましたから。彼の家族と話したかったのです。

臨床家：どうやって，フランス語を話すことを学びましたか。

クライエント：ええと，まずはテープを手に入れました。歩いて移動するときにヘッドホンで聞いたのです。自己紹介，道の尋ね方，レストランでの注文のようなことを学ぶのは，大丈夫でした。とはいえ，いったん帰宅して夫が親戚と電話でしゃべっているのを耳にすると，何を話しているのか全くわからないのです。とてもがっくりしました。

臨床家：それで，どうしましたか。

クライエント：ええ，大学で授業を履修しました。いくつかの授業を選べたのですが，講師が英語は全く使わないと言ったクラスを選んだのです。その先生は，それが最善の学習法だと言いました。

臨床家：それで，どうなりましたか。

クライエント：最初はひどいものでした。私は路頭に迷いました。2週間は何が起こっているのか全くわかりませんでした。でもそれから，ついていけるようになりました。実際，夫と家でも練習を始めました。それで，6カ月のうちに，上達していたと言ってもいいでしょう。今ではかなり流暢になりました。時々混乱したり，間違ったことを言ったりしてしまいますが，あまりひどい失敗はありません。

臨床家：最初にテープを買ったとき，こんなにも上達できると予想しましたか。

クライエント：とんでもない。絶対に不可能だと思いました。それでも，こつこつやって，本当に一生懸命努力したので，それだけの見返りがあったのです。

臨床家：フランス語での経験と運転の恐怖を克服することの間に，何らかのつながりを見出せますか。

クライエント：ええと，おかしな話ですが，自習テキストを買っても役に立ちませんでした。いまだに車に乗ることもできません。テープと同じことだと思います。本当にフランス語を話すことを学び始めたのは，授業に出るようになってからでした。

臨床家：ということは？

クライエント：ということは，先生と私がこの問題に一緒に取り組めば，本当に治るかもしれないということだと思います。試す前に判断してしまうの

は，間違っていると思います。
臨床家：フランス語学習の経験について，ほかにここで役に立ちそうなことはありませんか。
クライエント：そうですね，初めから容易にいくということはないのだと，覚えておかねばならないと思います。努力をして，何と言いますか，合理的な期待をもっていなければならないでしょう。
臨床家：それは，優れた見方だと思います。

(2)「私の問題に取り組む十分な時間があるのか」

　CBTが時間制限つきだと知ると，クライエントはさまざまな反応をするものである。多くのクライエントはこれを肯定的にみる。自分の問題の解決に何年もかかるわけではないと知り，安心するのだ。さらに，CBTの時間に制限があるということは，クライエントに大いに動機を与えるものである。治療での課題が過重なものに思われても，問題に対して努力をしなければならないのはほんの3，4カ月だとクライエントが知っていれば，困難なことに挑む気持ちが駆り立てられるだろう。
　しかしながら，自分の望んでいる改善を成し遂げるには治療期間が十分ではないと心配するクライエントもいる。このような心配は理解できる。特に，長年にわたって問題を抱えてきたクライエントであれば無理もない。30年も存在していた問題を2カ月ほどの努力で抜け出すなどということは，想像するのも難しいのである。こういうときには，研究やほかのクライエントとの経験から知っていることに立ち返ると役に立つ。CBTは，たとえ深刻で長期間継続している症状を訴えるクライエントに対してでも，時間制限つきの形態で実行されると効果があるということが示されている。この情報はクライエントに伝えるべきだが，時間制限つきの治療がその人にも効果を出す，と確信させようとすることは不要である。それよりも，CBTの経験重視の立場に戻って，科学者になるようクライエントをうながそう。「この計画で始めてみて，ようすをみませんか」と。クライエントに伝える有用なもう1つのメッセージは，CBTでは症例の概念化を継続的に考察し，見直すこともあるということである。治療計画は石に刻んだものではなく，治療の進展にそって，評価されたり変更さ

れたりするのである。

(3)「過去において，なぜ私にはCBTの効果が出なかったのか」

　時として，以前にCBTを経験して，ほとんど改善しなかったか，あるいは全く改善しなかった経験のあるクライエントもいるだろう。この状況では，以前の治療の性質を正確に把握することに時間を費やすべきである。しばしば，かなり明確に治療失敗の理由を同定できるものである。

　クライエントがCBTを受けたと思っていても，治療がどのようなものを伴ったのか説明し始めると，全く違うものを経験したことが明らかになることもある。クライエントの中には，CBTの一部の要素のみ（例：行動的要素なしの認知的作業のみ）を受けた人もいるかもしれない。CBTの適正な試みをしなかった（例：多くの障害に対するCBTが，作業開始にもっと時間を要するのに，わずか4セッションしか治療を続けなかったというように）人もいるかもしれない。とてもよいCBTを適切な期間受けたようだけれども，ほかの要素がその有効性に影響したと思われるクライエントもいるだろう。CBTはクライエントの側に，時間的にも努力という意味でも，献身的態度を要求する治療法であり，クライエントの中には，前回CBTを試みたときは変化への準備ができていなかった，あるいは回復に全力投球する時間がとれなかった，とはっきり語る人もいるだろう。この種の情報をクライエントから得ることは，とても重要である。認知行動的アプローチを使えば，誤った考えはかなり迅速に修復でき，それまでよりもクライエントをCBTの再開にふさわしい心構えにできる。

　それに関連して，CBTの技法を独力で実行しようと試みて，成功には程遠かった，と言うクライエントがいるかもしれない。自習テキストの本を使ってにせよ，直感を通じてにせよ，クライエントは自分の思考を打破しようとしたり，何か恐れているものに自らをさらしたり，不健全な行動をもっと適応的な行動でおきかえようとしたことがあるかもしれないのである。このようなクライエントは，独力での努力ではだめだったのに，なぜ正式なCBTは効くと言えるのか，疑問に思うかもしれない。この懸念に対応するには，まず，その努力に対してクライエントをほめることである。それから，失敗経験を珍しくな

いものと説明するのである。ほとんどのクライエントが治療に来る前に、自分のおかれた状況を独力で改善しようと努力しているのである。しかしながら、もし考え方や行動のしかたを変えることがそれほど簡単ならば、そもそも問題など抱えないであろう。

　治療の長所の1つは、クライエントの問題思考や問題行動を維持している随伴事項を、クライエント自身が理解するように臨床家が援助し、望まれる変化を起こすための特定の方法を教えられるということである。そのよい例は、ダイエットである。多くの人が独力で体重を減らそうとして失敗している。食べる量を減らして、もっと運動しようと決意するのだが、現実には目標を達成できないのである。治療の利点は、クライエントがこういう目標を達成するために必要な具体的な変化を明らかにできるように助けてあげられる、ということである。治療は、クライエントが過食の引き金と、運動の妨害をするものを特定すること（言いかえれば、そもそも体重の問題を維持させている要因を同定すること）を援助するところから始まる場合もある。それから臨床家は、クライエントが食事を減らし、もっと運動するための具体的な計画を立てることを手助けできる。もし、食べ過ぎの引き金になるのが、夜、ひとりで退屈していることであれば、退屈をやわらげ（例：読むのにふさわしい本を手に入れる、家の改修計画に力を入れる）、孤独を軽減する（例：組織に所属する、ボランティアの仕事をする、映画を見るために友人と集まる）ようなたくさんの方法をクライエントが編み出すように、臨床家は手助けすることができよう。また、クライエントが自分の食習慣を検討し、実現可能な前向きの変化を同定することも助けられる。もしクライエントが健康的な夕食を午後5時に食べて、午後11時にジャンクフードを大量摂取してしまうのなら、夕食の時間を夜のもう少し遅い時間にずらして、あとから健康的な間食をとることを計画するように提案できるだろう。同様に、クライエントがそれまで邪魔になっていた障壁事項を考慮に入れた運動計画を立てることを手伝うこともできよう。クライエントがジムに行くことを好まないのであれば、近所にいい散歩ルートを見つけるようにうながすこともできる。ひとりで運動するとなるとやる気がおきないクライエントには、「運動仲間」を見つけるようにと勧めることもでき、そうすれば退屈感や孤独感も薄らぐかもしれない。これらの潜在的な解決策が生み出さ

れ適用される間も，クライエントが結果を評価し，当初の計画がうまくいかなかった場合には代わりとなる解決策を考えるように勧めることもできる。言いかえれば，治療は，一晩過食したとか，一日運動しなかったといって断念するのではなく，問題を解決するまでやり抜くための構造を提供するのである。クライエントは一般に，自力で問題を解決しようと努力したことをほめられることを感謝し，支持的な臨床家が関わる構造化された認知行動アプローチがどのようによりよい結果につながっていくか，十分に理解できる。

(4)「私は薬を服用すべきか」

特に製薬会社がテレビや大衆雑誌で広告を始めてから，多くのクライエントが薬物に関する数多くの質問を抱えて臨床家に会いにくるようになった。クライエントが自己診断をして，自分の役に立つかもしれないと思う薬物をあらかじめ選んでから訪れることも珍しくはない。ほとんどの臨床家が薬物の処方箋を出すことはできないが，薬物の知識をもちクライエントの質問に答えられることはきわめて重要である。

クライエントはこの話題について，主として心理療法，薬物療法，そして併用療法の相対的な有効性という内容に沿って，かなり標準的な質問をしてくる。おそらく一般化しすぎであろうが，各種の障害にわたる多くの治療転帰研究は，心理療法と薬物療法は効果がほぼ同等であるが，薬物療法のほうがやや即効性があり，心理療法は長期的な有効性で優れていることを示している。併用療法の研究はもう少し複雑である。併用療法のほうが，どちらの単独治療よりも効果的であるとする研究もあれば，併用に利点はないというものもある。

臨床家として，この種の質問に答えるときには，クライエントの生活様式を考慮に入れるとよいだろう。各方法の長所と短所をクライエントに説明し，クライエントが適切な情報を得たところで意見を再評価すること。両方の利点は，ともに効果が出ることである。現在では，これまで以上に，よくみられる心理的障害のいくつかを治療するための効果的な治療法と薬物治療があるのである。

心理療法と同じように，薬物療法にもいくつかの欠点がある。すべての薬物には副作用があり，それをクライエントに知らせなければならない。薬物療法

は，特に健康保険に入っていない人々には，とても高価になることがある。心理療法もそうであるが，薬物の使用でも処方計画をきちんと守らなければならない。心理療法とは対照的に，薬物の使用には時間制限がないかもしれないが，薬物服用のみだと，心理療法だけを受けるよりも長期的な有効性は低いものと考えられていることを，クライエントに伝えるべきである。臨床家とクライエントは，クライエントの問題と生活様式に関連する要因を考えて，最善の治療法を考案するべきである。第7章で，CBTと薬物服用を併用する際の問題について，もっと詳しく説明しよう。

7 査定報告書を書く

症例の概念化をやり終え，初期的な治療計画を立てたら，査定報告書を書く準備ができているであろう。査定報告書の記述には多くの方法があり，ほとんどの組織が，組織に都合がよい方法で書くようにと，フォーマットを準備している。一般的に，特定の書式にかかわりなく，査定報告書に含まれるべき項目がいくつかある[21]。

(1) 査定報告書作成に関するいくつかの一般則

査定報告書作成の最重要規則の1つは，簡潔に書くということである。査定の間に学んだことを，何もかもすべて記さねばならないわけではない。ほかの専門家が非常に多忙であり，できるだけ迅速に明確なクライエント像をつかみたがっていることを心に留めて，クライエントを最もよくとらえる情報を注意深く選ぶこと。さらに，クライエントが自分の査定報告書を読むとき，情報があまりに多いと圧倒されてしまうかもしれない。査定報告書は簡潔にし，率直な推奨を提供するようにしよう。

読み手に配慮することもまた，重要である。査定報告書を読む人に応じて，そこに盛り込むべき内容を決定したほうがよい。この点は，査定報告書がクライエントの生活に関わっている人に送られる場合，特に大切である。例えば，もし雇用者が労働者が働ける状態か確認することを要求しているのなら，査定報告書はこの査定上の質問に関連する要因に焦点を当てるべきである。非常に

個人的な恋愛関係，性的傾向，その他のこれらと似かよった問題は，このような査定報告書では場違いであり，査定の間に取り上げられたとしても，除外するべきである。

クライエントには自分の査定報告書をみる権利があることを心に留めておくように。これは，難しい問題に関して，嘘を書いてもよいという意味ではない。そうではなく，あなたのコメントをクライエントが傷つくような言葉づかいでなく支援的なものにすべきだ，ということである。例えば，もしあるクライエントが査定の間に非常に多弁であった場合，「クライエントは面接の最初から最後まで，しゃべることをやめなかった」と書いては，親切とは言えない。それよりは「面接中，質問に簡潔に答えることが，クライエントには難しかったようだ」と書いたほうがよかろう。また，専門用語は避けるようにして，使う言葉にも注意すべきである。この点は，精神保健や認知行動的アプローチに関する知識が少ない可能性のある専門家とコミュニケーションをとる場合にも重要である。もしクライエントが実際に査定報告書をみたがれば，臨床家が一緒に見直して，質問や心配に対応できるようにするのが最善である。

ここで，標準的な査定報告書に含むべきことを，個々に簡単にみておこう。重要な面を提示するため，表5.2にマイケルの症例に基づく査定報告書の見本を示している。

a 一般的な情報

査定報告書にはまず，クライエントの名前，年齢と生年月日，性別を記す。査定の日付，査定報告書の記載された日付，評価者の名前も記入し，最後に，紹介者の情報を加える。

b 照会事項

G・マーナットによると，「『照会事項』の部分は，クライエントの簡潔な描写と査定実施の全般的な理由の記述を提供する」(文献21，p.632)。これは短く記載すべきで，基本的に，査定報告書の後続部の内容に関して，読み手に方向づけするものである。クライエントの詳しい描写は「生育歴と問題歴」の部分に書くことができる。この部分では，査定の目的が示す。マイケルの場合，自

表5.2 マイケルの報告書見本

氏名：マイケル・J
生年月日：1963年6月8日
年齢：40歳
性別：男性
査定年月日：2004年4月6日
報告書作成日：2004年4月10日
治療者：T博士
紹介者：紹介なし

照会事項：マイケルは40歳の白人男性で独身。特に人前で話すことに関する社会不安を主訴とする。

査定手順：マイケルにはDSM-Ⅳ（SCID-Ⅳ）の構造化臨床面接が施された。SCID-Ⅳは不安障害，気分障害，薬物使用障害，身体表現性障害，摂食障害の存在を査定し，また精神病症状の鑑別も含む。

マイケルには，当クリニックを訪れる全クライエントが完成する質問表一揃いを送付した。これは，不安と気分の問題を査定する多くの測定尺度を含んでいる。ここでの焦点は社会不安と抑うつの尺度に当てられた。

ベックうつ評価尺度（BDI-Ⅱ）：BDIは最もよく使われているうつ的情緒の自記式評価尺度である。21項目の尺度が，過去1週間に現れた睡眠困難，いらいら感，自殺念慮を含むうつ症状を査定する。

社会恐怖尺度（SPS）：SPSは，他人の前で食べたり書いたりという日常的な活動をする間に，注視されることへの恐怖を査定する，20項目の自記式評価尺度である。

社会的相互作用不安尺度（SIAS）：SIASは，社会的相互作用に対する認知的・情緒的・行動的反応を査定する20項目の自記式評価尺度である。

マイケルは自記式尺度を完成して評価を受けに来た。査定面接は2時間かかった。

行動観察：マイケルは予約時間より少し早く到着した。身だしなみがよく，40歳という年齢よりもやや若くみえた。面接の開始時にはかなり不安そうであったが，進めていくうちにくつろいできた。マイケルは非常に知的で考えをはっきり述べられる男性であり，問われたすべての質問に対し，明確で要領を得た様式で答えられた。高度に個人的な事柄（例：家族をもつことに関する決断）を論じるのはためらったが，大方において自分の心配事や経験を包み隠さずに語った。査定者はマイケルの提供した情報の信頼性に関して，全く懸念をいだかなかった。

生育歴と問題歴：マイケルはニューイングランドで生まれた。両親と妹のメアリーのいる家庭で育った。両親とも健在で健康状態はかなりよい。メアリーは既婚で4人の子どもがいて，両親の近くに住んでいる。だいたいにおいて家族は関係が良好であり，マイケルは毎年休暇や冠婚葬祭などで，何回も家族のもとを訪れている。精神保健の問題での家族歴

はない。

マイケルは恵まれた子ども時代を過ごしたと報告した。彼には何人か（本人によればほかの子どもたちよりは少ない数の）友人がいて，学業では抜きん出ていた。教会の活動に入れ込んではいたが，学問熱心であったため，ほかの課外活動にはほとんど参加しなかった。化学の学位をとって大学を卒業し，医学校に通って病理学者になった。過去長年にわたって同じ医療センターに勤務し，病理部の長に任命された。成人期になってから，マイケルは女性と交際をしたことはあったが，真剣な恋愛関係は経験していなかった。仕事の要求が厳しいので，交際する時間がほとんどないのだと説明した。質問されると，社会不安が，特に年齢が進んで出会いも減ると，女性とつき合うことも阻んできたとしぶしぶ認めた。仕事をしていないときは，自由時間の多くを教会に捧げ，礼拝に参加して地元の恵まれない子どもたちとのボランティア活動をしていた。

およそ3年前，マイケルは教会の静修に参加して，その場で自分は神に聖職へと招かれていると感じた。彼はこの進路を真剣に考え，4カ月前に仕事を休職して，聖職に関して学び熟慮するための修練年を開始した。彼は現在神学校に住んでいる。治療を求めてきた時点で，マイケルはそれまでも常に問題ではあった社会不安が，過去何年もの間よりもはるかにひどい苦悩をもたらし始めたと説明した。彼の新しい役務では，教室はもちろん教会の礼拝において，頻繁に人前で話さねばならなかったのである。また，近年よりも多くの新たな出会いがあり，こういったより日常的な社交的交流もマイケルには苦痛であった。

マイケルは記憶にある限り，社会不安を抱えていたと描写した。彼は常に仲間といても内気で，成長するにつれて特に女の子にはそうなったと記憶していた。彼は学校でもまた，人前で話す際には，赤面してほかの生徒にからかわれないかと恐れて，不安を感じていた。マイケルは医学校でも，指名されて医学生や上司，患者などの面前で質問に答える場合に，大いに苦痛を感じた。彼は他人との接触がとても少ないので，病理学を専門に選んだと説明した。過去何年も，同じ病院に勤務していて，ほとんど女性との交際はなく，（彼がかなりくつろいでいられる）教会以外では最小限の社交しかせず，社会不安を抑えることができていた。現在の役回りでは，彼は毎日深刻な社会不安を経験していて，失敗する可能性を減らすために，膨大な時間を授業でのプレゼンテーションや説教の準備などに費やしていた。可能なときは，もっと日常的な社会的交流を回避し，やむを得ず社交をする際には，自分の与える印象に注意深く気を使っていた。これには，自分が何を言っているのか検閲すること，何かが「愚か」に聞こえたかどうか，言ったばかりのことを再評価すること，赤面しているか確かめるために顔がどれくらい熱く感じるか考慮することなどが含まれている。このような行動のせいで，マイケルには会話に専念することが非常に困難であった。

社会不安による困難以外では，マイケルは身体的にも精神的にも健康であると報告した。

査定結果：SCIDで，社会恐怖，全般型の基準が満たされていた。ほかには現症としても，既往歴としても，基準に達したものはなかった。マイケルの自記式尺度は，これらの結果と調和していた。BDIの得点は低く，現在，彼にとって抑うつは問題になっていないことが示された。彼はSIASとSPSの両方において，臨床例の平均よりやや高い得点を記録した。ほかの不安関連事項の尺度（不安，パニック，強迫観念，強迫行為）では，正常範囲

の得点であった。

印象：マイケルは現在，中等度に深刻といえる社会恐怖を経験している。同時に，私生活でも職業生活でも直面している選択に関して，葛藤も経験している。このような難問にもかかわらず，現在かなりうまく機能している。顕在的には，比較的回避は少ないが，社会的状況では大いに苦痛を経験している。この苦痛に対応し，否定的な結果を予防するため，マイケルは社会的状況にあるときやそれを予期するときには，多くの微小な回避方略を用いる（例：前者では，何を言うか注意深く熟考したり，後者では過度の準備をする）。

推奨：社会恐怖に対するCBTは，マイケルにとってよい出発点になる可能性が高い。彼が社会不安の影響ではなく，人生に何を求めているのかに基づいて，決断することに集中できるように，社会的状況で不安をよりうまく制御する方法を学ぶ手助けをすることが重要に思われる。ひとたびマイケルが社会的状況への対応にもっと上達すれば，彼は私生活と職業生活の双方で直面している選択を，探求し始められるであろう。マイケルはCBTの優れた候補者に思われる。彼は自分の問題に関して優れた洞察を有しており，知的で，自分の社会不安を改善し，現在直面している難問を追求していくことに，確実な動機づけができている。

　薬物治療の選択肢もマイケルと話し合った。現在のところ，マイケルは社会恐怖に対して薬物治療を試みることに関心がない。今回，マイケルに薬物は不要であるというのが，私たちの受けた印象であった。

分自身で（別の専門家からの紹介なしで），社会不安の治療を求めてクリニックに連絡をとった，ということである。

c 査定手順

　この部分では，使用された手段を簡単に説明する。略語（各語の頭文字をつないで作った省略語）は，ツールの正確な名称を紹介するまでは使うべきではない。ひとたび略語が定義されれば（例：ベックうつ評価尺度；BDI），その後は使用してよい。この部分で，査定完了にどのくらい時間がかかったか示しておくと役に立つ。このような情報は，症例の概念化や治療計画にとって重要なものである。

d 行動観察

　この部分の焦点は，クライエントの外見，査定の前・最中・後の行動観察，クライエントと臨床家の相互作用の性質におかれるべきである。これらの観察

と査定の有効性の間にも，関連性を示すべきである。もしクライエントが査定の間にとかく口論をしかけがちで，反抗的であり，その人の行動と合わない情報を提供すれば，これも書き留めるべきである。

e 生育歴と問題歴

査定報告書のこの部分には，家族背景，個人の歴史，医学上の既往歴，問題の経過，現在の生活状況を含める[21]。この部分は要領よく書くことが大事である。ほかの専門家もあなたと同様に多忙であるので，クライエントの治療のために必要な情報は，簡潔で系統的な様式で伝達するべきである。クライエントの人生の全側面を明確にするのではなく，クライエントの現在の問題に関連する情報にしぼること。マーナットは，査定報告書では情報源を明確にすることを勧めている[21]。例えば，査定報告書には「クライエントによると…」あるいは「クライエントの母との話し合いで，…ということが露見した」のように書くとよい。

f 査定結果

この部分では，「査定手順」の部分にあげられた各査定ツールからの発見を報告する。試験結果（例：知能検査の結果）をどう記述するかということについては，本書では詳しい説明はしない。マイケルの症例を検討した際，彼が基準を満たした診断に注目し，標準的データの文脈で彼の自記式報告尺度の結果を報告した。査定結果を報告する際の目安は，できる限り，素点を報告するのは避けることである。マイケルがBDIでは4点，社会恐怖尺度（SPS）では46点，社会的相互作用不安尺度（SIAS）では28点であったと記載することは，これらの尺度に通じている比較的少数の人を除いては，無意味である。むしろ言葉による解釈のほうが好まれる（例：「彼のBDI得点は最少レベルの抑うつを示した」）。あるいは，得点を標準的なデータと比較することも可能である。「SPSとSIASにおいて，マイケルは，出版されている文献における，社会恐怖を抱える人々の臨床例（群）で報告された平均値よりも，少し高い得点だったが，ほかの尺度での得点は，非臨床例（群）で報告されているものと類似していた」。素点よりもこのようなコメントのほうが，査定報告書を読む人（クラ

g 印象と解釈

この部分には，査定過程でわかったことを要約する。検査結果，行動観察，関連の病歴，ほかの専門家や家族からの情報のような情報を網羅する[21]。私たちは，印象と解釈の部分を非常に短く書いた。この部分は，勤務環境によって大幅に変わりうるからである。組織によっては，この部分がパーソンズの説く事例定式化を含む場合もあろう。ここで例示したように，それほど解釈的に書かなくてもよい場合もあるだろう。ここで私たちは，マイケルの経験している苦痛と，社会不安が機能不全につながっている度合いの両方に注目しながら，彼の精神病理の全般的な水準を問題にした。

h 推 奨

この部分もまた，所属する学派と勤務環境によって，異なる体裁になるだろう。ここで私たちはCBTを推奨し，マイケルの治療がどのような順番で進みうるかを論じ，彼がCBTでどういう成果をあげると期待しているか，コメントした。マイケルと薬物療法の選択肢も話し合ったが，この時点では希望していないことも記した。表5.3には，査定報告書に含むべき内容をまとめている。

表5.3 査定報告書に含まれるべき情報

1. 一般的な情報
    - クライエントの名前，生年月日，年齢，性別
    - 査定の日付，報告書作成の日付，評価者の名前，紹介元

2. 照会事項
    - クライエントの簡単な描写
    - 査定実施の理由

3. 査定手順
    - 使用した査定ツールの名前と簡単な説明
    - 査定の長さ

4. 行動観察
    - 外見
    - 全般的行動観察
    - クライエントと臨床家のやりとりの特徴

5. 生育歴と問題歴
    - 家族背景
    - 個人の歴史
    - 医学上の既往歴
    - 問題の経過
    - 現在の生活状況

6. 査定結果
    - 各査定ツールからの発見を一覧表にする

7. 印象と解釈
    - 査定中にわかったことを要約する

8. 推奨
    - 治療を推奨するかどうかを示す
    - 治療を勧めるのなら，どのような種類の治療が推奨され，なぜ勧めるのか記す
    - 複数の問題が存在するのであれば，最初にどれに焦点をあてるか記す

9. 治療経過の予測

第6章 認知行動的治療を開始する

　治療現場によっては，ほかの人がすでに査定したクライエントの治療を開始することもあるだろう。このような場合には，カルテを丁寧に読み返し，査定をした臨床家と症例について話し合い，最初のセッションの前に症例をよく知っておくことが大事である。そのクライエントの生活がどのようなものなのかをつかむようにし，その人が治療を求めている問題の明確なイメージをもつようにする。症例の理解を深めながら，カルテと査定をした臨床家と話し合ったことに基づいて，最初のセッションでクライエントに尋ねたいことをメモしておくといいかもしれない。

　自分で査定した場合でも，クライエントの生活の詳細とその人が経験している問題の種類を再認識するため，最初のセッション前にはカルテを見直すことが大切である。決められた時間に多くのクライエントを診ている臨床家の場合や，査定と初回セッションの間に時間が経過した場合には，細かな点があやふやになってしまうこともある。査定過程で長時間クライエントと過ごしておきながら，その人の生活に関する重要な情報を忘れてしまうと，クライエントにとって非常に不愉快であろう。セッションを「お子さんたちはいかがですか」「この間いらしたときに話していたお仕事でのプレゼンテーションは結局どうなりましたか」といった3つ4つの個人的な質問で始めると，信頼関係の確立に非常に役立つ。

1 アジェンダ設定の重要性

　治療全般に対するものとして治療計画が存在するように，それぞれ個々の治療セッションにはアジェンダ（話し合い事項）が設定される。アジェンダの設定は，舞台裏でもクライエントと同席の状態でも行われる。大ざっぱなアジェンダは，クライエントとの各セッションに入る前に，臨床家が設定するべきである。一般的なCBTのセッションの枠組みを表6.1に示している。アジェンダは，その1週間のことをチェックし，ホームワークを見直し，翌週に向けてホームワークを課すように，臨床家にきっかけを与えるものであるべきだ。完了したホームワークの見直しと，新しいホームワークの割り当ての間に，セッションの心臓部が行われるのである。

　前の章で論じたように，臨床家は，セッションごとに何が起こるか（すなわち，各セッションの「心臓部」で何が起こるかということ），全般的な感触をつかんだ上で治療にとりかかる。ここでの判断は多くの場合，治療マニュアルにしたがう。例えば，表4.2（p.92）に概括されたマイケルの当初の治療計画は，心理教育的な情報を皮切りに，各セッションで予定されている特定の主要な内容をリストにしている。しかしながら，この一般的な枠組みは各セッションの正確な内容（例：どの曝露を行うか，どのような種類の非機能的な思考に働きかけるか，など）は伝えていない。こういった決断は，セッションごとの経験に基づいて決めていく。症例の理解というのは流動的なものであり，クライエントをよりよく知るようになるにつれて，セッションごとに変容するものだ。理解が深まるにつれて（そして症例の概念化が進化していくにつれて），毎週

表6.1　基本的な治療セッションのアジェンダ

---

1. その週のようすをクライエントに確認する。
2. 共同でセッションのアジェンダを設定する。
3. ホームワークを見直す。
4. 治療計画に基づいてセッションの主要部を実行する。
5. 新しいホームワークを課す（通常，主要なセッション内容に基づいて）。
6. クライエントとともにセッションのまとめをする。
7. クライエントと最後の確認をする（質問，心配，ほかに話し合うべき問題はないか）。

の治療計画に新たな情報が提供されるだろう。

　臨床家は，開始前にセッションの内容を考えねばならない（スーパーバイザーと計画を話し合わねばならないこともある）が，クライエントもセッションの計画に関わることが不可欠である。各セッションは，臨床家がクライエントのようすを確認し，「今日のアジェンダに何を載せましょうか」と尋ねることから始めるべきである。それから臨床家は，有効に使えるアジェンダをクライエントが展開できるように手助けするのである。時としてクライエントはあまりに多くのことを列挙するので，すべてをアジェンダに載せると，どれも十分にカバーできなくなるおそれが生じる。臨床家は，クライエントがその日のアジェンダに載せる3～4の重要な問題を選べるように援助し，その後，残りの問題をどうするか考え出せるように力を貸す。「残り物」の問題の一部はホームワークで扱うことができるし，それ以外のものは翌週まで棚上げにしておいてもよい。

　セッションの間には「生活がある」。クライエントはよく，前回のセッションからの流れに沿わない問題や，今回のセッションのために計画したものと異なる問題を話し合いたいと思って，セッションにやって来る。アジェンダにどの程度の柔軟性をもたせるかを決めるのは，臨床家の役目である。場合によっては，新しい問題に時間を費やさないと，臨床的に無責任ということになる。クライエントは誰かを亡くすこともあるだろうし，重要な他者（配偶者など）とけんかをすることもあるだろう。また，妊娠したり，職場で昇進したりという，めでたいことがあるかもしれない。セッションの一部で，あるいは全面的に，合意に達していた計画からそれてしまってもよい。実際のところ，一度もこういうことなしで治療が完了するほうが，かなり珍しいことなのである。

　第9章で詳しく述べるように，毎週，その1週間に起こった何らかの「危機」に関して話し合うことを希望するクライエントもいる。もしこれが，ほかのもっと重要な事項から注意をそらしてしまうならば，問題である。実際のところ，このような行動は，難しい題材に努力することを回避する方法として概念化できることもある。クライエントが脇道にそれないようにして，治療を求めてきた問題に取り組むことを私たちが望むのは当たり前のことだが，そのことと信頼関係を維持することのバランスをとりたいとも思っている。クライエントが

毎週，話し合う事項をもち込んで，私たちがアジェンダに加えることを許可しないと，クライエントは誤解されていると感じたり，治療の融通のなさに不満を感じたりするかもしれない。この問題に対する理想的な解決策は，セッションの最初の限られた時間を新しい問題に費やし，すぐに対処すべきものなのか，次回のセッションまで棚上げすべきなのか，決定することである。

2 第1回治療セッション

(1) 自己紹介，見直し，確認を行う

　CBTの治療実行計画における最初のセッションはたいてい，心理教育の題材をカバーすることで成り立っている。確実にこの分野をカバーする十分な時間がとれるようにしたいのだが，すべての治療セッション（特に初期のもの）において，治療上の信頼関係に注意を払うことも非常に重要である。最初の治療セッションでは，それまでクライエントに会っていないのなら，原則としてまずは自己紹介をし，クライエントにも自己紹介をしてもらう。その日の調子，あるいは最後に会ってからどのようであったかをクライエントに尋ねる。その人と治療に取り組むことを楽しみにしていると知らせることも大切だ。

　1回目のセッションの初めに，臨床家とクライエントは主訴を簡単に振り返るべきであり，クライエントには査定での面接以来，何か変化があったかか尋ねる。例えば，うつのクライエントには，最後に会ってから気分がどうであったか尋ね，物質乱用の問題を抱えるクライエントには，どのように使用していたかと尋ねるとよいだろう。査定をどう感じたか，治療開始をどう感じているか，話し合うことを希望するクライエントもいるだろう。査定を受けて，フィードバックを得，治療の推奨を与えられることが，きわめて有益となるクライエントもいる。このようなクライエントは査定後の最初のセッションに，人生を前向きに変えることに大いに希望をもっていると語りながらやって来るかもしれない。査定過程でかなりがっくりしてしまうクライエントもいる。自分の問題について語ることがきわめて困難で苦痛に感じるクライエントもいるのだ。言ってみれば，すべてを「卓上に並べる」ことで，クライエントの中には自分の問題が深刻すぎ，圧倒的なので，「なおす」ことなどできないと感じる

者もいるのである。自分が変わることができるかどうかというクライエントの信念は，治療の転帰に重大な影響を与えるので，こういった発言は無視すべきでない。クライエントの治療に関する誤った観念（例：「私の問題はCBTには深刻すぎるものだと思います」）を矯正し，治療後の状況に関しての希望を与えるために，ある一定の時間を費やすべきである。

(2) 治療の概要を示す

　この時点で，クライエントが治療プログラムの意味するところをイメージできるようにすべきである。これは，セッションばかりでなく，治療プログラム全体のアジェンダ設定に役立つ。クライエントはすでに（おそらくクリニックに最初の電話をかけたとき，あるいはフィードバックセッションの際，もしくは最初のセッションを設定するために臨床家と話したときに）このような治療の説明を聞いているかもしれない。それでも，クライエントにプログラムに関する質問をする機会を与えるので，簡単に復習するのはよいことである。この復習をどう行うかを説明するために，マイケルの症例に戻ろう。

臨床家：さて，マイケル，この数週間のあなたのようすについてうかがう時間をとったので，今度は一緒に取り組んでいく治療プログラムについて話しましょう。フィードバックセッションのときに少し話しましたが，治療がどう進むのか把握していただくように，今日はもっと詳しく話しましょう。
マイケル：わかりました。
臨床家：今日から，社会不安について学ぶことにいくらかの時間を使っていきます。どの程度一般的なものなのか，何が引き起こすのか，どのように治療を進めていくのか，といったことです。今日からこの題材を扱い始めて，次回のセッションの一部も仕上げに使います。
　　　　この教育的な内容が終わったら，一緒に「恐怖と回避の階層表」というものを組み立てます。これは，あなたにとって困難な社会的状況のリストで，不安を喚起する程度にしたがって並べるものです。この階層表は，私たちの共同作業を導いてくれるでしょう。まず，あなたにとって中等度に困難である状況から取り組み始めます。あなたが自信をつけ，社会的状況

についての新たな考え方を学習するのに応じて，だんだんにもっと不安を引き起こす事項へと階層表を昇っていくのです。

マイケル：それはどのくらいすぐに実行するのですか。その，あなたがそういうことを私にさせるのは，いつ頃になるのですか。

臨床家：いい質問です。でも，お答えする前に一点にお話しさせてください。あなたは，たった今，どのくらい近い将来に，私があなたにこういう恐ろしいことを「させる」のかと聞きました。実際のところ，私はあなたに何ごとも「させよう」とはしないのです。これは，一緒に努力することなのです。確かに，私は治療の進め方を提案しますが，あなたも自ら参加するのです。確かに，きついことをするようにうながすでしょうが，何ごとも強引にやらせるというわけではないのです。

マイケル：それを聞いて安心しました。

臨床家：私の役目は，その時点に達したら，どうして「困難な」ことを行うことが重要だと私が考えているのか，あなたに説明することです。ご質問に戻ると，私たちは最初の曝露を，5回目のセッションで行うでしょう。階層表を作ってからですが，実際に曝露を行う前に，数セッションかけて，社会的状況に関するあなたの考えを探究します。これが前にお話したCBTの認知的な部分です。

マイケル：ああ，なるほど。ということは，思考を同定して，私にとってあまり役に立たないものを修繕するわけですね。

臨床家：そういうことです。思考というのはかなり有害なことがありますから，否定的な思考を同定することに上達する必要があるのです。合理的で自分にとって有用なものなのか探求して，そうでないとわかれば，もっと理にかなう，役に立つものに枠づけし直すように作業する必要があるのです。そういうわけで，それに数セッション使って，それから学んだことを実際に社会的な状況に入り込むことへと応用していくのです。

マイケル：わかりました。

臨床家：さて，曝露を開始するまでに，今ほど社会的状況を恐ろしく思わなくなるように，何かが変わっているでしょうね。

マイケル：ふむ。認知的作業を終えているでしょう。ということは，おそらく，

今とは少し考え方が変わっているでしょう。それは，役に立つかもしれません。

臨床家：それは間違いありません。治療のもっと早い段階ですることで，何かほかに，ものごとへの対処を多少容易にしてくれることはありますか。

マイケル：ええと，もっと社会的状況に関して知識がついているでしょう。それで，問題を抱えていることに対して，今ほど滅入らなくなるかもしれません。あ，それから階層表があります。段階的なものになるので，それほど肝をつぶすようなことのないところから始めるのですね。

臨床家：そうです。2つ，すばらしい指摘をしてくださいました。それでは，もう少し曝露について話しましょう。あるセッションで，一緒に最初の曝露を始めます。何か，階層表の低い水準のものになります。それから，ホームワークとしてあなたがひとりでできる曝露を話し合います。その後のセッションもだいたい同じような構成になります。ホームワークがどうなったか見直し，セッション内で曝露を行い，それから翌週までのホームワークを決定します。

マイケル：それはどのくらい続くのですか。

臨床家：合計すると，治療は16〜20セッション続きます。これには当然，柔軟性があります。速やかに進歩を遂げて，もっと早く治療を終える人もいます。最後に数セッションを付け足すことが必要になる人もいます。ようすをみますが，一般的には20回目のセッションまでに治療が終わります。治療の最後には，終了になったときに，治療で獲得したことを維持できるよう，特別なことも行います。

マイケル：すべて，いい話に聞こえます。ちょっと怖いですが，意図はわかります。

臨床家：何かご質問は？

マイケル：今はないです。

臨床家：遠慮なく質問してください。クライエントの中には，特に社会不安のクライエントですが，臨床家に否定的な評価をされることを恐れて，質問することをためらう人がいます。クライエントが治療の初期に不安を感じるのはよくあることで，不安のせいで集中しにくくなることもあります。

質問したり，わかりにくいことを繰り返すように求めるのは，全く問題のないことです。

マイケル：どうも。その言葉に感謝します。今は大丈夫だと思います。何かをじっくり考えたあとで，何か思いつくことがあるのです。ですから，この1週間に出てきた質問は書き留めておいて，次回もってくればいいと思います。

臨床家：たいへんけっこうです。

　原則として，治療の概括は短く簡潔なほうがよい。治療が始まれば，クライエントはそれがどのように機能するものなのか，いちばんよくわかるのだから。この概略を示す上でいちばん大切なのは，クライエントに，質問したり心配なことを声に出すようにうながすことである。治療についてのクライエントの質問と心配という点で，次のような2つのポイントを心に留めておこう。第一に，クライエント自身が自分の心配事に答えられるように，できる限りソクラテス式質問法を使うこと。もちろん，直接答えたほうがよい質問もある（例：治療はどのくらい続くのか。「階層」という語は何を意味するのか）が，こういった場合を除くと，恐れている社会的状況への曝露を行うことへの心配をマイケルが表したときに示したように，ソクラテス式質問法は非常に有用である。マイケルに，曝露は怖いものではないと確信させようとしたり，怖いものだとして同意する代わりに，臨床家は，マイケルがそのことについてもっと理性的に考えられるように，質問を投げかけた（例：「今ほど社会的状況を恐ろしく思わなくなるように，何かが変わっているでしょうね」）。このような態度をとることで，クライエントはごく早い段階から思考と行動の関係を理解し始め，自分の信念を疑って試してみることの意味を認識し始めるのである。

　前に示した対話はまた，治療についてクライエントが質問することと，心配事を言葉に出すことへのためらいに働きかける行為が，いかに大事であるかを示している。この恐れをよくあることだとして（例：「質問することに緊張してしまうクライエントはおおぜいいますよ」），遠慮なく質問すべきだとクライエントに伝えることは，治療関係にも，そしておそらく治療の結果にも，とてもプラスの影響を与える。

(3) 知識を共有する－治療の心理教育的要素

a なぜ心理教育をするのか

　ほとんどのCBTプログラムが，クライエントに教材を配布することから始まる。初心の臨床家や，時にはクライエント自身が，心理教育を「時間の無駄」とみなすこともある。なぜ治療の本体部分に飛び込まないのか，不思議に思うのである。それでも，この題材をカバーして1セッションか2セッションを費やすことには多くの利点がある。第一に，信頼関係の確立に役立つ。心理教育は，クライエントと臨床家が共有する学習過程とみなすことができるのである。臨床家がクライエントの経験している問題の性質と，いかに最善の治療を行うかを教える間，クライエントは常に参加していなければならない。臨床家は講義するのではなく，クライエントにある概念がどのように自分に当てはまるか，継続的に質問すべきである。こうすれば，臨床家はクライエントが経験している問題の「最新情報」を迅速に理解でき，症例の概念化にその情報を投入できる。こうすることで，クライエントが治療チームの必要不可欠な部分を担っていることを示すことができるのである。自分が治療の中核的役割を果たしているかのように感じると，クライエントは問題解決に向けてやる気が高まるものなのである。

　クライエントが自分の経験を伝えるときにはまた，臨床家がそういった経験は珍しくないことだと伝えられる。例えば，その人が経験しているような問題の有病率を知らせることができるし，あるいは，似たような問題を抱えたクライエントをたくさん治療してきた，と伝えることもできる。臨床家が自分が抱える問題に精通していて，自信があるようにみえれば，信頼関係は間違いなく強化される。

　その一方で，クライエントに，自分の問題が軽くみられたなどと感じてほしくはないし，治療など必要ないと言っているようにも思ってほしくない。心理教育はまた，クライエントの問題がどのようにクライエントの機能を妨害しているかを話し合う機会も与えてくれる。これもまた，臨床家が自分の日々の葛藤を理解しているとクライエントに感じさせるので，信頼関係を強化するだろう。さらに，治療後にはクライエントにとって人生がどんなふうに改善されるか，という話をすることで，心理教育は動機づけという役割も果たす。特に治

療に本腰を入れるかどうか，「分かれ道」で迷っているクライエントには，やる気を起こさせるだろう。

最後にあげる心理教育の長所（これもまた，治療での信頼関係を強める理由であるが）は，比較的，脅威を感じさせないやりとりの手段だということである。クライエントは，いきなり禁断の果実を食べるように求められたり，汚染されていると感じられるものに触れるようにと求められるのではなく，治療環境の気候になじむ機会を与えられるのである。このような時間があれば，治療の「真の」作業の開始前に，クライエントは臨床家と治療プログラムへの信頼を育むことができるというものだ。

b 心理教育はどのように構成されるべきか

心理教育セッションの具体的な内容は，クライエントが治療を求めている問題しだいで，さまざまなものとなる。例えば，マイケルの心理教育は，社会不安と社会恐怖に関して，科学的に知られていることに焦点が当てられるであろう。しかしながら，どの障害であるかにかかわらず，心理教育は共通の機能（クライエントを，自分の抱える問題への理解と治療のための航海に向け，CBTアプローチに「乗船」させる）を果たすという理由から，共通点がある。この目的を果たすためには，クライエントが治療を求めている障害あるいは問題（あるいは両方）を理解するための認知行動モデルを，クライエントに示すべきである。障害を限定したほとんどの治療マニュアルには，その特定の障害を理解するための認知行動モデルが含まれている（p.293付記Aに，各種障害のための認知行動治療マニュアルのリストが入っている）。

特定の障害に関するモデルを説明するのに，クライエントが見ている前で図表を描くのもよい方法である。ホワイトボードや黒板を使うと有効である。例えば，社会不安に対する認知行動モデルには，3つの構成要素がある。認知的要素，生理学的要素，行動的要素である（p.13，図1.1の認知モデルの下方部を思い出すだろう）。これらの構成要素は，クライエントの考え方，身体での感じ方，そして行動のしかたと言うことができる。各要素をモデルに加えるときに，クライエントには，それがどのように自分に当てはまるか，尋ねるべきである。モデルの紹介に続いて，特定の治療技法（例：認知再構成法，曝露法，

行動活性化など）が，問題の各要素をどのように標的とするものなのか，話し合うことができる。クライエントは，なぜその技法が使用されるのか理解すれば，治療にしたがう可能性が高くなるのである。

　注目対象の問題の継続と治療に関するモデルを示すことに加えて，心理教育の間にはほかの情報伝達もできる。クライエントは多くの場合，自分の経験している問題の有病率やほかの関連情報（例：平均発症年齢，性比など）に関心をもっている。心理教育ではまた，ある問題の原因を話し合うこともできる。クライエントの人生において，問題の原因となるどのようなことが起きたのか理解しようとする分析的な療法とは対照的に，CBTにおいて病因について話し合うときは，一般論にとどめるのが通例である。例えば，拒食症と過食症のクライエントにはよく，摂食障害の「多病因的」な性質に関して教える[18]。これらの一般的なモデルがクライエント自身の経験とどの程度合致するか話し合うこともできるが，CBTではほかの治療法よりも，こういった問題を掘り下げることに費やす時間ははるかに短い。

c 心理教育を話し合いの形にする

　個人療法の形で治療が行われるときには，心理教育の題材を講義のような形で伝えるべきではない（治療プログラムの中には，講義形式で行われる集団心理教育を含むものも実際に存在する）。講義として内容を伝えると，信頼関係が確実に損なわれてしまう。クライエントはたいてい，自分の心理的な問題というアジェンダに関して，言いたいことが山ほどあるものだ。自分にどう当てはまるか話す機会を与えられずに，こういった情報を詰め込まれたら，クライエントは欲求不満に陥ってしまうだろう。同様に，臨床家の側も，症例の概念化や治療計画で利用できる重要な情報を手に入れられなくなってしまう。このような講義セッションが終わると，クライエントは誤解されたように感じ，臨床家というものは自分がしゃべるのを聞くことだけが好きな人間なのだと思ってしまうにちがいない。

　情報を伝えることと，クライエントを参加させることとのバランスを維持するのは，新人の臨床家には特に難しいだろう。初心の臨床家の中には，マニュアルに頼りすぎて，時には情報を正確に伝達するために文章の一部を暗記する

者もいる。しかしながら，結局は，クライエントが参加できない，単なる教材の機械的発表の場になってしまうのである。

　この問題はどのように改善したらよいだろう。準備は大切である。臨床家は治療マニュアルばかりでなく，もっと広く文献を読まねばならない。治療中の問題についての一般的な知識があれば，治療のこの段階でクライエントがするような普通の質問に答えられるだろう。当然のことながら，このような知識は，より広く文献を読み，クライエントとの経験を積むにしたがって，時間とともに増えていくだろう。しかし早い段階であっても「基礎」に関しては不安のないようにしておきたい。

　もう1つ，心理教育セッションの大まかな概略を作成しておいたほうがよいだろう。これは「ヒントペーパー」と呼ばれている。その目的は，各要点を押さえるようにという合図を出すことである。ヒントペーパーはまた，クライエントを話し合いに参加させることを忘れないように，という目的のためにも使用できる。ページの最上部に大きなメモ（例：「質問せよ！」）をしてもいいし，自分の症例の概念化に基づいて，各概念がどのようにクライエントに該当するか，メモをしてもいい（例：「家族環境」のところに，マイケルが査定中に批判的な母親のもとで育ったと述べたことを書き込むことができよう）。このようなちょっとしたメモが，クライエントを参加させる合図として役立つ。

　初心の臨床家の中には，ヒントを目にしたクライエントが，臨床家を無能だと感じないかと心配する者もいる。私たちの見解では，もしペーパーが（詳細情報ではなく）骨むき出しの要点のみを含んで，正確に作られていれば，クライエントはその存在に気づくことさえまれである。実際にクライエントが気づいたり，質問までしてきても，そのせいで臨床家を否定的に判断する可能性は低い。臨床家は簡単に「ああ，私は確実にすべての情報を網羅できるように，いつも要点のリストを用意しているんです」と言えばよいのである。つまり，あなたの不安を軽くするためではなく，クライエントにとって有益なものとして位置づけるということである。時にメモ書きに視線を落とすことは，詳細な覚書を読み上げたり，直接マニュアルを読んだり，あるいは「即興」で話して系統性のないやり方で情報を伝達するよりも，はるかに優れている。

3 再びマイケルの症例について

マイケルに伝えられた多くの心理教育情報は，D・A・ホープの治療マニュアル[23]をもとにしている。マニュアルをカバーする「ヒントペーパー」の見本を表6.2に示す。マイケルと彼の臨床家は，この教材を1回目と2回目のセッションで終えた。

（1）第1回治療セッション

すでに述べたように，セッションは表6.1（p.130）に示したような臨床家による大まかなアジェンダから始まった。フィードバックセッションの間に，マイケルと治療者は，社会恐怖をいちばんの焦点として治療を始めると同意した。

表6.2　マイケルのための心理教育教材「ヒントペーパー」

第1回セッション
1. 社会不安の診断基準を見直し，有病率とほかの記述を話し合う。
2. 「正常な」社会不安と「問題となる」社会不安の違いを話し合う。
3. 不安の3構成要素（生理的要素，認知的要素，行動的要素）を紹介する。
   - 行動的要素に関しては，障害の継続における回避の役割を必ず論じること。
   - 不安の下向き螺旋（図6.1）をわかりやすく示すために，ホワイトボードを使用すること。
   - 治療で使われるさまざまな技法がいかにこの悪循環を打破するか示すため，ホワイトボードを使用すること。

第2回セッション
4. 社会不安の原因として考えうるものを話し合う。
   - 遺伝。
   - 家族環境。
   - 重要な経験。
   これらは，以下のものの発生につながる可能性がある。
   - 非機能的な思考様式（外的な統制の所在や完璧主義的基準，低い自己効力感を含む）：現実の状況で困難を引き起こす形で出現しうるもの。
   - 非機能的思考→注意の拡散→社会的な状況での否定的な結果（言おうとしたことを忘れる，など）。
   - 非機能的思考→回避（全くその状況に立ち入らない）。

二人はすでに社会恐怖の診断基準と有病率を話し合っていたので，最初の治療セッションは簡単な復習だけで始まった。

その後，マイケルと臨床家は，人がどこかの時点で経験する社会不安と，治療を要する社会不安の違いについて話し合った。ここまでの面接から，臨床家は，マイケルが本質的には内気さとみなしているものについて治療を求めたことを愚かしく感じている，という点が気がかりだった。マイケルに対して，その問題について助けを求めたのは愚かなことではないと強調したかった。なぜなら，彼の問題はかなり広範囲におよんでいて（例：時々起こるものではなかった），彼に多大な苦悩と機能の弊害をもたらしていたからである。度を越した彼の不安と，その不安によって多くのことが行えなくなっているという事実は，彼が単なる「普通の」社会不安ではなく，社会恐怖を抱えていることを示していた。この話し合いは，マイケルが自分の人生の運命に対してより悪い感情を抱くことではなく，このような大きな問題を何とかしようと努力することは非常に適切なことだと伝えるためのものだ。

次に臨床家はマイケルに対して，「不安の3要素」の概念を紹介した。生理的要素，認知的要素，行動的要素である。マイケルに，それぞれの要素をどのように経験しているか，描写してもらった。彼は不安を感じると，かなりひどく赤面し，声が震え，あふれるように発汗する（生理的要素）と説明した。認知的要素について話し合い始めたとき，マイケルは「不安になると，複数の考えが急速にかつ強烈に押し寄せてくることはわかっているのですが，今はそれらのすべてを思い出すことすら困難です」と語った。臨床家は前回までのやりとりでとったメモを見て，いくぶんかマイケルを助けることができた。マイケルは「私はいつもヘマをする」「愚かものだと思われてしまうだろう」，そして「みんなが私の不安に気づくだろう」と考えると話してくれた。生理的症状を鮮明に心に思い浮かべて，マイケルは「私の顔はトマト並みに赤くなってしまうだろう」「あまりに声が震えるので，誰も私を理解できないだろう」と付け加えた。

マイケルの認知的症状をしっかり意識して，それから臨床家がマイケルに，感じる不安を軽くするために社会的状況で何を実際に行うか質問する形で，不安の行動的要素に進んだ。マイケルは授業で発表したり，質問に答えたりする

とき，メモを逐語で読み上げようとすると言った。初めての人と会う場合には，「ヘマをする」可能性が少なくなるように，会話をできるだけ短くするように努めていた。マイケルにはまた，明白な回避（不安のせいで全くしないこと）に関しても質問した。治療に現れる前年には，神学校では，授業中に質問に答えることや宗教的な儀式を指揮するといった多くの活動をしなくてはならないので，どんなことも避けていくのは難しいと感じていた。それでも，マイケルは強く聞かれて，自発的に授業で質問に答えたり，礼拝を指導したりすることはなかったと認めた。彼はまた，女性や職場の上司である男性と，自ら会話を始めることはないと言った。どちらの場合でも，彼は話しかけられた場合にのみ会話をし，上司の場合には出席しなければならない会合があれば話すという具合だった。

　この時点で，臨床家はソクラテス式質問法を通じて，マイケルが回避することの利点と欠点を理解できるようにした。

臨床家：不安障害の人々の間では，回避行動が多くみられます。どうしてそうなるのだと思いますか。
マイケル：役立つから？
臨床家：「役に立つ」とはどういう意味ですか。
マイケル：その，不安を制御できるということです。神学校で会合後にコーヒーと軽食が出されたら，直接修道院長のところへ行って話しかけるよりも，気心の知れた数人と話すほうがずっと楽です。
臨床家：ということは，短期的には回避はかなりよい方法なのですね。
マイケル：そう思います。そう思われますか。
臨床家：確かに，そう思います。けれども，もう一面，考えるべきものがあります。長期的にはどうなのでしょう。
マイケル：それほどよい方法ではありません。
臨床家：なぜですか。不安になる状況を避けることで，永遠にただ冷静に感じていられるかのようでしたが。
マイケル：いえ，そういうふうにいくようには思えませんよね。
臨床家：どういう意味ですか。

マイケル：こうやって治療を受けなければならなくなっているのですから。
臨床家：それは本当ですね。それでは，回避の何がそれほど有害なのだと考えますか。
マイケル：緊張の原因になるものごとを，決して克服できないことです。
臨床家：克服するためには，どうしたらよいでしょうか。
マイケル：とにかくやってみて，それほどひどくはなかったと実感することだろうと想像します。
臨床家：そのとおりです。そこで曝露の出番となるのです。恐れていることをやってみて，それほどひどいものではないと理解するということです。
マイケル：なるほど。要点はわかりました。
臨床家：それはよかった。考えてみるべき重要な点です。次回，もっと治療へのアプローチを話し合いますが，そうする前に，これらの不安の3要素がどのように合体化しているのか考察することに，少し時間をかけたいのです。
マイケル：わかりました。

　残りの心理教育の時間に，マイケルと臨床家は不安の生理的要素，認知的要素，行動的要素の相互作用を考察した。ホープのマニュアル[23]に入っているフォーマットを用いて，マイケルと臨床家はホワイトボードに「不安の下向き螺旋」を展開した。不安の生理的要素，認知的要素，行動的要素がどのように相互作用して，機会の喪失や否定的な感情を生み出すかということを，視覚的に描き出したものである。これを図6.1に示す。
　このような図を使用して作業すると，クライエントはかなり気落ちすることがある。最終的にできあがったものは悪循環を表すものだが，その悪循環の打破する方法には焦点を当てていないからだ。臨床家は，マイケルが絶望感ではなく期待感をもってセッションを終えることができるように，治療というのは，悪循環が制御不能となって，ここに示されたような機会の喪失や負の感情を引き起こす前に，その悪循環を妨げることなのだと説明した。この時点で，マイケルが貴重な質問をした。

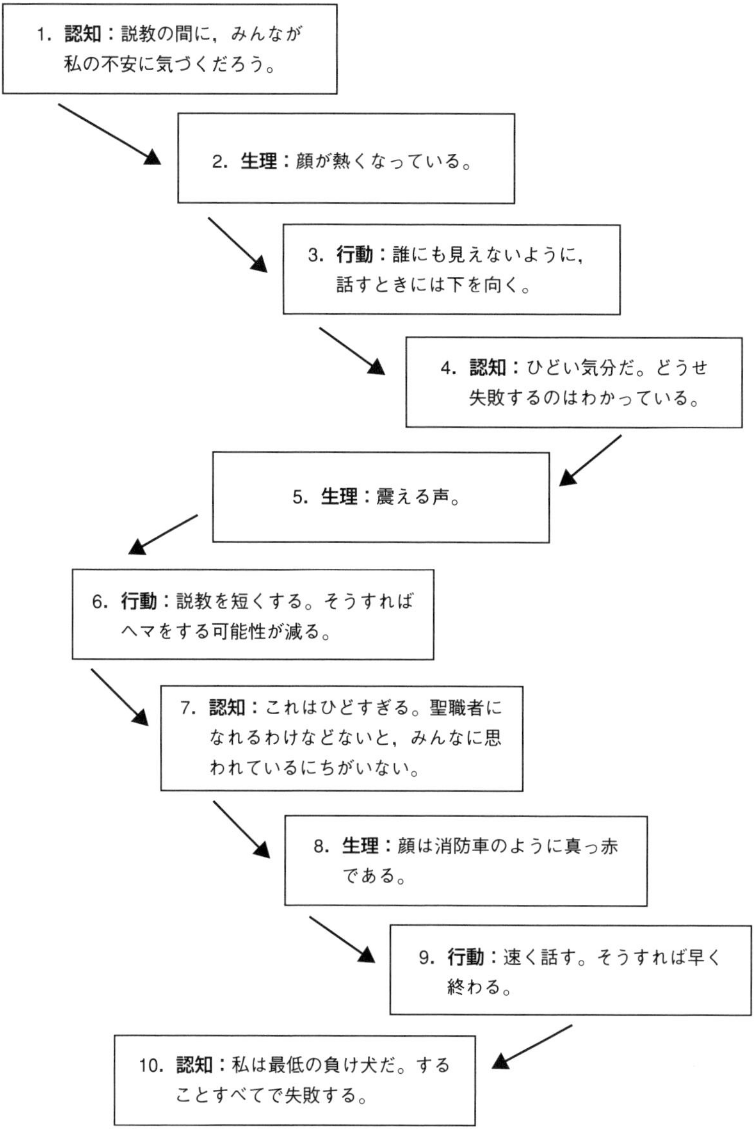

第6章 認知行動的治療を開始する　145

1. 認知：説教の間に、みんなが私の不安に気づくだろう。

2. 生理：顔が熱くなっている。

3. 行動：誰にも見えないように、話すときには下を向く。

4. 認知：ひどい気分だ。どうせ失敗するのはわかっている。

5. 生理：震える声。

6. 行動：説教を短くする。そうすればヘマをする可能性が減る。

7. 認知：これはひどすぎる。聖職者になれるわけなどないと、みんなに思われているにちがいない。

8. 生理：顔は消防車のように真っ赤である。

9. 行動：速く話す。そうすれば早く終わる。

10. 認知：私は最低の負け犬だ。することすべてで失敗する。

図6.1　マイケルの不安の下向き螺旋

マイケル：しかし，これだけいろいろなことが起こっていて，どこから手をつけるかということさえ，どうしたらわかるのでしょうか。

臨床家：マイケル，それはすばらしい質問です。このような過程がすべて同時に進行している状態を抱えていると思ったら圧倒されてしまうでしょうが，実際にはその悪循環を打破する方法は，もっとたくさんあるということです。いろんな場所から「そぎ落として」いけるのです。

マイケル：どういう意味ですか。

臨床家：不安の3要素を特定しましたね。その3つのどの領域からでも実際に攻められるのです。

マイケル：ああ，それでは違う形で考えれば，それが役立つかもしれないのですか。

臨床家：そうです。行動を変えることも役に立つかもしれません。

マイケル：生理的なものはどうしたら変えられるのでしょう。いつも赤面してきました。

臨床家：それは，いい点をつきました。変えるのが難しいこともありますが，社会的状況で経験する不安が小さくなれば，自然に軽くなるものもあるでしょう。けれども，症状に対するあなたの考え方を変えることもできるのです。これらすべての要素が関連し合っていることを思い出してください。したがって，身体的な症状に対する考え方を変えれば，身体症状は，あなたにとってたいしたことではなくなるかもしれないのです。

マイケル：どういう意味ですか。

臨床家：つまり，認知再構成法によって，赤面するのがどれほどひどいことなのか，探ることができるのです。

マイケル：ひどいものです。

臨床家：なぜですか。

マイケル：みんなに見られてしまうからです。

臨床家：それはありうることです。あるいは，気がつく人も気がつかない人もいるかもしれません。赤面すると人に気づかれると，何がそんなに悪いのですか。

マイケル：だめなやつだと思われてしまうでしょう。

臨床家：全員に，ですか。
マイケル：どういう意味ですか。
臨床家：あなたが赤面することに気づいた人はみんな，あなたをだめな人間だと思うのですか。
マイケル：たぶん，全員ではないでしょう。
臨床家：人が赤面するとき，あなたは気がつきますか。
マイケル：当然です！　いつも気の毒に感じています。
臨床家：ということは，あなたは赤面する人をだめな人間とは思わないのでしょう？
マイケル：思いませんが，そう思う人もいるでしょう。
臨床家：そういう人もいるでしょうね。そういう人をどう思いますか。
マイケル：その，ずいぶんと意地の悪いことだと思います。人を判断する優れた方法とは言えません。
臨床家：もっと，その点を聞かせてください。
マイケル：人を判断するには，もっと重要な根拠があるにちがいありません。親切であるかどうか，よく働くかどうか，知的であるか，などということです。
臨床家：それでは，質問させてください。赤面するからという理由であなたをだめな人間だと考えるような人の判断には，どれほどの価値があるのでしょうか。
マイケル：あまりないでしょうね。そのような人と友人になりたいと思う理由は見当たりません。
臨床家：けっこうです…。これは，赤面という身体症状に関する思考を検査するための認知再構成法を使用した，手短な例です。この短い会話のあとで，あなたがもう赤面を重大事と考えなくなるなどとは期待していません。しかし，もう少しこの点に働きかければ，症状に何が起こりうるでしょうか。
マイケル：ふむ，症状に気づきにくくなるかもしれません。
臨床家：それによって，あなたの行動は影響を受けますか。
マイケル：下を見る必要や，会話をそれほど急いで終える必要を感じなくなるかもしれません。

臨床家：それで，そのことが実際の赤面に影響する可能性はありますか。

マイケル：ええっ。それは疑わしいです。

臨床家：あなたの言われるとおりかもしれません。簡単に赤面してしまう可能性はあります。しかし，赤面に気づきにくくなれば不安感も減り，赤面に気づいてそのせいで動揺してしまう場合ほどには，真っ赤にならないという可能性もありますね。

マイケル：言われていることはわかります。気づいて動揺したせいで，実際にもっと赤くなってしまうことはあるかもしれません。

臨床家：その点を，一緒に過ごす時間内に探ってみることができるでしょう。可能なことです。まとめてしまうと，思考と行動を変えることで不安の身体症状にとてもプラスの効果を与えるかもしれないということを覚えてください。実際に赤面しないように努力しなくていいのです。非常に困難なことでしょうし。

マイケル：もっともなことです。

　治療セッションの最後に，クライエントに学んだ内容を要約してもらうことは，大いに有効である。時には，困難な状況の際に目を通すことができるように，携帯できるような「持ち帰りメッセージ」のリストを作ってもよいだろう。マイケルの最初の治療セッションは次のようにして終わった。

臨床家：さて，マイケル。このあたりで私たちのセッションはおしまいです。締めくくりの前に，今日話し合ったことを復習しましょう。

マイケル：わかりました。

臨床家：今日のセッションが役に立つものだと感じましたか。何を学びましたか。

マイケル：はい。まぎれもなく有効で，情報が得られました。多くのことを学びました。

臨床家：その中でいちばん役立ちそうなことは何でしたか。

マイケル：回避はよくない！

臨床家：それはいい点です。私はよく，持ち歩いて困難な状況のときに見るこ

とができるような「持ち帰りメッセージ」のリストをクライエントの方と作成しています。いまの点は，リストの第1項目としてふさわしいですか。

マイケル：最適です。何かを避けたくなったときに，それを思い出すことが有効だろうと思います。

臨床家：まさにそうです。心に留めておくといいですね。今日，ほかには何を学びましたか。

マイケル：たくさんのことを学びましたが，頭にいちばん突き刺さっているのは，そのことです。

臨床家：なるほど。それはすばらしい。私にとっては，このセッションでは，不安が長期にわたって残ってしまう理由と，あなたにとってものごとをより楽にするためにこの悪循環を打破する方法を理解する枠組みをもたらすことが重要な点です。これが事実上，私たちの治療をつくりあげていくのです。

マイケル：ええ，問題に取り組むにはさまざまな方法がある，という考え方が気に入りました。

臨床家：そのとおりです。それから，すべてが関連し合っているということが，だんだんにわかってくると思います。例えば，行動変化を起こせば，あなたの思考も変化します。私たちは，思考と行動のこういった関係を実際に意識することを身につけていきます。実際，今週これをホームワークにして作業を開始しましょう。

マイケル：ホームワークですか。

臨床家：そのようなものは，現在，学校から十分に与えられていることは承知していますが，社会不安について，ここでの週にたった1時間ではなくて，毎日働きかけることが本当に重要なのです。ほかのすべてのことと同じように，治療に多くをつぎ込めば，それだけ得るものも増えるのです。

マイケル：わかります。それで，課題は何ですか。

臨床家：1週間の間，社会不安を経験するいくつかの状況を書き留めてほしいのです。今週予定されていることで，不安を感じるだろうと思われるのは，どのような出来事ですか。

マイケル：ほとんど毎日授業があります。それに，日曜日の朝には，介護ホー

ムで礼拝を司ることになっています。

臨床家：いいでしょう。記録をとるのにふさわしい状況のようですね。不安を引き起こした出来事の簡単な描写と，経験した生理的症状，行った行為，そして思考はどのようであったかということを，記録してください。こうすれば，さまざまな状況において，不安の3要素がどのように組み合わさっているのか，実際にわかるでしょう。

マイケル：それで，来週，先生が私の記録を見るのですか。実際に書いたものではなく，ただ口頭で伝えてもいいですか。

臨床家：どうして，そんなことを尋ねるのですか。

マイケル：その，あまり綴りが得意ではないもので。それに，書くことは得意でもないのです。世間で医者のことをどう言っているか，ご存知でしょう。

臨床家：不安についてのお話のようですね。

マイケル：私のことを愚かだと思われるでしょう？

臨床家：こういうことは，社会不安のクライエントにはよくあります。ほかの人が自分を否定的に判断すると思い込んでいるのと同様に，私もそうするだろうと心配なのですね。私はここにあなたを助けるためにいるのであって，あなたを評価するためにいるのではないということを，今一度強調しますよ。綴りなどは気にしませんし，書いたことがわからなければ，単純に質問します。

マイケル：では，どうしても書き留めなければいけないのですね。

臨床家：それはですね，では，お尋ねします，書くことの何が悪いのですか。

マイケル：短期的には気分がいいかもしれませんが，長期的にはたぶん，何かしらまずいことが出てくるでしょう。

臨床家：どんなまずいことですか。

マイケル：その，書けと言われるからには，何か理由があるにちがいありません。

臨床家：そのとおりです。私たちはあなたが「その瞬間」に経験することを，確認したいのです。時として，私たちが何かを振り返るときには，何を考え，感じ，していたのか，はっきりさせることは難しいことです。その瞬間に自分の観察を書き留めることは，不安の経験を把握する最善の方法な

のです。
マイケル：それはわかります。それでは，やってみます。

　各セッションでの最後に「しなければならない」ことというのは，クライエントに質問があるか，何か気にかかることはあるかと尋ねることだ。治療の最初から，質問やフィードバックは許されているばかりか，実際には大いに歓迎されるという環境を作っておくことだ。繰り返すが，これが，CBTでは非常に重要な共同的経験主義の基調を確立するものなのである。

(2) 第2回治療セッション

　マイケルは2回目の治療セッションのため，1週間後にクリニックにやってきた。このセッションのアジェンダは，心理教育の教材を完了し，恐れている状況の階層表を作ることであった。セッションはマイケルが1週間を簡単に振り返り，ホームワーク課題を見直し，残ったセッション時間に対するアジェンダ設定をもって開始した。マイケルはホームワークを完成していたが，症例の概念化の最中と前回のセッションの最後に予想されたように，彼の不安がある程度邪魔をしていた。マイケルはモニタリング表をタイプしていて，作成に多くの時間をかけたかと聞かれると，1週間を通じて効率的に実行していたのに，前夜になって「見た目も聞いても大丈夫である」ようにするため，何時間もかけてやり直したと認めた。臨床家はそういうことは不要である（各状況での簡潔なメモ書きでかまわない）と再度言って，完璧である必要性に関する彼の信念を検査する機会として，ホームワークを検討することができると納得させた。臨床家は，次週はもっと手早くホームワークを行うようにうながして，彼の①「雑な」やり方のせいで否定的に判断されるだろう，②もっと「完璧に」こなしたほうが治療には役立つだろう，という信念を試してみるように勧めた。マイケルは試してみることを約束した。

　第2回セッションでは，心理教育に社会不安の原因として可能性のあるものを話し合うことが含まれていた。表6.2（p.141）には，教材とともにカバーした内容の要約が示してある。臨床家はこの内容のすべてをマイケルに示したが，彼に関係しない点にはあまり時間をかけなかった。初期的な症例の概念化を終

えていたので，臨床家はどのような点がマイケルに当てはまるかわかっていて，学習内容を示しながら，以前の話し合いに言及することができた。例えば，すでにマイケルの家族環境についてかなり話し合っていたので，臨床家はこの点をアジェンダにしながら，「私たちは前に，あなたの社会不安の発生に家族環境が果たしたと思われる重要な役割について話し合いました。ここで，その点をもう少し話し合ってみましょう」と言うことができた。このように言われて，マイケルはさらに，印象がとても重要視される家庭で育ったと説明した。彼は，家族の集まりで何か「間抜けな」ことを言い始めると，母親にテーブルの下で足を蹴られたことを覚えていた。家族の行事や教会での催しの前には，母親は彼と妹と一緒に，振る舞いについての決まり事を復習したものだった。彼女は，話しかけられない限り大人に話しかけない，身なりをきちんとして清潔であるようにする，など，「完璧な」テーブルマナーの大切さを強調したのだった。マイケルは，これまでの人生において，他人の印象を気にしなかったときのことは思い出せないと話した。

　マイケルはまた，不安の身体症状について，学校でからかわれたことを記憶していた。1年生という早い段階から，マイケルはほかの子どもに「トマト顔」と呼ばれたことを記憶していた。彼は赤い顔に気づかれないように，他人に話すときには下を向くようになったと説明した。また，赤くなりすぎないように，冬の間も学校では厚手のセーターを脱いで，半袖シャツだけを着ていたことも語った。下を向く，薄着でいるという習慣は，今日に至るまで続いていた。

　さらにマイケルは，このような子ども時代の経験が，非機能的思考，特に自分自身に対する完璧主義的な水準を抱くという思考の発生に影響したかもしれないという考えを述べた。臨床家は，このような非機能的思考が，実生活の社会的状況ではどのように具体化したのかと尋ねた。

臨床家：社会的な状況にあるとき，完璧に行動することがどれほど大切であるかと考えることは，どんな影響をおよぼしますか。
マイケル：ここに来る前でしたら，「うまくことをこなすのに役立っています。そのことを考えていなかったら，さらにもっと失敗をしてしまうでしょう」と答えたでしょう。けれども，だんだん理解が追いついてきました。もし，

完璧であることの重要性ばかり考えていたら，注意を払わないことになって，かえってヘマをしてしまうかもしれませんね。
臨床家：それは，いい見解ですね。ほかにはどうですか。
マイケル：そうですね，自分で自分が失敗するお膳立てをしているようです。誰でも時には失敗するということは受け入れられるのですが，自分自身にはこれを許せないようなのです。
臨床家：では，ある状況を逃げるとき，どう感じますか。
マイケル：ひどいものです。いつだって！
臨床家：そのことは，次に似たような状況に対処しなければならない場合に，影響を与えますか。
マイケル：もちろんです。ほかのときそうだったように，自分はヘマをするだろうと想定しながら入っていくのです。
臨床家：それは，苦しいですね。そうではないですか。
マイケル：そうです。私が自分自身の最大の敵というところですね。
臨床家：かもしれません。一緒に過ごす時間の中で，必ずそのことを考えてみましょう。

　この時点で，臨床家は，マイケルの社会不安の発症とその後の継続の原因となった可能性のある要因のいくつかをまとめた。それから，二人はこの時点までに網羅したすべての内容に基づいて，治療プログラムのさまざまな側面を見直した。臨床家は，マイケルが行っている問題思考や回避行動に関して，各治療要素がどのように役立つのかを強調しながら，系統的段階的曝露法，認知再構成法，そしてホームワークについて説明した。

臨床家：この治療には3つの主要要素があります。系統的段階的曝露法，認知再構成法，そしてホームワークです。どれも，これまでに少しずつ話し合いましたが，振り返って，これまで論じてきた問題をどのように緩和してくれるのか，確認しましょう。
マイケル：わかりました。
臨床家：曝露法に関しては，少し話しましたね。曝露法というのは，不安を喚

起する度合いが低いものから高いものへとランクづけして，怖いと感じている社会的状況に直面することです。課題がもっと難しくなったときに，それ以前の成功を助けとして使えるように，この順番でこなしていきます。このような曝露法を，どうして実行するのだと思いますか。

マイケル：私を拷問にかけることですか。

臨床家：おやおや，そういうことは望んでいません！　ほかにはどうですか。

マイケル：それほど恐ろしいものではない，と私に示すため？

臨床家：そういうことです。これに関しては，いくつかの側面があるのです。第一に，ある状況に長くとどまればとどまるほど，不安は軽くなるでしょう。その同じ状況に何度も入り込めば，やはり不安は軽くなっていくのです。この過程を「馴化」と言います。基本的には，不安は永遠につきまとうものではない，とあなたに学習してもらうことです。曝露法の別の目標は，あなたが自分の信念を実践的に試せるようになることです。

マイケル：練習なしで説教することに関して，前に言っていらしたようなことですか。

臨床家：そうです。それに，拷問以外では，こうすることの要点は何でしょう。

マイケル：どう言ってほしいと思っていらっしゃるのか，わかります。予想しているほどに悲惨なことにはならないとわかるだろうと，言ってほしいのですね。

臨床家：そうです。ところで，あなたと私とでは，ここでのものの見方が少々食い違っている点を指摘してくれましたね。実際，私は，あなたが練習をあまりせずに説教をしても大災害のようなことにはならないと信じています。あなたは，今の時点ではそうは思っていないですね。それは，全くかまわないのです。大事なことは，違うやり方を試してみて，自分で確かめるのに十分なだけ心を広く開いていることなのです。

マイケル：できると想像するのは難しいですが，ほかのことに対しても，努力していけばもっと楽になるかもしれないということは信じられます。

臨床家：その調子です。さて，認知再構成法はいかがですか。それは，どのようなものでしたか。

マイケル：私の思考を試すこと？

臨床家：そうです。認知再構成法は，不安な状態のときに，自分の考えていることを分析できるようにしてくれます。すべての思考をバラ色で前向きに変えられるとは思いませんが，もっと客観的に考えを見つめて，理にかなうものか，あるいは役に立つものか，確認するだけでもいいのです。さて，思考と行動の関係を話し合ったことを覚えていますか。認知再構成法は行動のしかたにどう影響する可能性がありますか。

マイケル：ええと，私がものごとに対して異なる考え方をすれば，もっとやる気になるかもしれません。

臨床家：そうです。そして，このような状況で前向きな経験だってできるかもしれません。

マイケル：そうなればいいです。

臨床家：社会的な状況で，完璧主義的な思考に集中してしまうことの影響に関して，先ほど言われたことはどうですか。

マイケル：邪魔になります。

臨床家：それでは，思考を少しばかり変換して，もっと適切なものにしたら，どのような効果がありえますか。

マイケル：もっと集中することができるかもしれません。

臨床家：そうなれば，すばらしいことですよね？

マイケル：確かに。

臨床家：では，少しの時間，治療の第3要素であるホームワークに注目してみましょう。先週話し合ったように，これは本当に重要です。

マイケル：わかりました。多くをつぎ込めば，得るものも多くなるわけです。

臨床家：そのとおりです。ホームワークがどのような種類のものであるか，大づかみにお話ししましょう。社会的状況での経験を記録し続けて，今週行ったのと大なり小なり似ているモニタリングをたくさんしていただきます。認知再構成法を開始したら，その一部もホームワークとして実行していただきます。また，ここで多くの曝露法を行う一方で，曝露法を外の世界，あなた自身の環境でやってみることも大変重要です。

マイケル：それは，最難関になるでしょう。

臨床家：難しいでしょうが，曝露法を開始するころには，思考をもっと正確で

適応的な形で吟味できる力をもたらしてくれるツールをたくさん身につけているでしょう。最初にここで多くのことを試せるので，それが大いに役立つでしょう。

マイケル：その点では，先生を信頼するしかありません。

臨床家：ごもっともです。階層表に進む前に，治療であなたが使う時間から最大限のものを引き出すにはどうしたらよいか，少し考えてみましょう。ここでのご自分の時間を最も価値のあるものにしてくれるのか，どう思いますか。

マイケル：曝露というアイディアはとても怖いですが，やればやるほど，たぶん楽になるとは思います。

臨床家：そうです。練習，練習，練習です！ しんぼうすることも大切です。難しいことだと，人はあきらめてしまいがちです。あるいは1回だけ試してみて，再び行うのは難しすぎると考えるのです。このプログラムでは，粘り強い姿勢が肝心です。何度も挑戦して，時間が経つにつれ楽になることを知ってもらうのです。

マイケル：それはいいアドバイスです。

臨床家：これに関連して，完璧主義的な基準はどうですか。治療について，完璧主義的な基準をもつのはよいことでしょうか。

マイケル：いいことではないと思います。

臨床家：なぜですか。

マイケル：そのようにすれば，治療についても，自分で自分を失敗に追い込んでいるようなものだからです。それでは，ひどくばかなことでしょう。

臨床家：ばかげているかはともかくとして，あなたが治療を，人生でのほかの活動と同じようにみなすだろうということは言えそうですね。けれども，治療に関して高すぎる基準をもてば，あなたが失敗感を味わうお膳立てをしてしまう可能性がある点には同意します。あなたが自分を責めているときに思いとどまることができる方法と，それから行おうとしている困難な作業に対して自分を評価してあげられるように学ぶ方法を編み出していきましょう。

マイケル：そのような助言をいただけるのなら，ありがたいです。

臨床家：けっこうです。最後の要点は，何かをする新しいやり方を試すことに前向きであれば，治療での効果が上がるということです。人が治療を求めて来るとき，その理由は一般に，現在の不安への対処方法が機能していないからです。したがって，新しい方法で何かをやってみて，どうなるのか確認することに前向きになるのはすばらしいことです。

マイケル：私は前向きです。この社会不安なるものは，私にとってはひどく邪魔なものです…。本気で克服したいのです。

臨床家：私たちはいいチームを作れると思います。

　第2回セッションの残りの時間で，治療の中の曝露という要素の指標とするため，恐怖と回避の階層表を組み立てた。この階層表は，マイケルが全面的に避けたり，参加はしても重度の不安を経験したりする社会的状況のリストである。各状況はSUD尺度（Subjective Units of Discomfort Scale; SUDS，不快さの主観的な単位）を用いて評価され，0が不安が全くない状態を示し，100はマイケルが想像しうる最も深刻な社会不安を表している。階層表中の項目はこれらの不安度の程度にしたがって，最も不安を喚起しにくいものから，最高に不安をかきたてるものへと順位づけされている。

　マイケルと臨床家はすでにかなりの時間をともに過ごしており，しかもマイケルは自分の社会不安の問題をじっくりと考察していたので，階層表の項目を考え出すことはすこぶる容易であった。もしもクライエントがマイケルのように項目をあげられないときは，臨床家の最初の査定を振り返るとよい。多くの場合，治療の間に標的とされるべき特定の状況や引き金を探り出すような策が講じられたはずであろう。表6.3は，マイケルの階層表の写しである。マイケルが多くの項目を提案し，臨床家がさらに過去の面談でマイケルが触れた件を少しだけ提案した。マイケルの階層の最低位項目は50と評価された。彼は，日常的に遭遇する社会的状況でSUD尺度の50以下を喚起するようなものはたくさんある（例：病院に教区民を見舞いに行く，級友と授業前に数分間雑談する）ということに気づいた。これらのことは彼が定期的に行っており，実行するときにわずかな回避すらもしていないことから，彼の階層表には入れなかった。代わりに，階層のいちばん下の項目は，マイケルが現在回避しているが，

治療のかなり早い段階で直面することができそうな状況となった。一般に，階層表の下部の項目（数値評価にかかわりなく）には，クライエントが治療の早期段階で，中くらいの（それでも処理できそうな）不安をもちながらも直面に

表6.3 マイケルの階層表

項　　目	SUD尺度
準備なしで説教をする	95
（100人強の）大きな集団の前で説教をする	90
会議で意見を主張する	85
女性と一対一で会話をする	80
上司に話しかける	80
授業中に指名される	80
小集団を対象に説教をする	80
答えに確信がなくても授業中の質問に自主的に答える	75
仕事場において女性の集団に話しかける （コミュニティーサービスプロジェクトでの修道女たち，など）	70
礼拝後，教区民とやりとりをする	65
級友のグループとともに昼食をとる	60
答えに自信がある場合に授業中の質問に自主的に答える	60
1人の級友と昼食をとる	50
面識のない人（男性）と一対一で会話をする	50

表6.4 治療の最初の数セッションで覚えておくべきヒント

- 準備してくること－症例を復習する，治療計画を考案する，セッションごとのアジェンダを設定する，心理教育の教材に関して「カンニングペーパー」を準備する。
- 最初のセッションのはじめに，主訴を振り返り，査定以来何か変化があったかクライエントに問い，どのくらい治療に期待しているか尋ねる。
- 治療を説明したり，心理教育を行ったりする際には，講義形式に陥らずに，クライエントが参加できるようにソクラテス式質問法を使用する。
- 主要な概念に関してのクライエントからの質問を歓迎する。
- クライエントはすべての概念を「飲み込む」必要もなければ，治療は役に立つと100パーセント確信しなくてもよいということを大切にする。それよりもクライエントに経験主義の精神を浸透させる。つまり，新しいことを試してみて，そのようにしたことの効果を自ら確認することに対して，クライエントが確実に受け入れられるようにしていく。
- 治療の早い段階でホームワークを導入し，その重要性を論じる。
- 治療が効果を上げる確率を上げるため，クライエントができることを話し合う。

成功できそうなことがらにすべきである。

　セッションの最後に，マイケルに持ち帰ることができるように階層表のコピーを渡し，新たに考えついた項目を付け加えるようにと伝えた。また，その前の週にしたように，不安の3要素をモニタリングし続けるように伝えた。セッションの締めくくりに，何か質問はないかと尋ね，セッションの間に何を学んだか尋ねた。マイケルはリストに加える2つの「持ち帰りメッセージ」を考えついた。「おそらく自分が自分の最大の敵である」と「完璧にことをこなそうと注意を向けることが，実際にはお粗末な行動につながりかねない」というものである。

　これでマイケルの最初の2セッションは閉幕である。治療の最初の数セッションで心に留めておくべき重要点の要約を表6.4に示す。

4 先に進む前に―CBTにおけるホームワークでの注意事項

　治療の次の段階に進む前に，CBTにおけるホームワークの使用について考察してみよう。マイケルに対しては最初のセッション後を皮切りに，ホームワークが課された。CBTはクライエントが中心的な役割を演じる能動的な治療法であることを初めから強調しているので，これはごく普通の展開である。

　クライエントがホームワークを行う理由を理解することが大事である。少なくともある種の問題については，ホームワークの遵守が治療転帰と関連する，という注目すべき理由があるからだ。これはなぜであろうか。考えうる理由は数多くあるが，そのすべてをクライエントと分かち合える。ここでもまた，ホームワークが役に立つ理由について自分なりの仮説をクライエントが引き出せるように，ソクラテス式質問法を使う。ホームワークは，週に1回治療に来るだけの場合よりも，新しい技能を練習する機会を増やしてくれる。さらには，ホームワークにより，クライエントはこれらの技能を「実社会」で練習することが可能になる。セッション外で行われた作業は，実際のところ，セッション内で行ったものよりも，クライエントにとって重要であることもある。セッションの間，クライエントは自分の達成したことを割り引いて考えるものだ。セッションでうまくやれても，支持的な臨床家の指導や「安全な」環境のおかげ

だと思ってしまうのである。クライエントは，独力でものごとを試してみて，自分自身の環境で肯定的な結果を経験すると，（自分自身に対してばかりではなく，治療で教えられた核心となる技能に対しても）自信があふれ出るのを感じる。このことは，治療がひとたび終了しても，自分の治療者であり続けていけるということをクライエントに理解してもらうのに役立つ。第9章で，非常に重要なホームワークの遵守の問題について，もっと詳しく説明しよう。

第7章 認知行動療法での最初の難題に取り組む

　この章ではまず，CBTの早期段階において頻繁に出現する，いくつかの難題について述べよう。治療の早い段階で，クライエントがCBTの方法を理解し受け入れることは非常に大事である。さもないと，治療を進めていくことが，クライエントにとっても臨床家にとっても，困難でフラストレーションがたまるものになってしまうからである。この方法に悩んでしまうクライエントがいるのか，そして治療に最善の形で取り組んでいけるよう，そのようなクライエントをどう導いていけばよいのか，ということをとりあげてみよう。章の後半では，特にストレスが大きく，臨床上の難題といえる，自殺志向のクライエントとの作業に焦点を当てていく。自殺のリスクをどう評価するかということと，このような非常に難しい状況のときにどのようにクライエントに対応すべきかを考察する。最後に，臨床家自身がもち込む，治療の航路に重大な影響を与えうる問題というものをみてみよう。

1 クライエントをCBTに慣れさせていくという難題

　CBT過程の開始は治療の中で決定的な段階である。心理的問題の理解と治療に対するCBTの方法について，クライエントを「乗船した」状態にすることが必須なのである。治療の早い段階で，クライエントは将来に対する希望を感じるべきである。よりよい機能性につながる知識や技能を獲得できると信じるべきなのである。治療過程の早期にクライエントが不満を感じたり，心配し

ているようならば，そのような問題について速やかに対処しなければならない。

(1)「クライエントが治療の速度に不満をもっている」

　治療のプロトコール（実行計画）の中には，おそらく最初のセッションにおいて行動練習や認知再構成法を行って，ただちに能動的な作業を進めていくものもある。また時には，講義のような数セッションを含めて，「基礎工事」にもう少し時間をかけるものもある。心理教育にクライエントを参加させるのはよいことだが，治療のこの段階で，いつになったら自分の抱える「本当の問題」に取り組み始めるのだろうかと心配になるクライエントがいても無理はないだろう。

　この問題への対処にはいくつかの方法ある。第一にクライエントがどのくらい理解しているかを確かめることが大事である。概念を速やかに把握するクライエントなら，導入的な内容をやや速めにこなして，治療の「主要部分」に進んでいくのがふさわしい。これは，教育教材をきちんとこなさなくていいという意味ではない。そうではなく，クライエントにとって快適に思われるような速度での進行を意味しているのである。クライエントが核となる概念を理解していないのに，それにもかかわらず先に進みたいと思っていて，心配になる場合もあるだろう。これは，やっかいである。「やってみること」が，概念を理解する最もよい方法だというようなクライエントもいるだろう。こういうクライエントに関しては，治療のより能動的な部分へと進んでいってもかまわないだろう。しかしながら，私たちはクライエントに，なぜ行うのか，その理論的根拠を常にきちんと理解してもらいたいのである。クライエントは理論的根拠（例：強迫性障害の治療の間に強迫行為をやめても，恐れている結果になる可能性は低い）を信じなくてもかまわないが，各治療技法の目的（例：強迫行為を控えることは，私が恐れている結末になるかどうかを確かめるために，私の役に立つ）はぜひとも理解してほしいし，試してみることに前向きであるべきなのだ。問題治療のための認知行動モデルについてちゃんと理解することは，治療の足場，あるいはサポートとして役立つのである。

(2)「クライエントがCBTに手こずっている」

　クライエントにCBTを説明し，そのアプローチについて理解したことを確認したとしよう。クライエントはちゃんと理解していたが，CBTが自分に対して機能するかということには疑問を感じている。あなたが試してみるようにとうながしたので，クライエントは行動実験と認知再構成法を行うことに同意する。客観的な視点からすれば，すべて順調である。しかし，クライエントはCBTアプローチを低く評価し続け，自分には効果がないだろうと思っているとしたら，どうしたらよいのだろうか。

　クライエントが，CBTで客観的にはプラスの経験を得ながらも，自分には効かないという信念を抱いているとき，こんな可能性が考えられるだろう。第一に，クライエントは変化することに抵抗する手段として，CBTアプローチを拒んでいるのかもしれない。CBTがクライエントの問題の原因に関する信念にそぐわないこともあるだろう。もしクライエントが自分の問題を，あやまった認知や非機能的な行動によって引き起こされていると思わなければ，認知や行動を変えることで変化の達成が可能だということを受け入れるのは難しいであろう。クライエントの病因に関する信念と，問題解決の手段としてCBTを用いることの間に，次のような2種類の不適合があることになる。

a「クライエントは，『よくなる』ためには過去を掘り下げることが必要だと信じている」

　クライエントの中に，CBTが現在の問題につながる若いときの経験を広く探求していかないという理由で，「効果がある」のかどうか疑問に感じる者がいるかもしれない。この種の懸念は，CBTに対してクライエントがもっている誤解に基づいていることが多い。多くのクライエント（さらに，実際のところ，ほかの精神保健の専門家たちも）が，CBTは全面的に過去を無視すると考えている。これは真実ではない。CBTを行っている臨床家は，過去の経験と現在の信念や行動の関連に関心をもっているのは事実だ。これは，子ども時代に発達して心理的な問題の基底に存在すると考えられている中核的信念に私たちが関心をもっているということから，明らかである。

　クライエントとともに，過去の経験と現在の信念・行動とのつながりを探求

して時間を費やすことには，多くの利点がある。最も注目すべきなのは，このような探求によって，クライエントが自分の問題について，自分自身の落ち度以外にほかの要因が関係したかどうかを考えるようになることである。責めを自分自身のみに負わせるのではなく，問題となっている思考や行動の発生や継続にほかの要因が影響したのかということを理解し始めるのである。このような要因を特定化すれば，問題の緩和のために何ができるのかということに焦点を当てていける。

例えば，摂食障害の20歳のクライエントをとりあげてみよう。体形と体重に関する過度の心配のもとを探り，治療者はクライエントから次のような情報を学んだ。

① 彼女は，ダイエットをして，自分と娘の体形・体重に過度の関心を寄せる母親のいる家庭で育った。
② 彼女は子ども時代から青春時代までずっと芸術学校に在籍してダンスを専攻していたので，学校でもまた，やせるようにという不当な重圧に直面していた。
③ 彼女は最近ダンスをやめて，人生をどう生きていくのか，途方に暮れていた。

このような情報は，症例を概念化するのに大いに役立つ。これは，クライエントが，知性や他人への親切といった性質が排除されるほどに，体形と体重にのみ価値がおかれる環境で成長したということを暗示していたのである。この価値体系は子ども時代と思春期を通じて，家庭でのみばかりか，学校で教師や仲間たちによっても強化されてしまった。このような環境で育った若い女性が摂食に関する問題を発症することは，治療者にとっては完璧に理解できることであったので，それをクライエントに伝えた。

CBTがほかの学派の治療と異なるのは，過去のみにこだわることはないという点である。症例が明確に概念化されれば，現在の問題思考や行動を変えていくためにCBT技法を用いる。繰り返すが，これは過去を無視するという意味ではない。過去の経験の役割は，治療の全般を通じて，特に中核的信念の形成に関連して，考慮していく。しかしながら，単に問題の起源を理解することが万能薬であるとは考えていない。むしろ，クライエントはこの知識を得て，

現在の問題を継続させている非機能的な信念や行動を変えるために使うべきである。摂食障害のクライアントでは，治療は次のようなことを含んでいるだろう。ダンス以外の職業という道を探し，ほかの才能や興味を引き出す新しい技能や趣味を育て，母親とのよりよいコミュニケーション技能を練習し，社交の集団をダンスの世界を超えて，体形や体重以外の特性に価値をおくような人が入っているものに拡大すること，そしてもちろん，より健康的な食行動と運動行為を学ぶ，ということである。CBTでは過去が無視されるわけではなく，過去にのみ注目するわけでもないのにもかかわらず効果的な治療であることがわかれば，クライアントのこれらの心配は鎮静化するのである。

b「クライアントは自分の問題が生物学的に決定されていると思っている」
　CBT（あるいは，この点ではあらゆる心理療法）にとって妨害となりうるもうひとつの信念体系は，心理的な問題は生物学的要因のみに帰することができるというものである。こういう病因に関する信念をもったクライアントが心理療法にやってくるのは奇妙なことだが，時にはそういうクライアントが現れることがあり，このような考え方が治療の前進の妨げるのである。
　こういったクライアントを相手にするときにはまず，心理的障害の発生と維持において，生物学的要素と環境要因の双方が果たす相対的な役割についての心理教育である。すべてではないとしても，大半の心理的問題の原因と維持に関しては，生物学的要因と心理的要因の双方が影響をおよぼしていることを示す証拠はたくさんある。そうであれば，心理療法でも薬物療法でも，多くの問題を同程度に扱えるらしいということは驚くべきことでもなくなる。興味深いことに，CBT単独（例：薬物療法なし）でも，生物学的な面に影響を与えることがある。研究により，CBTは向精神薬投与とほぼ同様に，脳機能を変化させることが示されている[17,19]。
　クライアントが，なぜ自分の問題を心理的要因に帰することに抵抗するのか，それを調べてみるのもよい方法である。そういうときには，認知的作業が非常に有効となるだろう。クライアントにとって，「精神的に病んでいる」「うつである」「過食症である」といったことが何を意味しているのか尋ねてみるとよい。自分の問題に関連して，自己を非難するようなさまざまな考えを告白し，

自分の問題は生物学的なもののみで引き起こされていると考えるほうが「楽」である，とさえ言う者もいるだろう。このような思考は，認知再構成法の標的として適確なものである。

2 CBTを実行しながら薬物を服用しているクライエントのための特別な配慮

　多くのクライエントは，自分の抱えている問題には心理的要因と生理学的要因の両方が関係しているであろうし，同時進行でCBTと薬物療法を行うことは理にかなっているという，私たちの信念に賛同できるであろう。こうした判断には決して問題はないが，その一方で，処方箋を出さない精神保健従事者が果たすべき役割という点でも，クライエントが自分の前向きの変化をどう解釈するかということでも，さまざまなジレンマをもたらすかもしれない。

(1) 専門知識を伝達する

　薬物投与も受けているクライエントを治療するときには，処方を担当している医師と連絡を取り合って，治療努力を調整していくことが非常に重要である。この協力体制が，クライエントのケアにとってこれほど大事であるということには，多くの理由がある。認知行動療法家は薬物療法の専門家ではないが，大半の臨床家は，一般的に処方されている向精神薬に関して，どの状態に対してどの薬物が指示されるか，どの状態に対してどの程度の服用量が適切であるか，知識をもっている（あるいはもっているべきである）。向精神薬の処方箋の大半は，精神科医によって書かれたものでないことに注目すると興味深い。例えば，最近の研究では，抗うつ薬の処方箋の85％は一般開業医が書いたものであり，精神科医が書いたものはわずか11％であると示されている[35]。精神科医以外の医師の中には，精神保健に関して広い知識をもっている人もいるが，一般開業医やそのほかの処方箋処方医師は無数の健康問題を扱っているので，こういう人の診断や治療の決定に過ちがあるのは驚くことでもない。

　だからこそ，クライエントに処方箋を出している医師と連絡をとることは重要なことなのである。時に，単に電話連絡をして，特別な問題が浮上したとき

(例：クライエントが治療の途中で，薬物療法を中止したいと望む場合）には連絡すると同意する以外には話し合うことがあまりないかもしれない。一方，薬物の選択や投与量の決定に関して，医師と話し合いたいという場合もあるだろう。初心の臨床家の中には，このようにすることで，医師に，対決を求めているとか批判的であると感じさせてしまうのではないかと心配する者がいる。実際のところ，多くの医師，特に精神保健の専門知識が少ない医師は，心理臨床家と協力関係を築くことを，かなり前向きに感じているのである。しかしながら，あなたかあなたのクライエントが，処方箋を出している医師が代替案について考慮するのをしぶっているように感じるのであれば（あるいはそのクライエントのケースが非常に込み入ったものであるなら），向精神薬と心理的障害の治療に関する専門知識がある医師にクライエントを紹介したほうがよいだろう。

もう1つ心に留めておくべきことは，クライエントは薬物に関する心配の多くを，実際に処方箋を出している医師よりも，むしろあなたのほうに伝えることがあるということである。クライエントはあなたとのほうが頻繁に会い，いくぶんかでも親密に感じる可能性が高いからである。クライエントの質問にすべて答えることはできないかもしれない（服用量の変更に関する質問などのように，すべてに答えるべきというわけでもない）が，なんらかの助けになることは確かである。例えば，向精神薬の中には，服用開始当初，クライエントの不安を増加させるようなことを経験させるものもある。このようなときには，これは正常なことであり，時間がたてばこの副作用は軽くなるだろうということを説明できる。同じように，服用後数週間しても，望んでいる効果が出ないものもある。このような状況では，指示どおりに服用を続け，効果が出るまで待つように励ますことができる。時々，副作用に関してクライエントに確認することも，よい対応である。時には話しにくいこと（例：性機能の問題）もあるので，あなたのほうからそういったことを話題にして，よくあることなのだということをはっきりさせてあげれば，クライエントはありがたく思うだろう。

(2) 薬物療法がCBTの過程を妨害しないようにする

処方計画がCBTにマイナスの影響を与えている場合には，処方箋医師と連

絡をとるべきである。時おり，非常にたくさんの種類の薬を多量に薬を服用していて，セッションの間にひとりでホームワークを行うことはおろか，セッションのとき起きていることすらままならないクライエントに出会うことがある。また，例えば想像上のあるいは現実曝露のような治療技法を妨げることもある。恐れている状況に直面する際には，クライエントが実際に恐怖を経験することが不可欠なのである。このようにすることで，クライエントの不安は時間とともに馴化するのであり，苦痛を引き起こすような状況でもなんとか対処できるということを学ぶのである。恐怖反応を阻止するような薬物（例：ベンゾジアゼピン系抗不安薬）を服用していたら，クライエントはこの学習経験から何も得ることはできないだろう。曝露法の要素が大きな割合を占める治療プログラムでは，抗不安薬の使用中断か，最低でもセッション内の作業やホームワークを妨げないときに服用するようにクライエントを指導することを，処方医師と話し合うのがいちばん望ましい。

(3) 薬物療法と，症状の改善の原因をどこに求めるかという問題

クライエントが薬物の服用とCBTへの参加を併用する場合，治療の成功と失敗の理由を，クライエントがどこに結びつけていくかという点に注意しなければならない。よくなっていった場合，クライエントはそれをCBTでの自らの努力によるものとするだろうか，それとも，毎日薬を服用したからだと考えるであろうか。この問いに対する答えは，治療効果の維持に大きな影響を与える。

社会恐怖のクライエントを考えてみよう。このクライエントは症状の改善がみられないまま，長年にわたり薬物を服用し，ほかの治療も受けてきた。社会不安の集団療法に参加して，社会的状況への考え方やそのような状況での行動のしかたに大きな変化が現れてきた。集団療法の中間点付近で，私たちは，彼がよい方向に向かっていることに対してコメントし，その効果の理由がどこにあるのか尋ねた。クライエントはとてもはっきりとした調子で，「薬です。やっと効き始めました」と答えた。

興味深いことに，このクライエントは症状の変化がないままに，長年薬物治療を続けていた。さらに，過去何週間か，長年回避していた社会的状況に身を

おいて，大いに努力をしていたのである。客観的な読者には，クライエントの答えがばかげたものに思えるかもしれないが，クライエントにとっては非常に納得がいくことに思えたのである。臨床家は，このようなクライエントは治療が終了しても再発の危険があることに配慮しておくべきである。これは，パニック障害で治療を受けたクライエントについての研究によって，実際に示されている[4]。私たちのクライエントが改善したのは明らかに，彼が集団で学んだ新しい技能と，大いなる努力のせいだと思われたが，彼はこれを認識せず，そのため，治療が終了しても，これらの技能を適宜続けていくことができないかもしれないと考えられたのである。

　薬物療法を併用しているCBTのクライエントとは，こういった問題も探求していくことが重要である。もしクライエントが改善を示しているのなら，（私たちのクライエントに行ったように）何のおかげで変化したと思うか尋ねるように。誤った考え方を示すようであれば，クライエントが達成できた前向きの変化において，CBT技能を用いての努力が少なくとも部分的には役割を果たしたと理解できるところまで，認知再構成法を実施するとよい。ここはまた，CBTの長期的な有効性について，クライエントとさらに話し合うよいタイミングかもしれない。たぶん正式な治療が終わっても使い続けられる新しい技能をクライエントが身につけるという理由で，CBTには薬物療法にまさる「維持力」があるのである。

(4) クライエントが薬物の服用をやめることを助ける

　時にクライエントは，自分が経験している問題に対処するためには薬が必要だと医師に言われたと服用しながら治療に訪れることがある。もっとも，自分の意志で服用を決めたクライエントもいるだろうが，無制限に薬を使用し続けることは望んではいない。さらには，妊娠のような人生の出来事に遭遇する者もいるだろう。そういうことがなければ満足していた薬物の服用継続が困難になったり，安全でなくなったりするということである。こういったクライエントは，心理療法を，薬を脱して独力で問題に対処することを可能にする技能を学ぶ方法だとみなす。薬物療法が唯一の選択肢であると言われたクライエントに対しては，そうではないと知らせるのが私たちの役割である。薬の使用を批

判することは一般的には不適切であるが，クライエントがCBTも非常に効果的な治療法であることと，単独でも十分に効果がある治療法だと知ることは，非常に大切である。クライエントはしばしば，こういうことを知ってわくわくするものだ。

　薬物服用を中止する方法を助言するのは私たちの仕事ではないが，処方箋を出している医師ときちんと協調したやり方で働きかけることはできる。治療を受けているうちに薬をやめれば，中止に伴う不安への対処と症状の再発について助けてあげられるので，クライエントにとって非常に有益である。

3 特別な難題―自殺のリスクがあるクライエントを治療する

　ここまでに述べてきた臨床上の難問は，認知行動療法家としての仕事において，よく起こることである。頻度は低いが，もっとストレスの多い臨床上の難関として，自殺のリスクをはらんだクライエントとの作業がある。経験を積んだ臨床家にとってさえ，自殺志向のクライエントを扱うことは神経が衰弱するような経験である。経験がそれほどない臨床家には，クライエントと自分自身を守るためにリスクを評価する方法がわからないため，恐怖が大きくなる可能性が高い。ここで，臨床家が不安を感じて途方にくれたりせずに自殺のリスクがあるクライエントの治療に集中できるように，いくらか情報を伝えよう。

(1) 法的な面

　自殺のリスクがあるクライエントに対応するときには，次のような3つの枢軸となる管理・手続き上の規則にしたがうとよい。これらは，クライエントにとって有益であり，かつあなたを保護するものである。第一に，すべてを記録する。第二に，スーパービジョンを求める。第三に，同僚たちに相談する。

a　すべてを記録する

　常時，わかりやすい記録を残しておくことは必須であるが，自殺のリスクがあるクライエントを相手にしている場合には特にそうである。クライエントと話しているときの直接の引用を記録すること（例：「自分としてもこれまでに

なく，決定的に最悪な気分ですが，子どもがいるので自分に何かするということはできません」）。クライエントと面接したあと，取りこぼしのない記録を書くこと。クライエントの愁訴，あなたの査定の性質，そしてリスクを減らすために行った行為を記述する（例：契約書の作成，緊急時の連絡番号をクライエントに提供する，社会的支援に関して尋ねる）。そのあとのクライエントとの接触（例：電話での会話）もまた，記録すべきである。

b スーパービジョンを求める

初心の臨床家にとって，次に大事なのは，スーパービジョンを求めることである。初心の臨床家というのは，スーパーバイザーに自立性や望ましい臨床技能が不足していると感じられてしまうことを恐れるものだ。また，クライエントにも経験不足だと感じられたくないと思ってしまう。ここは，このような懸念など捨ててしまうべき状況である。査定の真っ最中に自分に自信をもてなくなったら，背後からの援護を確保すること。査定を独力でやり遂げたなら，行動計画を実施に移す前に，スーパーバイザーに相談すること。最終的には，スーパーバイザーが，クライエントの好ましい状態に対して，責任を負っているのである。スーパーバイザーがあなたの下した決断に同意したことを示すように，必ずのカルテに署名をしてもらうこと。

c 同僚に相談する

最後に，経験レベルにかかわりなくついて回るものだが，同僚に相談することも大切なことである。倫理的あるいは法的なジレンマに直面した場合には，同僚から，「正しい」進路に関する統一見解を得ることが最善である。同僚と相談したことも，クライエントの記録の中に書き込むべきである。

4 自殺のリスクを査定するにはどのような技能と知識が必要か

すべての臨床家がキャリアを通じて，「死んだほうがいいと思う」と述べるクライエントに何度も直面する。しかし，このような言葉を聞いた瞬間に，即刻クライエントを病院に送り込むというのは，適切とは言えないだろう。むし

ろ，そのような言葉の背後にある意味を理解して，とるべき最善の行動を決めるために時間を費やすべきである。

(1) 自らの反応に気をつける

　これらの言葉に直面したとき，まず心に留めておくべきことは，自分の感情的反応に気を配ることである。この情報をあなたに伝えてよいのだと，クライエントにはっきり示すことがとても重要である。ほかのどのようなときとも変わらない，真剣な注意深さをもって，そのコミュニケーションを受け入れるように最善を尽くすこと。この情報を聞く前と同じような語調を保つべきである。つまり，冷静に，注意深く，審判的でない態度である。クライエントの経験が特別なものではないとすることも，とても大事である。繰り返すが，私たちは，自殺念慮の重大さを軽視したくはない。しかし，クライエントは，そのような考えを恥に思っていることが多いので，そういう気持ちから，正直に話せなくなったり，さらには必要な助けを受けることを拒んだりすることのないようにしたいのである。よい対応の例をあげてみよう。「このことを私に話すのは，あなたには本当に難しいことだったでしょう。このような考えを抱くことがどんなに恐ろしいか，よくわかっています。実際，多くの人が，一度や二度は自殺を考えるのです。このことをもう少し話し合って，あなたを救うためにどうしたらよいか，考えてみましょう」

(2) 知識で武装する

　適切な基調が定められたら，次の課題はクライエントの自殺のリスクを査定することである。誰が危険な状態であるかを知ることは，精密科学のようにはいかない。自殺率は一般人口においては非常に低く，一般人口の約5倍になるとはいえ精神科にかかる人口においてさえも非常に低い。この発生率の低さが，危険因子の研究を困難にしている。さらに，多くの研究者は，自殺のリスクがあるクライエントの研究をすることには「及び腰」である。現在のように裁判にもち込まれることが多い世の中では，負わねばならないかもしれない責任がひたすら重すぎるのである。実証的なデータで武装することがクライエントを助ける最善の方法であるから，この状況は残念なことである。これらの留意点

表7.1　自殺リスク査定の質問

- 自殺についてどのくらいの期間考えていますか。自殺について考えるとき，どのような種類の考えが浮かびますか。【絶望的な精神状態（人生における人の運命は不変であり，人は自分の人生で，成果をほとんど制御できないという一般的信念）に周波数を合わせてみなさい】
- 最近，人生でどのようなことが起きていますか。過去6カ月の間に，あなたに自殺を真剣に考えさせるようなことが，何か起こっていますか。【問うべき人生での出来事－恋愛・婚姻関係の破局，その他の人間関係における喪失，対人関係での対立（虐待的な関係を含む），失職，法的問題など】
- どのように自殺を企てるか，何か計画を立てましたか。【考慮すべきこと－計画はどの程度に致死的なものだったのか。具体的，詳細，そしてよく練った計画だったか。その個人は計画を実行する手段を有していたか（例：銃で自殺しようと計画したなら，銃を使える状況だったか）。その人は計画を実行する「勇気」があるようにみえるか）】
- 以前に自殺を試みたことがありますか。どのような手段を使いましたか。その企図以来，どのように過ごしてきましたか。
- 過去に，薬をのむとか自分に切傷を負わせるといった，ほかの自傷行為をしたことがありますか。
- あなたには社会的支援がありますか。一人住まいですか，それとも誰かほかの人と生活していますか。子どもはいますか。
- 将来に関する考えはどのようなものですか。自分にとって，事態が変化しうるという希望をもっていますか。あなたを頑張り続けさせるような何か，あるいは，人（例：子ども）は存在しますか。

臨床家が考慮すべきほかの質問
- クライエントは現在，特定の精神疾患の診断基準を満たしているか（I軸とII軸，両方の診断を考慮する）。
- クライエントは衝動的にみえるか，それとも，自己制御の利く几帳面に問題解決をするタイプにみえるか。
- クライエントは混沌とした歴史を抱えているか。【考慮すべきこと－出身家族の別居あるいは別居＋離婚，成長中に起きた多数回の居住地の変更，親の精神病理，身体的あるいは性的虐待の既往歴】

を念頭におきながら，実際にわかっていることを考察しよう。

　自殺に関するすべての文献を見直すことはできないが，M・D・ラッドらの自殺リスクモデル[40]は特に役に立つものだと考えられる（K・C・キュクローウィックらの資料[14]やT・E・ジョイナーらの資料[25]も参照）。彼らは，自殺未遂と完遂に対しては，素因，危険因子，そして防御的な因子があると示唆して

いる。これらの因子をここで点検し，自殺を考えるクライエントに問うことができる質問の要約を表7.1に示す。

a 素　因

素因というのは，長期存続し，変わることがないものである。例えば，遺伝やほかの生物学的因子（例：セロトニン値の低さや不安定性）といったものである。そのほかに自殺と関連づけられてきた先天的な因子として，複雑な家族歴（例：出身家族の別居あるいは別居＋離婚，多数回の居住地の変更，親の精神病理，など），身体的あるいは性的虐待の歴史である。これらの因子によって自殺企図へと導かれてしまう人もいるが，その人が必ず自殺を試みるというわけではないことは心に留めておこう。これらの因子が欠如していても，その人が自殺企図をしないという保証もないのである。

b 危険因子

自殺は単独では起こらない。ほかの条件を合わせた一般人口の対照群と比べると，自殺を試みる人は，その企図に至るまでの6カ月の間に，4倍もストレスの多い人生上の出来事に見舞われていることがわかっている[37]。急性のストレス因を考察することが重要なのである。自殺との関連が考えられる人生上の出来事には，対人的な喪失，対人的対立，法的問題，そして最近の身体的虐待や感情的虐待の経験などがある[8,34]。

臨床家が，リスクを示唆しうる全般的な「精神状態」を認識することもまた，必須である。絶望感は自殺のリスクと関係づけられている。絶望的な精神状態というのは，人生における運命は不変であり，自分の人生の成り行きをほとんど制御しえない，という一般的信念として概念化できる。このような信念を表明するクライエントは，リスクがある状態とみなすべきである。

査定のときに，特定の精神疾患の診断基準を満たしているかということもまた，重要である。実際に自殺する人のおよそ90％が，重い精神障害に罹患している[29]。特に，3つのⅠ軸の障害が，自殺完遂の最大のリスクに関係している。うつ病（事例の50％），アルコールと薬物の乱用（事例の20～25％），統合失調症（事例の10％）である。もちろん臨床家は，このほかのⅠ軸の障害

（例：外傷後ストレス障害，摂食障害）と，境界性人格障害と反社会性人格障害を最も顕著なものとして筆頭に，Ⅱ軸の障害もまた，リスクの増大に関連している[15]ことをわきまえておくべきである。どちらの人格障害も，自殺可能性の危険因子とみなされている衝動性と強く関連している。P・R・デュバースティンらは，Ⅱ軸の障害は自殺の独立危険因子にはならないかもしれないが，Ⅱ軸の障害とⅠ軸の障害の併存がリスクを高めうると示唆した[15]。もちろん，精神障害の基準を満たさない人の間で自殺のリスクが高まることはある。しかし，精神障害者におけるリスクには特に気をつけるべきである。

T・E・ジョイナーらによると，「リスク査定で最重要の領域といえば，自殺企図の前歴である」（文献26, p.447）。簡単に言うと，過去において自殺を図った人は，再び試みるリスクがより高いということである。とはいえ，自殺を完遂する者の60〜70％が最初の実行で亡くなっている[33]ことを心に留めておくことはとても大切である。言いかえれば，過去において自殺を試みたことはないと知っても，将来の自殺企図に対する防御因子として解釈すべきではないのである。

もう1つの査定で決定的に重要なのは，現在の自殺に関連した症状の特徴を学ぶことである。ジョイナーらは，決心のついた計画と準備が自殺念慮の主要要因であったということを発見した[25]。査定中に，クライエントに計画を有しているかどうか尋ね，その計画の致死性を評価することが大切である。その計画は具体的で，詳細にわたっていて，よく練られているだろうか。実行に移す手段を有しているだろうか（例：銃で自殺しようと計画しているとすれば，そのクライエントには銃を手にできる状況だろうか）。ほかに重要なのは，計画を実行する「勇気」があるように思えるかという点である。

ジョイナーらの研究において，自殺念慮のほかの要因は（計画や準備よりは低い度合いであるが）自殺願望であった[25]。自殺願望というのは，クライエントが死にたいと望む，あるいは生きる理由を付与することに困難を感じる程度を指す。自殺願望のみでは極端なリスクとはならないが，願望と計画・準備が組み合わされば激しいリスクとなる。

c 防御因子

防御因子を見極めることもまた，有用である。治療上の効果としては，このことを探る質問によって，自分の人生にもプラスの側面があることにクライエントが気づくということがある。さらに，これらの防御因子のいくつかを有していることがわかれば，臨床家が適切な介入を決めるときに役に立つ（例：入院したほうがよいか，外来でケアしたほうがいいか，の選択）。自殺に対する防御因子とは何であろうか。1つには社会的支援である。自殺念慮を抱く人が空っぽの家に帰宅するよりは，愛情深い親なり配偶者がいる家庭に帰っていくほうが，私たちも安心できる。M・E・ヘイキネンらは，自殺完遂者は一般人口よりも，ひとり暮らし，独身（結婚経験なし），離婚者，あるいは寡夫・寡婦である確率が高い，ということを見出した[22]。18歳以下の子どもがいることも，防御因子であることがわかっている。ここでの普遍的なモチーフは，他人に依存されていると自殺を試みる可能性が低くなるということである。自分に依存していると感じるペットがいるのだから自殺はしないだろうと述べたクライエントもいる。性格因子もまた，自殺を防御する役割を果たしうる。自殺の危機にさらされる衝動性とは対照的に，自己制御が利き，問題解決能力があると思われる人々は，自殺のリスクが低いだろう。

(3) それからどうするか

査定の終了までには，とるべき基本的な道筋は2つになっているだろう。1つはクライエントを入院させること。もう1つは，クライエントを安全に保つための正式な計画を準備した状態で家に帰らせ，その人のようすを観察し続けることである。たいていの場合，徹底した査定が終わるころには，決断を下すのはそれほど難しくはなくなっている。しかしながら，あなた（とあなたのスーパーバイザー）に自信がないのであれば，過ちを犯さないように用心したほうがよい。一方では，病院に送られたことに対するクライエントの怒りに対処しなければならないかもしれない。他方では，クライエントがまだ存命であるということになる。怒りに対処するほうが自殺に対処するよりも簡単なのは確かなことである。

もし，クライエントに差し迫ったリスクがないと思うのであれば，帰宅させ

る前にすべきことがいくつかある。第一に，安全に関しての契約を成立させるべきである。この契約書には，救命救急室に行くにせよ，愛する人に連絡するにせよ，自殺ホットラインに電話するにせよ，自殺したくなったら，クライエントがどうするかということを詳しく記すこと。クライエントには，契約を遵守するのに必要な情報を与えねばならない。特に，危機ラインと緊急精神科サービスの電話番号を伝え，どうしたらあなたに連絡がとれるかを教えること。電話連絡や今後のセッションの予約を設定することもよいだろう。これは契約の中に組み込むことができる。つまり，基本的には，次回あなたたちが会うまで「辛抱する」とクライエントに約束させるのである。これらの契約は，混乱の時期に，クライエントの生活にある種の構造性をもたせる。これらはまた，記録保持の点でも重要な部分である。クライエントに必要な情報を与え，クライエントのために安全網が用意されたことを，記録しておくのである。

　安全に関する契約を結ぶのに加えて，臨床家は自殺のリスクがあるクライエントを守るためにできることがある。もしクライエントが実際に自殺するための手段（例：ため込んだ薬，銃）をもっているのなら，クライエントがこれらのものを廃棄できるように援助すべきである。クライエントには課題が重すぎると感じたら，配偶者，親などの重要な他者に話をしてもいい，とする書面にクライエントの署名をもらっておくのもよいだろう。支えてくれる友人や家族には，クライエントと一緒にいたり，家から危険なものを排除することを手伝ったり，次回のセッションに来られるように支援するように，頼むことができる。自殺念慮が軽減したと観察されるまでは，セッションの頻度を高める（例：毎日，週2回）ことが必要になるかもしれない。

5 臨床家に関連したことで治療が妨害される場合

　ここまで，クライエントに関して生じうる臨床上の難題を述べてきた。治療というものが，クライエントと臨床家の間の人同士の関係である以上，臨床家が面接の場にもち込むものや，私たち自身の行動の治療への影響を心に留めておくことも重要である。次に，これらの要因のいくつかを示し，それに効果的な対処をするための案を提供しよう。

(1) 臨床家自身の問題が症例の理解と治療に影響する場合

　どんな人にも，人生の道のりには凹凸が存在する。臨床家とて然り，である。このことの「利点」は，クライエントと共感するにあたって，臨床家が自分自身の経験をもとに考えられるということである。とはいえ，臨床家がクライエントとの作業を妨害するような未解決の問題を抱えている場合は，なかなか難しい。例えば，体形・体重に問題を抱えている臨床家は，クライエントに対して食習慣の正常化の重要性を「売り込む」のに苦労するかもしれない。自分の人生でトラウマを経験した臨床家は，似たようなトラウマを経験したクライエントを治療しているときに，雑念やイメージを抱いてしまうかもしれない。気分制御に問題をもっている臨床家にとって，抑うつで苦しんでいるときにうつ状態のクライエントと話して一日を過ごすのは，かなり負担なことだろう。このような反応によって，心理療法が満足のいくような形で進まなくなってしまうこともある。何ら重大な個人的問題を抱えていない臨床家でも，治療が困難になることがある。例えば，自分自身はトラウマを経験したことがなくても，非常に悲しい話やトラウマに関する話を聞くことが，とても難しい場合もあるだろう。

　自分自身が重大な心理的問題を抱えている臨床家は，治療を求めるべきである。臨床家自身の問題がクライエントの治療の邪魔になったり，クライエントと作業することが臨床家の問題を悪化させたりする場合には，特に必要である。まず手始めに，スーパーバイザーとこの問題について漠然と話し合ってみよう。しかし，スーパーバイザーは臨床家の役割をしてはいけない。自分自身の問題を抱えた臨床家は，（APA規定7.05bに定められているように）自分の研修や毎日の仕事に全く関わっていない人に治療してもらうべきなのである。もっと小さな問題ならば，臨床家は，クライエントの治療前に自力で解決できるだろう。例えば，クモという特定の対象への恐怖症を抱いているクライエントを担当させられ，自分もクモが好きとは言いかねるような場合，クライエントの治療前に，この点を改善しておいたほうがよいだろう。そうすれば，自信をもって，曝露訓練を具体的に指示（例：クモに触ったり，手で握ったりしながら）できる。状況によっては，クライエントに，自分もかつてはクモが怖かったのだが，これから実行しようとしている治療で恐怖を克服できたと伝えることも

プラスになるだろう。私たちは普通，治療中に自己情報をあまり開示しないようにするが，何か難しいことをするにあたり，CBT技法によってあなたがどんなふうに助けられたかを簡単な例として話せば，クライエントはとても勇気づけられるものである。

(2) 治療関係で臨床家が抱える問題

　治療中のクライエントに嫌悪感を抱いたりすると，臨床家はとまどうものである。セッションの日を恐れ，セッション中に一度は，自分に向き合って座っているその人物を本当はどう思っているのか，ぶちまけてしまうのを抑えるのが難しくなるのである。「実人生」では，単純に，嫌いな人とは交際しなければよいのだが，治療関係という文脈においては，このような気持ちへの対処はもっと難しい。

　この状況に対処するヒントをいくつか示す前に，もし臨床家が頻繁に，あるいは常にということさえあるが，クライエントを腹立たしく思ったり，関心がもてなかったり，共感することが難しいと感じるのであれば，どうすべきなのか，考察することが重要である。もしこれらの反応が，例外というよりもよく起こると思うのなら，スーパーバイザーに指導してもらう。この手の反応を習慣的に経験する人は，臨床家という職業にはあまり適していないかもしれない。そのような人が精神保健の世界に関心をもっているのであれば，クライエントとのやりとりがあまりない管理運営職や，もっと研究中心の仕事で追求できるものがたくさんあるだろう。究極のところ，クライエントに年中いらだっているようでは，誰にとってもプラスにはならないのである。

　以上のことを述べた上で，時折感じてしまう，クライエントへの否定的な反応に対処する方法に立ち返ろう。第一に，治療には時間制限があるということを思い出す。永遠に会い続けるわけではないのである。ばかげたことに思えても，この事実を思い出すだけで助けとなりうるのである。私たちにはみな，この方法で，その後治療の終了までには，クライエントに何らかの愛すべき点を見出したという経験がある。もう1つは，治療の基調はあなたが制御できるのであり，あなたが扱いにくいと感じる要因を制限するように試みることができるということである。例えば，ある同僚は，ある障害の治療を求めて来た若い

成人を治療した。そのクライエントというのはひどく民族差別主義的で，実際にネオ・ナチグループの団員でもあった。驚くことではないが，臨床家はこのクライエントの考え方にひどく心を乱されてしまった。しかし，クライエントは自分の考えを変えるために治療に来たのではなく，このことについてはすこぶる満足しているようだった。治療の最初の数セッションで，クライエントは時々この考えをもち出して，臨床家に彼の「課外」活動を説明した。どう対処したらよいか数人の同僚に相談したあと，臨床家はクライエントに，このような話をされると，治療の焦点であるはずの問題から自分の注目がそれてしまうようだと告げた。臨床家は率直に，クライエントの考え方に困惑していることを伝え，臨床家である自分の役割は彼の考え方を変えることではないけれども，そういうことを話さなければ治療がいちばん効率的に進むだろうという自分の信念を伝えた。クライエントはこれに同意して，治療プログラムを非常にスムーズにこなした。大前提となる原則を設定したことで，臨床家はクライエントに焦点をしぼりやすくなり，クライエントが必要とする治療を提供しやすくなった。しかし，まれには治療関係があまりにゆがんでしまい，治療を続けることが反治療的になってしまうこともある。例えば，もしこのクライエントが大原則にしたがわず，彼の考えを話題に出し続けたり，臨床家やクリニックの職員に不快なことを言い続けたりしていたら，治療を終結させてクライエントを別のところに紹介するのが妥当な処置である。

　心に留めておくべき最後のアドバイスは，クライエントに対するあなたの反応は，クライエントの「実人生」における人々の反応と非常に似かよったものである可能性が高いということである。自分自身の反応を，症例の概念化に役立つ情報として，さらには，治療で働きかけていくことが必要な点についての指標として，活用すべきである。例えば，臨床家が話しているときにいつも口をはさんで中断させるクライエントがいるとしよう。この臨床家は，この行為をひどく腹立たしく思い，そのクライエントとのセッションを脅えるほどになってしまった。先の例と同様，クライエントは対人関係技能に関する援助ではなく，ほかの特定の障害の治療を求めて来院したのである。それにもかかわらず，臨床家はこの問題が解決されなければ，治療の継続は（あるいは，どう考えても，いい雰囲気の中で継続することは）できないと感じた。臨床家はとう

とうクライエントに率直に話すことを決め，このことを指摘し，この行動に対する自分の反応を彼と共有することにしたのである。臨床家は具体的に「私が話し始めると，あなたは口をはさんで中断する傾向があります。一文も最後まで言いきれないような気がします。このせいで，あなたの役には立てないように感じています。私の提案をあなたが最後まできちんと聞いてくれたなら，私たちの共同作業はもっとうまく進行するはずです」と話した。驚くことではないが，クライエントはほかの人たちからも同じようなことを言われたことがあると言ったのである。しかし，彼はこの習癖を直すのは難しいと感じていた。この告白によって，臨床家とクライエントは問題を解決することにして，治療という枠の中で，この問題の改善を図るという計画が立てられた。

　要約しよう。クライエントは時として，私たちにとって魅力的とは思いがたいような行動や意見を表してくる。臨床家がクライエントの行動に制限を設定することが適切な事例もあれば，極端な場合は，治療関係を終結してクライエントをほかへ紹介するのがふさわしいことさえある。大半の場合には，臨床家は自分のクライエントへの反応を，クライエントの社交世界をのぞき見る窓として活用すべきである。臨床家は自分自身の反応を効果的に使って，治療以外の生活で大いに役立つような具体的な方法をクライエントに教え，クライエントが社会的行動を改善できるように援助できるのである。

6　治療関係での難しい対人的状況

　ここでは，一般的に治療関係の早期において発生する，やっかいな対人的問題にどう対処するかということを述べよう。こういうことは頻繁に起こることだが，初心の臨床家がその対処法を教えられているのはまれである。これらの問題がどういうものか前もって知っていれば，ずっと扱いやすくなる。

(1)「クライエントが多くの個人的な質問をしてくる」

　私的には，治療関係というのは非常に一方的である。クライエントとのたった1セッションが終わるころには，臨床家のほうはクライエントが何者であるか，あらゆる種類の知識（その多くがとても個人的な性質のものである）を得てい

るだろう。対照的に，何カ月も共同作業をしたあとでも，クライエントは臨床家に関してほとんど何も知らないのである。そんなことは気にせず，個人的な質問をあまりしてこないクライエントもいる。好奇心旺盛で，あなたの年齢や住んでいる場所，出身地，はたまた交際中であるか，などと聞いてくるクライエントもいる。学派によって，臨床家は個人的な質問にもさまざまな見解をもっていて，そういう質問を意味深長なものととらえる学派もあれば，あまり重視しない学派もある。私たちの場合は，ケースバイケースで，質問（とその意味しうるところ）を扱っていくのが適当であると思っている。

a 年齢と経験を尋ねられる

年齢と経験のレベルを尋ねられるのは，初心の臨床家にとっては，特によくあることかもしれない。もし実年齢より若くみえるのであれば，かなり定期的にこれらの質問やコメントをされるだろう。新米でなくなっても，しばらくの間は！ 定期的にこの質問を投げかけられるので（良いことなのか，悪いことなのかはとにかくとして），どのように対応するか，長時間懸命に考えてきた人もいる。クライエントが臨床家の年齢を尋ねる場合，実際には，治療と人生の両面における臨床家の経験レベルに関心があるというのが，私たちの感触である（例：夫婦関係での問題を抱えるカップルは，若い未婚の臨床家が彼らの問題を実感して効果的に助けられるだろうかと疑問をもつかもしれない）。それゆえに，この質問へのよい対処方法は，暦の上での実年齢ではなく，経験レベルにしたがって答えることである。例えば，クライエントが「先生はとてもお若くみえます」と言ったら，「私はここで博士課程プログラムの3年目を始めたところです」とか，「ここで医師になってから，3年になります」などと言って対応すればよい。同じように，夫婦関係での問題を抱えるクライエントが「結婚されていないのに，どうやって助けてくれるのですか」と言えば，「多くのご夫婦とうまく仕事をしてきましたし，あなたのお役にも立ちたいと思っています」と対応すればいい。

クライエントが臨床家の経験レベルを気にして，直接的に質問してくることもあるだろう。初心の臨床家としては，そんなことを気にして質問してくるようなクライエントには会ったことがないというのが，実際のところだろう。実

際，クライエントを診たことすらないかもしれないし…。クライエントに嘘を言いたくはないが，経験のなさを強調したくもない。このような状況では，あなたが勤務している組織と，あなたのスーパーバイザーの専門知識を強調することである。もしクライエントが「私と同じように，パニック障害を抱えるクライエントを診たことがありますか」と尋ねてきたら，「このセンターは，世界的に著名な，パニック障害の人に対する治療と研究のセンターです。ここで提供されている治療は，本当に最先端をいくもので，私はすばらしい監督指導を受けています」と対応してもよいだろう。経験の少ない臨床家であるあなた自身よりも，あなたの研修環境に焦点を合わせることで，この手の質問にはプラス方向で嘘のない形で対応できる。

それでも功を奏さず，クライエントが初心の臨床家にかかることへの不安を抱き続ける場合は，どうすべきだろうか。1つには，科学者としての立場に立ち返ることである。「その点でのあなたの心配はわかります。とにかく始めてみて，数セッションをこなしてから，進み具合をどう感じるか確認することにしませんか」。この姿勢は，クライエントにほかの選択肢がほとんどない場合には，特に有効である。普通，全く何もしないよりは経験の浅い臨床家であっても治療を試みたほうがいいだろう，と思うものだ。私たちの経験で言うと，ひとたび治療の効果を感じ始めたら，経験が少ない臨床家と組み合わされたことに対して苦情を言い続けるクライエントはほとんどいない。

クライエントと初心の臨床家との間に問題が続く場合はまた，症例の概念化に情報を与えることにもなる。私たちは，若い初心の臨床家にかかることに非常に不安を感じているクライエントを治療したことがある。彼女はこの割り当てに大いに不満であったが，もっと経験を積んだ人に治療を受けるほどの余裕がなかったのである。最初の数セッションの間，彼女はこの問題を継続的にもち出した。「私のような問題を抱えた人間を治したことが全くないのだから，理解できるわけがない」，あるいは「きっと，私のように深刻な相手をどうしたらいいか，わからないのでしょう」というふうにである。この問題に関して臨床家は，スーパービジョンを求めた。臨床家は，セッションを毎回，自らの能力をクライエントに信じさせるという努力に費やしたくはなかったのだ。スーパーバイザーは，その不快な気持ちをクライエントに直接ぶつけるようにと

助言した。あとになって，これは優れた助言だということがわかった。クライエントは，経験の浅い40歳の臨床家であればそれほど問題を感じないけれど，20代半ばの臨床家に担当されるのは悲惨だと説明した。同じく20代半ばのクライエントは深刻な障害を抱えていた。彼女は学校に行っているわけではなく，つまらない仕事に就いていて，心理的な問題のせいで交際を終わりにしたばかりであった。部屋の向かい側に，同い年で，教育でも職業でも成功を修めつつ前進している（そして，そのほかの面でも充実した人生を送っていると想像される）人物がいるということは，このクライエントにとっては「頬を平手打ちされる」ようなものだったのである。

臨床家はこの説明に共感をもって反応し，その状況がとても苦しいものだということを気の毒に感じると，クライエントに話した。それから臨床家は，こういった気持ちを治療の中で有効に活用する方法があるかと尋ねた。クライエントは，臨床家に対する反応のせいで，今のような孤立して自らの潜在能力を活かすことができない生活ではなく，20代の人間にふさわしい生活を手に入れたいと，いかに強く自分が望んでいるかがよくわかったと説明した。このセッション後，臨床家の経験不足という問題が再び浮上することはなかった。

すべての症例がこのように前向きに終わるわけではない。頑として，経験の浅い臨床家にかかることを拒むクライエントもいる。このような症例では，クライエントに理を説いたり，間違っていると信じさせようとしたりして，時間を使うべきではない。その代わり，適切な紹介状をクライエントに渡したほうがよいだろう。

b そのほかの個人的質問

治療関係の早い時期によく出てくる個人的な質問としては，クライエントが経験している問題を臨床家が個人的に経験したことがあるか，というものもある。実際のところ，個人的に共鳴できるところに引かれる人もあるので，個人的な経験を伝えるのがよい場合もあるだろう。しかし，これは原則ではなく，例外のほうである。クライエントと自分の経験を共有すると，クライエントに焦点をしぼらなくなるので，これは治療関係においては，有益とは言えないだろう。

このような質問の背後にある本当の問題は，クライエントが，理解されたいし，臨床家はクライエントの問題を自分の問題のように感じることができるということを信じたがっているということである。このことを心に留めつつ，質問には数通りの回答できる。第一に，あなたはここでも，自分の治療経験に言及し，「私はたくさんのパニック障害のクライエントと仕事をしてきました。そのため，パニック発作を起こす経験と，そのせいで多くの状況を恐れるということがどのような感じなのか，本当に理解が深まりました」と説明できる。さらには，クライエントの問題は例外的なものではないとし，あるレベルでは自分も同じような経験をしてきたと指摘することも可能である，「社会不安はよくあるものです。大半の人々と同じように，私も社会的状況では，時々不安になります。ですから，そうですね，あなたが今日，私に話してくださった感情の一部は理解できます」。これらの方法をとれば，臨床家が個人的情報を多くもらさなくても，クライエントは理解されていると感じることができるだろう。

　治療関係では，これら以外でもあらゆる個人的質問が登場する。個人的質問の多くは，完全に無害なものであり，答えることも不愉快ではなかろう。特にあなたに訛りがあったり，あるいは，壁の学位証明書を見て，あなたが現在住み診察をしている都市で教育を受けたわけではないとわかったりすると，クライエントは出身地を尋ねてくるかもしれない。祝祭日や休暇の前には，あなたの予定を質問するかもしれない。治療関係にとっては，「カナダから来たのです」とか「祝日には家族と会います」のように簡単に答えることに比べて，これらの質問に回答できない理由を説明することのほうが，マイナスの効果を与えるようである。

　ほかの質問には，もっと扱いにくいものもある。特に非常に個人的なものはやっかいである（例：あなたの恋愛・婚姻関係の状況，現住所，休みの日の正確な行き先など）。これらの質問に対処するのは難しく，しつこく個人的な質問をするクライエントに対しては，この問題に直接的に取り組むべきである。治療関係に本来備わっている差異，すなわちクライエントはすべてを赤裸々にするが，臨床家はどちらかと言えば何も書かれていない石板のようなものであることを認識するのが役立つだろう。個人的な質問に答えるのは難しいとあな

たが考えることをクライエントにはっきり伝えたなら，次になぜそうなのかを説明することが大切である．つまり，治療はクライエントが主役であり，抱えている問題に関して，クライエントを助けていくことが中心にあるということと，そしてこの目標から焦点をそらすものは何であれ有害だということを，である．

すでに注目したように，さまざまなクライエントの行動の機能を同定することが大切である．繰り返し焦点を臨床家側に向けようとするクライエントは，自分の問題を話し合うことを遅らせようとしているのかもしれない．この仮説は，クライエントに示して話し合ってもよい．臨床家と「仲良し」になろうとするクライエントは，孤独であり，自分自身の実生活で有意義な人間関係を欠いているのかもしれない．クライエントに対して，治療の外での新しい人間関係に対人的技能（例：社会的に適切な方法で，個人的な質問する）を応用するようにうながすことができるので，これもまた，治療でのよい題材になるだろう．

(2)「クライエントが贈り物をもってきた」

私たちは誰でも，友人や家族からプレゼントをもらえばとてもうれしく思う．しかし，贈り物に関する感じ方は，「送り手」がクライエントとなると，かなり異なってくる．あなたの職場は，クライエントからの贈り物を受け取ることを全面的に禁じているかもしれない．しかし，ほとんどの職場ははっきりした方針をもたないので，そういう場面に遭遇したときに，対応方法を考えていかなければならないだろう．

治療の間に差し出される贈り物というものは，治療の全工程が成功を収めたあとで差し出される贈り物よりもやや扱いが難しい．同じように，習慣的に贈り物をする時期（例：クリスマス）ではないときに差し出された贈り物というものも，複雑な意味合いをもつ．クライエントから金銭的に高価な贈り物を決して受け取ってはならないというのは，一般的に受け入れられているようである．同様に，決してクライエントから現金のプレゼント（「チップ」）を受け取ってはいけない．クライエントが，高くはないが，頻繁に贈り物をくれるなら，それもまた用心すべきことである．このような状況はよくあることではないが，

こういった類の贈り物を自然に断れるようにならなければいけない。クライエントから高価な贈り物や現金を受け取ることは，職場の方針に反することであると説明することができる。もしクライエントがしつこく繰り返し贈り物をしようとするなら，この件をクライエントと追求して，この行動が症例の理解にどのような影響を与えうるか，考察すべきである。クライエントは，機嫌とりの手段として，臨床家に贈り物をすることもある。例えば，もし気前よくすれば，もっと頻繁に診てくれるのでは，とクライエントが考えることもありうる。好かれているかどうかが心配で，贈り物をして，もっと気に入ってもらいたいと思うクライエントもいるかもしれない。明らかに，このような贈与行為の背後にある動機は問題であり，認知的技法の使用を通じて対応しなければならない。これまで述べてきた多くの件と同様に，セッションでのクライエントの行動は，セッション外でのクライエントの行動を反映していることが多い。「友人を買い，人に影響を与える」ために，贈り物を利用できると信じるのは適切なことではなく，セッションの中でこのような信念を矯正すれば，セッションの外でのクライエントの生活にとっても非常に有用なものになるだろう。

　ほとんどセッションごとに贈り物を持参したり，とても高価な贈り物をするのは，明らかに問題である。それでも，祝日の季節や治療の最後に渡される贈り物にどう対応するかを知ることも難しい。すでに記したように，非常にはっきりした「贈答禁止」ポリシーのある職場もあるだろう。そうでない環境では，非常に高価な贈り物や金銭の贈与は受け入れないという大原則にはしたがうべきである。それほど高価でない贈り物なら，特に治療の最終セッションであれば問題ないだろうし，実際，このような贈り物を拒めば，あなたの助けに対して真心から感謝の気持ちを伝えたいと思っているクライエントの気分を害してしまうことにもなるだろう。個人的なことについての質問と同様に，贈り物を受け取るか返すかは，ケースバイケースで判断すべきである。場合によっては，贈り物を受け取ることが「正しいことと感じられ」ないであろう。自分の本能的な感覚を信じ，クライエントの気前のよさを認め，どうして受け取れないのかを明確に説明すればよい。

(3)「クライエントから社交行事に招待された」

　クライエントからの贈り物に品位をもって対処するのは難しいことであるが，もっとやっかいなのは，クライエントから社交行事に招待されたときである。一般的な目安になるのは，クライエントとゴルフをするとか，治療外でコーヒーを飲みに行くといったことには決して参加してはならないということである。もしクライエントが，繰り返し誘うのであれば，そのことが症例の概念化にどう影響するか，治療でどのように扱えるか，考えてみる価値がある。一般的には，このように頻繁に招待するというのは，孤独であったり，あるいは間違った相手に魅力を感じているということであろう。クライエントが治療という場の外で適切な社交関係を築けるよう手助けすることに時間を使ったほうがよい。

　クライエントと社交行事に参加しないという規則に例外はありえないのか，というのは，なかなかよい質問である。最近，こういうことについて，より明確に考えるのに役立つような，興味深い状況に遭遇した。私たちの同僚が，彼女の小児クライエントのための宗教行事に招かれたのである。この臨床家はかなり長い間その子の治療をしていて，いくつかの非常に厳しい出来事を経験するうちに，家族全員と親しくなっていた。その子はこの重要な機会に臨床家にぜひ出席してもらいたいと強く望んでいた。

　その臨床家は，ジレンマをグループスーパービジョンの場にもち込んだ。賛成意見と反対意見を十分に検討し，もし臨床家が出席しなければ，その子はひどく失望して傷つくであろうという決定が下された。もしほかの客が，彼女とその家族とはどういった知り合いなのか質問したら，何と答えたらよいかを話し合うため，臨床家は家族と面接をした。その子は鋭い子だったので，すでにこのジレンマを考え抜いてあり，自分が安心できるような説明を考え出していた。これらの細かい点が解決されたので，臨床家と同僚たちはその計画にかなり満足していた。

　その行事の結末を聞くのは，興味深いことだった。その子は臨床家に出席してもらえたので，とても感動していた。彼女は，臨床家が出席してくれたことが，彼女の特別な日の最もすばらしい部分だったと言った。しかし，臨床家は，この経験にとてもストレスを感じたのである。彼女は，どうしてその行事に出

席することになったのか尋ねられたとき，家族とともに考え出した説明をした。それでも，彼女はそのようにすることにずっと苦痛を感じ，何らかの形で失敗をし，守秘義務を破ってしまうのではないかと，常に緊張していたのである。この臨床家は，同じ台本を再度与えられたなら招待を断るだろう，と言ったのである。

　それでは，クライエントを侮辱することなしに招待を断るには，どうしたらよいのであろうか。最善の方法は，まず招待に対して，心からの謝意を表現することである。それから，そのような行事に出席しないことを決まりとしている理由を，クライエントに説明すればよい。もちろん，主な理由は，クライエントのプライバシーを守るということである。もしクライエントがこの説明に難色を示せば，あなたが出席するということが，どうしてそれほどクライエントにとって大事なことなのか，さらに追求するとよいかもしれない。社交的な招待（例：コーヒーを飲むとか，映画に行く）の場合のように，クライエントは孤独であって，臨床家を最も親しい「友人」の一人とみなしているのかもしれない。これもまた，治療以外の場で社会的な絆を作るようにクライエントを動機づけるために活用できる。

　さらに面倒なのは，結婚式，宗教儀式（例：最初の聖餐式やバル＝ミツバー（ユダヤ教の男子成人式）），あるいは卒業式に招待された場合，贈り物をどうするかということである。その行事に出席しないとしても，単に言葉でクライエントに感謝を伝えるだけでなく，招待への返礼をすべきである。これは前述の臨床家も対処しなければならなかった問題である。グループスーパービジョンの間に，同僚が慈善事業への寄付を提案した。その子は動物に対して強い情熱を抱いていたので，臨床家は彼女の名義で，地元の人道主義協会に寄付をした。ただカードを送るほうがもっと自分には向いていると感じる臨床家もいるだろう。

(4)「クライエントが私を誘惑しようとしているようだ」

　多くの臨床家が恐れている状況の1つは，クライエントが誘惑してくるという経験である。「誘いかけ」というのは，いろいろな形をとるものだ。臨床家の見た目や服の着こなしをほめるクライエントもいるだろう。かなり明け透け

に興味を表現して,「あなたのような女性と付き合いたい」と言ってみたり,さらには臨床家をデートに誘ったりする者もいるだろう。もっと難しいのは,クライエントが適当とは言えないようすであなたを見つめるというような,微妙な合図である。

　クライエントが明らかに不適切な行動をするときには,セッションでは制限を設定できるということを心に留めておくこと。例えば,「あなたが私のことをデートに誘い続けるというのは,適当でないと考えます」というように。しかし,クライエントがなぜ,あなたに向かってそのような行動をするのか探り当てるほうがより有効である。そのことを症例の概念化にどう適合させ,治療でいかに生産的にその問題に取り組めるだろうか,というように。一般論としては,このように振る舞うクライエントは,治療の外の実人生で,恋愛関係に困難を抱えているのである。社会的な交流が非常に限られていて,実際のところ,人生の中でほかの誰とよりも多くの時間を(そして,より長時間,個人的なことを話して),あなたとともに過ごしている,ということもありうる。同じように,クライエントの抱えている問題の性質上,有意味な人間関係を築くことからはじき出されてしまっていることもありうる。人に接近すること自体が難しいかもしれないし,近づくことはできても,その後,この人とは関係を築きたくないと思われるような行動をとってしまうのかもしれない。あなたとクライエントとのやりとりが,クライエントの対人上の問題に焦点を当てる可能性は非常に高い。そこであなたは,治療の間にあなた自身の洞察を使って,クライエントがそれらの問題を改善していくように助けることができるだろう。

　当然のことだが,クライエントがあまりにも不適切な行動をして,部屋に一緒にいることが苦痛になったり,よい治療を提供することができないかのように感じたら,治療を続けることなく,適当なところを紹介すべきである。そのような状況では,スーパーバイザーと継続的に協議することが不可欠であり,スーパーバイザーの支援を得て,治療を終わらせるべきである。

第8章

その後のセッション
－中核となる技法を教える

　これまでのところで，治療の早期段階での難問をいかに概念化して処理するかということがわかったので，CBTの過程に戻ることにしよう。CBTの計画設計ではたいてい，心理教育に続くセッションで，その後の治療で用いる技能をクライエントに教えていくことになる。一般的に，クライエントが前回までのセッションで習得したものに新たなものを加えていくということを見込んで，新しい技能を数セッションにわたって紹介していく。

　治療の焦点をどこにおくかによって，初期のCBTセッションの内容は大幅に異なってくる。例えば，過食症に対するCBTでは，初期の治療で，標準的な食事の様式の規定や，クライエントの発作的な大食行為を減らすことに役立つような自己制御方略を学習する[46]。G・T・ウィルソンらの計画案では，もう少しあとのほうで，問題解決法や認知再構成法を含む，より標準的なCBT技法をクライエントに教える[46]。D・H・バーロウのパニック制御治療[12]では，心理教育を完了したあとで，クライエントに呼吸制御や認知再構成法を教える。計画案のもっとあとのほうで，クライエントは，恐れている身体的症状および，パニック症状を引き起こすと恐れている状況に直面するために，内的曝露や現実的曝露を開始する。これらの技法を学ぶには，マニュアルを読むこと，経験の長い臨床家が実践するのを見ること，自分の患者に応用するにはスーパーバイザーのフィードバックを得ること，が重要である。CBTの応用の一例を具体的に説明するために，マイケルの症例を続けよう。彼の治療計画は2つの中核的な技法で成立していた，認知再構成法と段階的曝露法である。

1 第3回治療セッション―認知再構成法を導入する

3回目のセッションで，臨床家は，最初にマイケルの1週間を確認し，セルフ・モニタリングのホームワークを見直し，それから共同でセッションのアジェンダを設定する，というように，セッションを基本的な形式で進めた。治療計画で提案されたように，このセッションの主な内容は，認知再構成法を開始することであった。

大半のCBTマニュアルで，認知再構成法のやり方が説明されているが，私たちはマイケルの症例に合わせて，D・A・ホープのやり方[23]に注目する。この時点までにマイケルは数回にわたって，出来事，思考，そして感情の間には関係が存在するという，基本的な概念を紹介されてきた。出来事そのものではなく，出来事に対する解釈が否定的な感情や行動を引き起こすという考えは，CBTにとっては最重要といえるものであり，認知再構成法の理論的根拠となっている。前セッションのホームワークは，不安を誘発する状況での思考，感情と行動をマイケルがモニタリングすることだった。これらのモニタリングを記載したもの（とそのほかのセッションにもち込まれた懸念事項）が，ここで認知再構成法の原材料になる。

認知再構成法の感触をつかむために，マイケルと臨床家はその週に起こった1つの出来事（地元の介護施設でマイケルが行った説教）に注目した。この説教は，マイケルの社会不安を駆り立てるような「引き金となる出来事」だった。説教のあとで，マイケルは以下のようなことをセルフ・モニタリングのシートに記録していた。「私はとてもひどい失敗をした」「決してうまくできるようにはならないだろう」「こうすることに成功することなど，決してありえない」である。このように考えたことで，マイケルはその日ずっとひどく落ちこみ（感情的反応），級友が軽い夕食を一緒にとろうと誘ってきたのに，断ってひとりで食事をした（行動的反応）。この状況について，きっかけとなる出来事，信念，そして（感情面と行動面での）結果を同定したことで，説教というものの性質とか説教行為それ自体が自分の気分を悪くさせたのではなく，状況に対する自分の解釈が原因なのだと，マイケルは理解できた。彼はすぐに，出来事自体より出来事への解釈のほうがより問題となるというアイディアを受け入れ

て，どうして否定的な思考をリフレーム（枠付けのやり直し）することが役に立つのかを理解し始めた。

それから臨床家は，きっかけとなる出来事のいちばん発端までさかのぼってみるようにうながした。説教をすることになっていた介護施設に着く前から，彼は何を考えていたのだろうか。これらの自動思考には，次のようなものが入っていた。

- 「私は間違いなくヘマをする」
- 「みんなが私を無能だと思うだろう」
- 「私が聖職者として全くの失敗者になるだろうと，みんなにわかってしまうだろう」
- 「言葉につかえたりしたら，大惨事のようなことになる」

次にマイケルに，彼の自動思考がどのような感情を抱かせる原因になったか，尋ねた。彼はこれらの思考が，彼に不安，悲しみ，怒りを感じさせたと報告した。このような思考で，説教をするのに全く望ましくない心の状態になったことを，彼ははっきり意識した。

マイケルが自動思考の同定とそれらと感情との連関をうまく認識できるとわかったので，臨床家はD・A・ホープらのマニュアル[23]の84ページから，概略が示されているさまざまな思考の誤りを教えていった。自動思考の中に内在している論理の誤りを描写するのに，たくさんの呼称が準備されている。第一に自動思考を同定し，第二にレッテルをつけることは，認知再構成法の最初の段階である。実質的に，思考にレッテルを貼ることで，その何が「悪い」のかを認識するのである。1つ気をつけておくことは，思考に非機能的であるとレッテルを貼ると，自分に何かおかしいところがあると感じてしまうクライエントもいるということだ。誰もが否定的な自動思考をもっていて，その自動思考がやりたいことをするのを邪魔するようになると問題なのだ，と伝えることが大事である。認知再構成法の実施では，「人」ではなく「思考」が非機能的とされるのである。

そういうことを忘れないようにしながら，ひとたび同定できたら，自動思考

に何を行うのか，考察してみよう。臨床家が思考の過ちとして考えられるものの詳しいリストを読み上げるのを聞くのは，ひどく退屈なことだろう。それよりも，クライエントが自分自身で思考の過ちを理解し始められるように，クライエント自身の経験と思考をソクラテス式質問法で活用するのがよい。マイケルの場合,「私はどう考えてもヘマをする」とか「聖職者として，全くの失敗者になるであろう」というのは，ともに運命の先読みとしての誤りの例である。彼は行動する前に，スピーチにおいても，聖職者としてのキャリア全般についても，失敗すると予言してしまったのである。「みんなが私を無能だと思うだろう」というのは，読心術の誤り（他人の心を読むことができて，私たちのことをどう思うか知ることができると想定する）の例である。言葉につかえたときのマイケルの信念は，心のフィルターという概念を説明するために使用された。経験全体を無視して，1つの否定的な側面に注意を集中してしまうということである。臨床家はまた，彼がかなりの「レッテル貼り」（他人を描写するためにはあまり使わない「無能」とか「全くの失敗者」といった否定的なレッテルを，自分に対して使用する）をしていたことも指摘した。

　マイケルがいろいろな否定的な思考を説明することがうまくなってきたので，臨床家は，否定的な思考に「やり返す」，あるいは論駁するという考えを導入した。認知再構成法の目標は，クライエントが自分の思考の有用性を問い直して，役に立つのか有害なのか考察し，自分に対して，「反対が出るような意見を故意に標榜してみせる役」を演じられるようにしていくことである。この目標の達成のため，マイケルには自動思考を論駁するのに使用できる質問のリストを渡した。これらもまた，D・A・ホープらのマニュアル[23]から引用した。以下の対話では，こういった「論駁質問」のいくつかの例が，具体的にあがっている。

臨床家：では，「私は間違いなくヘマをする」という思考から，とりかかりましょう。この思考に挑むには，どんな質問を自分に問うことができますか。
マイケル：そうですね，「ヘマをするとか，聖職者として全くの失敗者になるという証拠は握っているのか」と，自問できるでしょう。
臨床家：すばらしい。さて，この過程には，次の重要な段階があります。

第8章　その後のセッション―中核となる技法を教える　195

マイケル：どのようなものですか。
臨床家：次の段階は，自分のした質問に答えるということです。これらの信念に対して，何か証拠をもっていますか。説教を台無しにしてしまうという信念から始めましょう。
マイケル：その，ちょっとお話ししたように，こういうことを考えたとき，私は説教をまだ行っていなかったのです。ですから，どうして私はそういうことを知りえたのでしょうか。
臨床家：そのとおり。ほかに利用できる証拠は？
マイケル：これは，私の初めての説教ではありません。先生はそのことをおっしゃっているのですか。
臨床家：わかりません。その思考を最後までたどってみたら，いかがですか。
マイケル：ほかの説教で，全面的に失敗したということは一度もありません。
臨床家：普通，どんなことが起きましたか。
マイケル：私はたいがい，そこそこにこなします。事前にひどく心配しますが，その後，大丈夫だとわかるのです。けれども，どういうわけか，説教をするということが再び近づいてくると，まだ恐怖が現れるのです。
臨床家：わかりました。そのことは，知っておくと役に立ちます。治療を進めながら，そのことを考えましょう。「みんなが私を無能だと考えるだろう」という思考についてはどうですか。
マイケル：ええ，まず，私には人の心は読めないのだということは，すでに話し合いました。それは理解しています。けれども，説教のあとでやはり，教区民が私を無能だと考えただろう，と感じてしまうのです。それは，説教する前よりもっとひどいものだと思います。
臨床家：それでは，あなたはその思考に関して，どうすることができますか。
マイケル：わかりません。
臨床家：論駁リストを見てみましょう。どうですか。
マイケル：「彼らが私を無能だと考えたと，確実にわかっているのか」と自問できるでしょう。
臨床家：答えはどうなるでしょうか。
マイケル：人々の考えていることを知ることはできない。

臨床家：ここで，もう少し質問を考えてみましょう。無能であるということは，どういうことですか。

マイケル：えっ，その，あらゆる言葉につまずいて，意味をなさないような人のことですよ。一貫性なく，いろいろなことをただかき回すとでも言いますか。

臨床家：自分がそのような話し方をしたら，ほかの人から何かを感じとりますか。

マイケル：ううむ，たぶん，みんなが混乱しているようにみえるでしょうね。

臨床家：それは，あなたが話しているときに気がつくことですか。人々が混乱しているということを示すような証拠をもっていますか。

マイケル：いいえ。よく考えると，実際のところ，その反対の証拠ならもっています。

臨床家：本当ですか。その点を話してください。

マイケル：説教のあとで，みんなが話したことについてしゃべるために，私に近寄ってきます。実際，ある話題についてもっと話し合いたいと，私にメールを送ってくる教区民もいます。

臨床家：と言うことは？

マイケル：と言うことは，もしみんなが混乱していたら，そういうことはおそらくできないでしょう。

臨床家：マイケル，それはすばらしい洞察ができました。社会不安の人というのは，自分の否定的な信念を支持するものを選び出すのに集中しすぎて，それらに逆行するような情報を受け取り損なうことがよくあるのです。

マイケル：そうでしょうね。今まで全く考えたこともありませんでした。

臨床家：けっこうです。先に進む前に，もう1つ質問します。人が恐れている結末が決して発生しないと保証することはできません。あなたには，「ヘマをする」ことなしに説教をできるというたくさんの証拠があります。私たちは誰でも，スピーチをして，それについてとても満足とは言えないと感じることが時にはあるものです。たぶん前の晩，十分な睡眠がとれなかったのでよく集中できなかったとか，何かひどくストレスになるようなことが生活の中で進行していて，どうにも焦点をしぼれなかった，というよ

うなことでしょう。本当にひどい状態に陥る可能性はかなり低いのですが，もしあなたが実際にたくさんの言葉につまずいて，あまりまとまっているとは言いがたいような説教をしてしまったら，何が起きるのか考えてみましょう。

マイケル：何と！　それは，おぞましいことです。

臨床家：まあ，本気で考えてみましょう。この状況に関して，何がそれほどひどいのですか。

マイケル：私は恥ずかしく思うでしょう。

臨床家：なるほど。何がそれほど悪いのですか。

マイケル：その，ひどくいやな気持ちになります。

臨床家：ええ，かなり気分が悪いかもしれません。ほかに何かありますか。

マイケル：仕事を失うかもしれません。

臨床家：本当ですか。一度の下手な説教のあとで？

マイケル：わかりません。ありうると思います。

臨床家：驚きました。それが本当なら，私はしばらく前に失業していましたよ。2，3回は講義をめちゃくちゃにしているし，話もあちこちに飛んでしまいます。

マイケル：先生の言われることは，正しいと思います。先生は，私が続けざまにかなりの失敗をしなければ，そういう結末にはならないだろう，と言われているのですね。

臨床家：そうです。あなたはどう思いますか。

マイケル：同意見です。本当に残っているのは，私が恥ずかしく感じるということだけだと思います。たぶん，しくじった説教の次の説教では，もっと緊張してしまうでしょう。

臨床家：それをどう考えますか。

マイケル：ええと，いつも考えているほどには，たいした問題ではないように思えます。

臨床家：なるほど。かなりよい持ち帰りメッセージになりそうですね。

マイケル：ええ。確かにそうです。こんなに長年，何をそんなに大騒ぎしていたのか，ちょっと首をかしげたくなるくらいです。

臨床家：これからは，ものごとが少し楽になりそうですね。
マイケル：絶対にそうでしょう。

　マイケルの臨床家は，あといくつかの自動思考に関して，論駁過程を指導し，それから治療計画案のとおりに，マイケルに合理的反応の概念を紹介した。合理的反応というのは，クライエントが，社会不安を誘発する状況で，集中を保ち，合理的でいられるようにするために使える，認知再構成法の間に学んだことの簡単なまとめのコメントである。臨床家はこの概念をマイケルに説明してから，次の説教で使えるように，合理的反応を1つ考え出すことを助けた。マイケルは「やるべきことをやってみるまでは，結果はわからない」という合理的な反応を考えついた。

　この認知的作業の初セッションに続いて，マイケルは，週の間に自動思考をモニタリングし，独力で論駁過程をやり抜くように指示された。彼はこれを書いて実行するようにと言われ，次のセッションにホームワークをもってくるように言われた。マイケルには，ホームワークが完璧である必要がないことを思い出してもらった。どのように認知再構成法が機能するのか理解し，次回セッションに何か話すべきことをもち込むことだけが大切なのである。セッションの締めくくりに，マイケルはリストに次のような「持ち帰りメッセージ」を追加することを考えついた。「私は自分の思考を法律だと思わなくてもよいのだ。思考を検討して，理にかなっているのか確認すべきである」

2　第4回治療セッション―認知再構成法を続け，最初の曝露を計画する

　4回目のセッションも，それまでのセッションと同じように，マイケルの1週間を確認し，ホームワーク（この場合は，認知再構成法の記録）を見直すことで始まった。マイケルはこのセッションに来たとき，元気いっぱいのようにみえた。彼は本当に認知再構成法を信奉し，その週の間に起こったいくつかの状況で，やや不安度が下がったことに気づいていたのである。例えば，マイケルはセッションの前の晩，授業中に必ず各学生が最低でも一度は必ず指名され

る，午前中の授業の準備をしていた。マイケルはこの授業の前には，ほとんど徹夜するのが習慣だった。指名されることはわかっているが，何を質問されるかはわからないので，あらゆる教材内容がきちんとわかっているように準備していたのである。午後11時ごろ，彼は疲れてきて，ただただ寝たいと思った。この考えは，別の考えで打ち消された。「もっと時間をかけないと，とんでもないばかなことをしでかしてしまうだろう」というものである。直前に自動思考を抱いたことを気づき，マイケルはホームワークシートを引っ張り出して，認知再構成法をやってみた。彼は次の2つの重要な認識に至った。

① 自分がとんでもないばかなことをしてしまうという証拠をもっていなかった。
② 授業のときはいつも疲れきっていて，最善の状態ではなかった。

彼は合理的な反応，「すっきりした気分のほうが自分のためになるかもしれない」というものを考えついた。そう思って，彼は床に就いた。その日の朝の授業で，彼は質問に答えることができ，自分の答えに満足さえできたのだ。

このことは，マイケルにとって，いろいろな意味で画期的な経験であった。彼は，治療で学んだことを非常に実践的かつ有用な方法で応用し，治療のイニシアティブをとった。これが，実際に自分の状況をいくらか制御できるということと，自分は社会不安で永遠に麻痺状態だと決まっているわけではないということを，マイケルに実証したのである。さらにマイケルは，自分で曝露法を企画したことになる。彼はいつもほどには準備せずに授業に行き，何が起きるか確かめたのである。そうする中で，マイケルは信念が変わっていくことを経験したのである。これは，部分的には認知再構成法で達成されたが，マイケルが自分の信念を誤りと確認した現実の経験を通して確かなものになったのである。ソクラテス式質問法を用いて，臨床家は，自分が認識したのと同じくらい明確に，マイケルにもこの進歩を認めさせた。

セッションのこの段階で，マイケルと臨床家は，先週からのほかの認知再構成ホームワークを見直した。彼らは少し時間をとって，「微調整」を行った。臨床家が思考を論駁する別の方法を提示し，もっと簡潔な合理的反応を考えつく方法を示唆したのである。しかし，マイケルが認知再構成法を理解していることはあきらかで，彼はそれまでの1週間に，その前向きな効果をはっきりと

実感していた。

　それから，次のセッションで行うことになっている最初の曝露の計画を立てた。マイケルと臨床家は，この最初の曝露を，「まだ会ったことのない誰かと世間話をする」という課題にした。この状況は，恐怖と回避の階層表で「50」と評価されていた（p.158，表6.3）。一般に，最初の曝露対象として中くらいの不安を引き起こす状況を選ぶのが適当であると言われている。女性との世間話がマイケルの階層表でより高位に位置していたので，最初の曝露は男性の実験協力者との間で行うことにした。この計画を決めたので，臨床家は曝露に参加してくれる協力者を手配した。

3 第5回治療セッション―最初の曝露を行う

　5回目のセッションでは，マイケルと臨床家が最初の確認作業をし，アジェンダを設定し，実生活で不安を誘発する状況が発生したら認知再構成過程を貫徹するという，再度のホームワークを点検した。マイケルは今回もうまくホームワークを完了し，その週の間に，ストレスのかかる状況への対処に役立つような認知再構成法を使う機会が，また数回あった。注目すべきことに，マイケルはホームワークを「完璧ではない」やり方で行っていた。彼は，タイプすることをやめ，きれいな構成の文ではなく，要点を書き留める形式を使っていて，治療開始時ほど，綴りの間違いを心配していないようだった。

　最初の曝露にとりかかる前に，二人は曝露の目的を復習した。非常に不安を喚起するような状況でも，不安は自然に軽くなっていくものであることを確かめ，彼の信念を試してみる，ということである。それから，曝露の細部を決めた。マイケルと臨床家は，彼が男性の初対面者と椅子に座って決まった話題なしに会話をする，ということで同意した。マイケルが治療を受けているクリニックで研究中の大学院生が，曝露のための「協力者」を務めた。この人は，単に自分自身として振る舞って，仲間の級友かパーティで出会った誰かとするように，マイケルと会話をするように，と言われた。クリニックの誰であっても（受付係，他の臨床家，運営管理者など）この役を演じられた。しかし，こういった人に手伝ってもらえないクリニックもあるので，そのような場合には，

臨床家相手に曝露を実行してもよい。

　曝露の詳細が決まって，マイケルは自分の自動思考を同定し，それらを論駁し，曝露の場にもち込むべき合理的反応を考え出すように言われた。マイケルの自動思考は主として，会話中に何を言ったらいいのかわからず気まずい沈黙に陥るということが中心になっていた。これらの思考を論駁したあと，マイケルは会話をうまく運ぶには相手側にも責任があることを忘れないように，「会話は両方向通行の道のようなものである」という合理的反応にたどり着いた。曝露の前に，マイケルは何か目標を立てるようにと言われた。最初にマイケルは「緊張しない」という目標を立てた。臨床家は，彼がどう感じるかということでなく，その状況で彼が何をするかということに基づく，もっと観察や測定が可能な目標を選ぶようにうながした。マイケルは，相手に自分自身について3つのことを伝え，逆に3つのことを相手に問うという目標を決めた。

　マイケルは計画した曝露をやり遂げた。会話はうまく進み，マイケルは自分自身についての情報を伝え，協力者をもっと知るために質問もした。しかし，セッションは会話の終結で終わるわけではない。曝露という行為は，臨床家の目には非常にうまくいったようにみえても，クライエントのほうは全く違う印象を受けて終わっている，ということもありうるのである。それゆえ，曝露法の最終段階は事後処理を実施し，経験から何を学んだか，クライエントと話し合うことである。

　初めにマイケルは，目標を達成したかと尋ねられた。彼は，達成したと認識していて，実際，自分に関して多くのことを伝え，また逆に質問して協力者について多くのことも学んでいたのである。臨床家は，会話中に緊張していたかどうか質問し，マイケルは緊張した，特に最初は，と答えた。それから臨床家は会話がうまくいったことと，緊張を感じたにもかかわらず，マイケルが目標を達成したことを強調した。次にマイケルは，当初抱いていた自動思考を再評価するように言われた。マイケルは，それらにはほとんど信憑性がなかったと報告した。彼には話せることがあったし，会話には長い間ができず，とても滑らかに進んだのである。最後に，マイケルは経験から何を学んだかと聞かれた。彼は，最高の学習ツールは，常に感情と行動を区別することだと説明した。彼は，社会的状況で問題になるのは，彼の感じ方ではなくて何をするかというこ

とだ，というアイディアが気に入っていた。この点をさらに話し合って，マイケルは，しばしば感情で判断して，社会的状況を退いていた（例：「私がとても不安に感じたので，説教は大失敗だった」）ことを認め，このような判断が，その後に同じような状況での自分の信念に影響していた（例：「この前，私は緊張してしまったので，今回もまた悲惨なことになるだろう」）ことを認めた。

　最初のセッション内曝露を終え，マイケルは同じような曝露をホームワークとして課された。その次の日，級友数人が彼を昼食に誘っていた。いつもなら彼は曝露の前に表現していたのと同じ理由（話すことがないのではないかと心配である）で，このようなことを避けていた。ホームワークとして，彼は昼食の誘いを受け，それを曝露として扱うように言われた。彼の臨床家は，行くのがいやになったら「持ち帰りメッセージ」のリストを見直すように勧めた。この初のセッション内曝露に続いて，マイケルは役に立ちそうな2つの持ち帰りメッセージを付加していた。「考えているよりも実行するほうがずっと容易であった」と「どう感じたかではなく，何をしたかに基づいて出来事を判断することが大事である」というものである。

　マイケルはまた，曝露過程を通じて彼を導いてくれるプリントを与えられ，それには事前準備（認知再構成法，合理的反応の案出，いくつかの目標設定）と，事後の総括（目標を達成したか，何を学習したか，など）も含まれていた。その曝露がすぐ翌日のことだったので，マイケルと臨床家は，その午後のもっと遅い時間に，電話でのセッションを予定した。これは2つの目的にかなうものであった。クライエントが曝露を初めて行うときには，何をしたかではなく，どう感じたかに基づいて成功を測定するという，身についてしまったやり方に陥ってしまい，自分自身が自分の最大の敵になってしまうことがありうる。電話での確認は，やってみたらうまく曝露をこなせたということを定着させるのに役立つだろう。電話での確認のもう1つの利点は，クライエントが曝露を行うと同意したのに，帰宅したらそれがうまくいかないというような場合に，問題点を排除する機会を提供できるということである。マイケルがそういう状態になっていたら，臨床家はホームワークをやり遂げるための助言をしたり，あるいは，当初予定した曝露が難しすぎたり機会を逸してしまっていたりしたときに別の曝露を課すこともできるだろう。このようにすれば，次回セッション

までの週全体が無駄にならず，クライエントはホームワークをやり遂げられなかったことで能力不足を感じて，まるまる1週間，意気消沈して過ごさなくてすむのである。

4 第6〜10回治療セッション―認知再構成法と恐れている状況への曝露を継続する

マイケルの治療はその後の5回にわたり，非常に円滑に進んだ。セッション内で，彼はさらに数回，男性，女性両方の協力者と世間話をし，事前の準備の度合いをいろいろと変えながら多くの説教を行った。彼はまた，課されたホームワークをやり遂げ，生活の中で自然にものごとが起きたときに，曝露の機会を付け加えることを忘れなかった。

この治療への取り組みには，行動的変化と認知的変化が並行していた。マイケルは自分の日常生活において，不安が大幅に低減したことに気づき，機能水準が非常に改善されたことを経験した。彼の授業成績は（はるかに少ない下準備でも）良好で，（回避するのではなく）説教したり教区民と交流したりする機会をつかみとり，多くの級友と親しくなっていた。彼はこの10セッションで，ミスを犯すことと拒絶されることに関する信念が大きく変わっていくのを経験した。彼はまた，ミスをする機会というのは予想していたよりもはるかに少ないということに気づき，実際にミスをしても（例：説教の途中で言葉につかえてしまったり，昼食時に誰にもウケない冗談を言ってしまったり），そんなに悪い結果にはならないことに気づくようになった。彼がミスをしても教区民が彼の説教に来なくなるようなことはなかったし，彼がくだらない冗談を言っても級友は友人でいてくれた。どちらかと言えば，マイケルは自分の社会的行動が増えることで，とてもプラスの結果を目にしていた。

この間，症例の概念化と治療計画は，どのように変化したのであろうか。第一に，社会恐怖の治療に全20回を費やす必要はないということが明らかになった。マイケルは非常に迅速に進歩して，社会不安を改善させるように，生活の中で発生する機会をすべて活かしていた。マイケルの臨床家は治療計画を改め，あと2〜3回の曝露を入れることにし，それから，再発予防と目標設定を

話し合うためのセッションを2回入れた。

　マイケルの問題リストのほかの項目はどうであろうか。それらの状態はどのようであり，それらに対処する時間を割り当てる必要があるだろうか。治療が進むにつれて，マイケルが自信をもって聖職者の道を追求するかどうかを決断することに，社会不安が妨害していた可能性が高いことが明らかになった。社会不安がそれほど心配でなくなると，マイケルは仕事を前よりもっと楽しめるようになり，教区民と接したり，宗教儀式の進行役をしたり，宗教生活のそのほかの面に関わっていくことを含む人生を容易に思い描けるようになってきていた。

　仕事への自信が深まると，マイケルは家族も彼の選択にもっと「同乗」しているのだと信じるようになった。両親が数回訪問してきて，彼が司祭役をする礼拝に参列した。両親は礼拝と，礼拝後にマイケルが教会に来た人たちとやりとりをしているようすをみて感激した。マイケルは，それでも両親は，家族をもつのを断念することになるという理由で，自分が聖職者になると決めれば不満に感じるとわかってはいたが，そのことを受け入れるようになった。彼はこのことを両親とよく話し合い，その点に関しては全員が意見を言うことができたと感じた。マイケルは，彼が聖職者になっても両親は支えてくれるだろうし，息子が結婚せずに子どもをもたないことになっても，その失望に対処してくれるはずだと，最終的には理解するようになった。

　この問題に関して言うと，これらの治療の間には，マイケル本人の結婚や子どもをもつことに対する考えは表面化しなかった。マイケルがその件を話し合いたいと思って治療に来たわけではないということもあって，臨床家はこの点を深追いしなかった。しかし，第10章で論じるように，この件はあとで浮上することになる。ここでは話をもとに戻し，この章の残りで，クライエントとの作業を文面化する方法について述べよう。

5 上手にクライエントの記録をとる

(1) 記録する理由

　クライエントについての記録は，2つの理由（法的・倫理的説明責任と望ま

しい臨床活動）から重要である。まず，説明責任から考察しよう。記録をしっかりとっておくことは，万一，懲罰処置の対象になるようなことがあった場合，自己防衛の優れた手段となる。心理学的報告書と同じように，カルテは「あなただけが見るもの」ではないことを，常に心に留めておこう。記録は最終的に，ほかの専門家やクライエント自身が読むこともありうるのである。時には，記録が法的事案のために，裁判所に提出されることもある。これらすべての「読む可能性がある人」に留意しつつ，臨床家はクライエントに対して侮蔑的なコメントをすることは避けるべきである。記録は簡潔に，読みやすく書き，できるだけ専門用語は避けること。もっと大事なのは，記録が完全なものであること。全セッションの説明，セッション外でのすべてのクライエントとの会話，ほかの専門家や，クライエントの生活に関わっている人たちとの全会話を網羅していなければならない。臨床家は，説明責任に関する限り，「記録にないことは起こらなかったと同じだ」ということを肝に銘じておこう。

　日常的にもっと関連があるのは，記録の臨床上の有用性である。特に，多くのクライエントを診ているのであれば，各セッション前に記録を読んで，クライエントに関する記憶を呼び覚ましておくことができる。クライエントの生活の詳細を思い出すことが難しくないとしても，記録はセッションの計画にも役立つ。ホームワークの情報と，次回のセッションにどのような計画が作成されたかということも記載しておくこと。

　経過メモを書いておくこともまた，症例の概念化という点でとても有用である。各セッションの終了時，メモをとるために時間を割けば，いやでも症例を再検討し，症例への理解や治療計画に修正を加えることが必要かどうか，検討することになる。

　もう1つの利点は，専門家の間のコミュニケーションを容易にするということである。これは治療の終了前に，（実習科目の配属変更や卒業などによって）ほかの臨床家にクライエントを任せることになる可能性があるような初心の臨床家にとっては特に重要である。症例についてほかの臨床家が書いたものを読めるというのは，非常に貴重な経験である。ほかの専門家（例：精神科医，過去においてあなたが治療したクライエントの治療を始めようとする臨床家）と症例について話し合うときに，あなたのセッション記録のすべてを渡すのが最

善ではないこともある，ということを覚えておこう。第一に，それは，効果的なコミュニケーション手段とは言えないだろう。多くのセッション分の記録を読み通すには，非常に時間がかかる。さらに，書かれていることの中には，ほかの専門家が効果的な仕事をするためには知る必要がない情報が含まれているかもしれない。けれども，わかりやすい記録がとってあれば，あなたは要約としての報告書をまとめることができ，これはほかの専門家にとって，より簡潔で関係のあることが書かれた書類になるだろう。

(2) 記録の内容

　表8.1に，クライエント記録の一般的な内容の概略をあげる。記録にはまず，人口統計学的な情報，すなわちクライエントの名前，生年月日，連絡先情報（住所，電話番号），緊急連絡先の情報が記載されていること。連絡方法に関して，特別な指示（例：自宅住所に郵便物を送らない，留守番電話の伝言にクリニックの名前を残さない）があれば，それも記録に書き留めるべきである。その症例に関してコミュニケーションを図ろうとしている，ほかの専門家への連絡方法の情報も入れたほうがいいかもしれない。

　記録はまた，すべての署名された同意書（査定への同意，治療への同意）と，ほかの保健医療の専門家と話し合う許可を与える署名つきの文書を含むべきである。最初の査定報告書とともに，治療費と予約の時間に来られなかった場合の措置に関する署名された同意書なども，クライエントの記録に入れること。

　記録に，クライエントとの各セッションのあとで書いた経過メモも加える。査定報告書と同様に，経過メモにはいろいろなバリエーションがある。スーパーバイザーに，どのような経過メモの書き方がよいか，尋ねてみるのがよいだろう。経験を積めば，独自の書き方ができるようになるだろう。D・E・ウィーガーは，DAP（データ，査定，計画）の形式を勧めている[45]。マイケルの治療セッションの1つから，見本としての経過記録を作成し，これを表8.2に示す。

　クライエントのカルテには，完成されたセルフ・モニタリング用紙，ホームワーク課題，階層表，思考記録，その他などの内容も盛り込まれるべきである。この「付加的資料」は，当然のことながら，治療の焦点をどこに当てるかで，大きく異なってくる。臨床家だけが治療の記録をとればよいのではない。クラ

表8.1　クライエント記録の内容のまとめ

人口統計学的情報
- 名前
- 生年月日
- 連絡先
- 連絡方法に関する特別な指示
- 緊急時の連絡先

署名された同意書
- 査定への同意
- 治療への同意
- ほかの保健医療の専門家と話をする許可
- 治療費と，予約を守れなかった場合に関する合意

最初の査定報告

経過（セッション）記録（必要であればスーパーバイザーの署名つき）

完成されたセルフ・モニタリング用紙，階層表，ホームワーク課題，他の資料

クライエントとの全接触の記録（例：電話，電子メール）

症例に関わる人とのあらゆる接触の記録

イエントにもまた，ファイルなりバインダーなりに印刷物と用紙を保存するようにうながすべきである。そうすれば，治療の共同的性質が強化される。クライエントの中には，セッション中にメモをとったり，ホームワーク課題を記録したり，モニタリングや思考記録のような書く形での課題を完成したり，臨床家に問う質問や心配事を書き留める目的でノートを購入したがる人もいる。

　セッションの記録に加えて，クライエントのカルテには，クライエント，あるいはその症例に関わった人との，あらゆる接触も記載すべきである。もしクライエントが臨床家と何かを話し合うために電話をしてくれば，その日付と時間，そして何を話し合ったかをカルテに書き込む。もしクライエントが電子メールを送ってきたら，これは印刷して（臨床家の返信と並べて）カルテに入れるべきである。同じように，もし臨床家がその症例に関わったほかの専門家や，クライエントの家族や友人と話をしていれば，こういった会話も記録すべきである。

表8.2 マイケルに関する経過記録（第2回セッション）

名前：マイケル・J
セッション：第2回
Ⅰ軸：社会恐怖
Ⅱ軸：査定されず
治療者：T博士
日付：2004年11月4日

セッションの目標と目的
心理教育を完了し，恐怖と回避の階層表を作成する。

データ

- 前セッションからのホームワーク：マイケルは，ストレスのかかる社会的状況で，不安の3つの構成要素をモニターするホームワークをすべて完成した。注目すべきことに，マイケルはホームワークをタイプし，大量の詳細を含めていた。これは，ホームワークを完璧に仕上げないとマイナスの評価を受けると心配したことを示しているようだった。

- 機能上の障害：マイケルは，教会のホームレスなどへのスープ提供活動で，ボランティアをしたり，地元の大学生向けに日曜の朝に礼拝の司祭役を務めたりして，非常に多忙な1週間を過ごした。これらの仕事をすべてこなすことができたが，苦悩なしで，とはいかなかった。土曜日の晩，彼は説教をリハーサルして，ずいぶん遅い時間まで起きていたので，日曜日の朝，教会でひどく疲労を感じていた。今週，マイケルは履修科目の1つのために，グループで行うプロジェクトを終えねばならなかった。彼は，プロジェクトのために大量の作業をしていたが，仲間に口頭発表はすべてやってくれるように頼んでいた。マイケルは成績に響くことを知りながらも，こうすることを決断した。

- 現在の問題・話題・ストレス因：上記のように，この1週間，社会不安によって非常に苦しんだ。通常の活動をこなせた一方で，社会不安と関連した多くの苦痛を経験したのである。しかし，彼はスープ提供活動を楽しみ，食事をもらいにきた人々とよい会話をできたと報告した。

- 介入：今日のセッションで私たちは，先週のセッションで学んだ教材を復習したあと，残りの教材を扱う作業を終えた。これは主として，考えうる社会不安の原因の議論から成るものだった。心理教育を通じて，マイケルは，社会不安の治療に対するCBTアプローチを明確に理解しているようだった。セッションの残り時間で，マイケルの階層表を作成した。階層表のコピーを家に持ち帰り，改善したいと思う項目を追加するように伝えた。

- 観察：マイケルは，治療プログラムの波に乗ってきたようだ。彼は，今週の説教の準備に費やした時間の長さに関して不安を表明し，授業での発表でスピーチをすることから逃避したあと自分に腹が立ったとも報告した。彼は，このような状況にもっとうまく対

応する方法を学ぶのを楽しみにしていると報告した。

査定
　最初の2セッションは順調に進行した。マイケルは明らかにCBTの方法を理解しており，自分の社会恐怖の改善のため，CBT技法を使い始めたがっている。

計画
・これからの1週間，不安の3要素をモニターし続ける。
・必要があれば，階層表に項目を追加する。
・次週，認知再構成法を開始する。

開始時間：午後4時　　　　**終了時間**：午後5時　　　　**継続時間**：1時間
次回予約：2004年11月11日　午後4時

臨床家の署名：　　＿＿＿＿＿＿＿＿＿＿＿＿＿＿

スーパーバイザーの署名：　＿＿＿＿＿＿＿＿＿＿＿＿＿＿

第9章
認知行動療法において クライエントの治療への非協力に善処する

　この章では，CBTにおけるクライエントの非協力，あるいは抵抗という問題に焦点を当てる。CBTは治療への構造化されたアプローチであるから，クライエントには，自分の機能水準を改善させるため，特定の課題をすることが期待される。治療の焦点に応じて，そのような課題には，思考記録の完成，セッション内とセッション外での曝露訓練の実行，飲酒やむちゃ食い行動のような行動を変えていくといったことが含まれるであろう。クライエントの治療への非協力というのは，望ましい治療結果にたどり着くために不可欠であると臨床家が判断する活動に前向きにしたがわない，ということである。これを考えると，クライエントの非協力はCBTにおいて大きな障壁になりうることは明らかである[31]。最高の技能をもつ臨床家でも，治療で自分の担当分をこなそうとしないクライエントと作業をすることには，困難を感じるものだ。臨床家は，まるであらゆる労作を自分だけでしたかのように疲労を感じて，そのようなセッションを終えるのである。クライエントに論理的根拠を信じさせようとしたり，ある課題の中身を交渉したり，非常に強固に保持された信念について話し合うことで，時間を費やしてしまうかもしれない。CBTの活発な性質を思えば，ほとんどの治療セッションが重労働のように感じられるであろうが，あなたとクライエントが一緒に登山しているように感じるのと，クライエントを背後に引きずりながら山を登っているように感じるのでは，その差はあまりにも大きすぎる。

　とは言え，うまくいかないセッションをすべてクライエントの非協力のせい

にする前に，治療過程の中で自分がどこに位置していたか考えてみること。治療の早期段階においては，臨床家のほうがより能動的な役割を果たすのは当然のことだ。心理教育の間に，効果的にクライエントに参加してもらったとしても，ほとんどあなたのほうから発言することになるだろう。認知的作業の早い段階でも，あなたはクライエントが自動思考を同定し，認知再構成法を行うことを能動的に助けることになるだろう。行動訓練を行うときには，どんな訓練をするか，あなたが決めることになるかもしれない。これは，クライエントが関係しないということでは全くない。あなたがクライエントを相当，導いていかなければならない，ということである。

治療の中期に入ると，ひとたびクライエントがCBTの中核的概念を把握したら，治療の中で，もっと能動的な役割を果たすようにすべきである。そうすることで，自分自身の治療者になる軌道に乗るのである。クライエントの中には，この役割にとてもよく馴染む者もいて，そのような場合は，あなたがもはや診なくなっても前進を続けるだろうと期待できる。

もっと深刻な問題を引き起こすクライエントもいるだろう。私たちの見解では，臨床家が非協力をどう感じるかということが大きな違いをもたらすようだ。フラストレーションと苛立ちの原因としてみるよりも，好奇心をもって，症例の概念化への情報源として利用してみること。何がその非協力の原因になっているのか探り出してみて，それから同定した障壁を避けられるような賢明な解決策を考案するように努力してみよう。このように，問題となる行動から感情的な距離をおくことは，治療関係という点で明らかに有益である。個人的に受け止めるよりも，クライエントをいかに助けるかということに注意を向けるのである。非協力的なクライエントが治療に本腰を入れて，最終的に成功を収めた場合には，治療はきわめてやりがいのあるものになる。次に，クライエントの非協力として現れる2つの障壁を論じ，それらを越えて前進し治療を継続するための方法をあげてみよう。

1 障壁1―クライエントをCBT過程に取り組ませることの難しさ

CBTが効果的に機能するためには，クライエントがこのアプローチを実行

できるとみなし，治療の核となる技法にしたがうことに前向きの姿勢でなければならない。CBTアプローチを「買わない」クライエントや，何らかの理由で変化への動機がないようなクライエントは，治療の過程で妨害になるような行動をとることがある。これらの行動を見抜いて，その解決方法を見つけるのは，CBTの臨床家が習得して磨いていくべき必須の技能である。

（1）繰り返しセッションに来ないクライエントや遅刻するクライエント

　前もってキャンセルせずに頻繁にセッションに現れなかったり，頻繁にセッションの時間を変更するように言ってきたり，セッションに遅れて来るクライエントがいる。このようなクライエントはCBTに強い恐怖を感じていたり，自らの変化する能力に疑問を抱いていたりするかもしれない。セッションに全く来ないことで，クライエントは治療の厳しい努力を避けられる。遅刻もまた，回避行動の例としてみることができる。クライエントがやっと到着したときに残っているセッション時間は，クライエントの遅刻を話し合って費やされてしまうことがよくある。治療の重労働は次回のセッションまで延期される。セッションを受けない行為や遅刻はまた，自己にハンディをつける方略ともとらえられる。もしクライエントが治療の作業に取り組まなければ，効果的に結果が出なくても，自分に対する感情が悪くなることもないのである。

問題を解決する

　こういった状況で，クライエントの圧力に屈してしまったら，臨床家とクライエントの双方にとって不利益なことである。臨床家からすれば，欠席と遅刻にはひどくフラストレーションを感じる。最初の数分間は，まだクライエントが到着するものと思っているから，クライエントが最終的に現れたらやめるしかないという理由で，ほかの作業をするのは難しい。クライエントが来ないことがわかったときには，次のクライエントが来るまでの時間は限られていて，何か生産的なことをするのに十分なほどは時間は残っていないだろう。クライエントが遅刻すれば，臨床家は「待ちぼうけ」を食らったことと，計画どおりにセッションを実行できなかったことで，腹立たしく感じるだろう。繰り返し遅刻するクライエントに対しては，何度も遅刻を話題にしてセッションの時間

を消費しなければならず，それも苦々しく思うだろう。このようなセッションは，初心の臨床家にとって特に不安を喚起するようなものになる。よい治療を実行する機会を拒絶されていると感じたり，クライエントが繰り返し欠席したり遅刻したりすることに対するスーパーバイザーの反応が気になったりするからだ。欠席と遅刻を繰り返せば，クライエントが治療から得られるはずの利益を奪われてしまうのは明らかなことだ。

手始めとしてふさわしいのは，クライエントにどうしてセッションに遅れたり，来なかったりしたのか，単刀直入に尋ねることである。率直に「今日に予定されていた例の曝露をやりたくなかったのです」「昨晩，泥酔してしまって，セッションに間に合うように起きられなかったのです」などと言うクライエントもいるだろう。このようにクライエントが率直であれば，心配していることに直接的な対応ができる。クライエントが，どうしてそのような行動をとってしまったのか，わからない，と言う場合には，臨床家は可能性のある理由をいくつか示すことができる。

そういうクライエントには，その日のセッションで起こりそうなことに緊張していたのかどうか尋ねたり，あるいは，前回のセッションで起きたことがよくない経験だったのかと尋ねたりすべきである。また，治療についてや，前向きの変化を起こす自分の能力についての思いが，そうさせたのかと尋ねてもよい。例えば，クライエントに「治療があなたの役に立たないと案じているのですか」のように質問することができる。最終的に，クライエントには，遅刻や欠席は治療を求めている主訴と関係しているのか，質問すべきである。うつのクライエントはセッションに来る動機を抱くことが難しいだろうし，強迫性障害のクライエントは家での儀式のせいで遅れてしまうかもしれないのである。そのほかには，不安のせいで面接時間があまり都合よくないということを伝えられなかった，というようなクライエントもいるかもしれない。

これらの質問の目的は，なぜクライエントが遅刻したり欠席したりするのかを同定することである。同定できたら，クライエントがそれを克服できるように，認知的技法と行動的技法を用いればよい。例えば，自己主張が苦手で，そのせいで設定した時間が不都合だと臨床家に言うことができなかったクライエントには，週の間にセッションの時間を繰り返し変更するために，臨床家に数

回電話をするという課題が与えられた。これは，臨床家にとって少々やっかいであったが，クライエントにとっては非常に効果的な練習であったということがわかった。クライエントがこの課題を達成してからは，臨床家とクライエントの双方に好都合なセッション時間を決められるようになった。それから臨床家とクライエントは自己主張訓練を続けるために，セッション内とホームワークで，たくさんの練習を加えた。

　最後に1つ，大事なことを付け加えておこう。初心の臨床家はよく，クライエントに好かれているかどうかを気にする。そのため，予約の変更についても，必要以上に融通をきかせたり，クライエントがひどく遅刻をしても面接に応じたりしがちである。ほとんどのクライエントがたまには約束を守らなかったりセッションに遅れてきたりするが，慢性的に遅刻したり定期的にセッションに来ないクライエントの要求に屈するのは，クライエントのためにならない。治療でのクライエントの行動は，治療外でのクライエントの生活への覗き窓であることと，このようなクライエントは仕事，社会的責任問題，そしてほかの約束についても同じような問題を抱えている可能性が高いことを覚えておこう。臨床家としては，このような行動に理解があるかもしれないが，クライエントの「実世界」にいる人たちは，それほど寛大ではないだろう。それを思えば，治療は，遅刻や欠席がほかの人や自分自身にマイナスの影響を与えることをクライエントが理解する最適の場なのである。

(2) セッション内の作業に抵抗するクライエント

　もっと経験豊かな臨床家にとっても，クライエントがちゃんと治療セッションに来ながら，提案されたほとんどのことを実行するのを頑として拒絶するというのは，いつでも興味深いことである。これはまるで，臨床家が魔法の杖を振ってすべての問題を消し去ってしまうことをクライエントが期待しているかのようである。休みがち，あるいは遅刻しがちなクライエントと同様に，このようなクライエント相手では，臨床家が時間を浪費していると考えてしまうのも無理からぬことであり，何ら努力をしないクライエントが席を占有している一方で，治療で努力しようとするクライエントが待たされているということを腹立たしく思うかもしれない。このような状況は，疑いもなくフラストレーシ

ョンがたまるものであるが，クライエントの前進を妨げているものが何なのか，探り当てようとすることが重要である。

問題を解決する

　治療には来るが要求された作業を行わないクライエントにとって，恐怖と半信半疑の思いが治療の妨げになっていることがよくある。ここでは，どのようにしてクライエントにこのような障壁を乗り越えさせるか，ということについて述べるが，その前に1つ，注意しておこう。時に，セッションの場に「いる」というだけの単純な行為で大きな報酬が得られるという理由で，治療には来ても努力をしないクライエントがいる。金銭的あるいはそのほかの利益（例：配偶者に「努力しているのだ」と信じさせる）のほうが，実際の変化以上に，そのようなクライエントには重要なのだろう。臨床家には，治療に取り組まないクライエントを治療する義務はない，ということを覚えておくことが大切であり，クライエントが本当に治療に取り組んでいると偽りの記載をして（例：障害の認定などのために）書類を完成するのは，非倫理的なことである。

　以上のことを述べた上で，もっと一般的なシナリオに戻ろう。CBTに取り組むと何が起きるのかということをクライエントが心配している場合である。まず手始めに，単純に何を恐れているのかとクライエントに尋ねてみるのがよい。時としてクライエントは，全く非合理的で，簡単な心理教育や認知行動的技法で矯正できるような恐怖を打ち明けることがある。例えば，摂食障害の多くのクライエントは，「普通」に食べ始めても体重が増え，その後際限もなく増加し続ける（例：約45キロの人がすぐに約136キロになる）と恐れている。パニック障害のクライエントで，もし自分がパニック症状を経験すると「そこから脱却できない」かもしれず，最終的に「精神病」になるのでは，と恐れている人もいる。このクライエントは，そうなったら残りの人生を精神病院の施錠された病棟で過ごすことになるだろうと信じていたのである。こんな恐ろしい結末にならないように，そのクライエントは自宅（パニック症状を経験しない唯一の場所）をほとんど出なかった。簡潔な心理教育をすれば，正常に摂食していてもいくらか体重が増えることはあるかもしれないが，それが際限なく続く可能性など低いということをクライエントに教えることができる。同じよ

うに，パニック症状が精神病につながるという証拠はない。恐怖をやわらげ治療への取り組みを円滑にするためには心理教育で十分，というクライエントもいるのである。

　心理教育では不十分というクライエントもいる。不思議なことだが，クライエントの誤った信念を一掃する最善の方法は，直接経験を通じて行うことなのである。例えば，摂食を正常化すれば，クライエントは体重が際限なく増えるものではないことを学ぶであろう。同様に，パニック症状を誘発することで，クライエントは自分が精神病になどならず，実際にはかなりうまく症状に対処できることを学ぶであろう。しかしながら，この道理をクライエントに飲み込ませるのが困難なこともある。そんなときには，CBTでは比較的ゆっくりと変化していくということをクライエントに思い出させるとよい。クライエントは治療の最初から，すぐに多少は変わらなければならないとはいえ，クライエントにはCBTでの経験を積み上げていくように（自己効力感を獲得し，非機能的信念の一部を払拭しながら，より困難な課題に取り組んでいく）励ましていく。

　有用であると思われるもう1つの方法は，クライエントに難しい課題を達成できたときにどう感じるか，考えさせることである。クライエントは時として，自分自身の心配している問題からかけ離れた想像をしがちだ。いい具体例として運動がある。運動をするため，朝6時にベッドを飛び出す人はあまりいない。一日のその時間に動機を高めるには，運動が終わったときにどのように感じるか，思い出すことである。運動しないと，一日そのことを後悔して過ごすかもしれない。その一方で，運動すれば，肯定的な思考以外は，運動のことを考えることはあまりないだろう。

　パニック症状のせいで精神病を発症することを恐れていたクライエントには，子どもを学校に送っていくことができたら，どのように感じるか尋ねた。彼女は，震えるほど恐ろしいと即答した。その後，彼女に「けれども，あなたがそれをやり遂げられて，恐れている結果が出なかったら，どうですか」と尋ねた。それ以前に幼い子どもを学校に送っていったことがなかったこのクライエントは，臨床家をほとんど畏怖するように見つめて答えた，「そうなったら，驚くべきことでしょう」。この達成感は，信じがたいほどにクライエントを動

機づけるものであり，彼女は治療の間中，何度も，困難な課題を達成できたらどんなに気分がいいか，思い出していた。

　もっと長期的な幅でみると，クライエントに費用対収益の分析をするように助けることも有効である。治療の潜在的な利益は，治療を行うことの代価を超えるものであろうか。たいていのクライエントは，得られるもののほうが潜在的損失を上回ることを認める。時々遭遇するのは，クライエントが何を獲得したいかわかっていないというものである。クライエントの中には，自分を苦しめ，悪い状況に陥れている問題がなくなったら生活がどのようなものになるか，非常にはっきりした予想図を描いて治療に来る人もいる。おそらく，このようなクライエントは，もっと多くの時間を子どもと過ごしたり，交際を始めたり，学校に戻ったり，希望の仕事につきたいのであろう。こういった願望をはっきり言葉にすることは，クライエントに強い影響をおよぼし，クライエントが介入に反発するときに引き戻すための「釣り針」としても利用できる。

　このような「生活がどのようなものになるか」というシナリオを明確にすることに，もっと困難を感じるクライエントもいる。これは，非常に長期にわたって問題を抱えていて，たぶんそこに戻りたいと思えるような，満足のいく病前の機能水準になかったクライエントによくみられる。こういったクライエントに対処するには，目標を固め，その達成のための問題を解決することに，ある程度の時間を費やす価値がある。例えば，成人になってから仕事に就いたことがないクライエントには，就業カウンセリングへの照会が有効かもしれない。クライエントが長期的な目標を形成できれば，治療への動機に大きな影響を与えるだろう。

　要約すると，次のようになる。臨床家は，セッションに来ても治療への努力を拒むクライエントにとまどうものだ。このような行為は，臨床家に焦りと不満を感じさせるが，クライエントは変わりたいと望んではいるのに何かが妨害していることを示している。妨げているものが何であるのかを究明するのが，私たちの仕事である。それが恐怖によるものである場合もあり，クライエントがそれを乗り越えられるように，CBT技法を使用できる。クライエントの変化への動機づけという面に問題がある場合もある。困難な変化を成し遂げたら生活がどのようなものとなるのか，クライエントが想像できれば，治療過程に

おいて非常に前向きな肯定的なステップになるだろう。

(3) 脱線戦術を用いるクライエント

　クライエントの中には，治療にやって来て，作業をすることに十分すぎるほどに前向きのようでありながら，そもそも治療を求めた問題への取り組みを常に先延ばしにしようとする人がいる。よくあるのは，毎週新たなストレスとなるような出来事を経験すると思われるクライエントである。例えば，広場恐怖を伴うパニック障害の治療に来院したクライエントをとりあげてみよう。治療プログラムが紹介されたとき，このクライエントは，恐れている状況と症状に自らを曝露するという考えに非常に恐怖を感じた。治療で曝露がまさに始まろうとするころ，このクライエントは毎週，危機的な状況を経験するようになった。ある週には恋人と破局し，翌週は同僚と口論をし，さらに翌週にはもうすぐ手術を受ける母親のことをとても心配していた。このクライエントは，自らのパニック障害に焦点を当てるよりも，これらのストレスになる出来事について話し合いたい，と言ってセッションにやって来た。このシナリオは，初心の臨床家にとっては変化球を投げつけてくるようなものだろう。治療目標（クライエントがパニック障害に対処することを助ける）に忠実であれというプレッシャーもあるだろうし，クライエントの新しい問題をいつも排除していたら共感が足りない臨床家という印象を与えるかもしれないのである。

問題を解決する

　ストレス因と主訴の間の関係の性質を調べるのは，非常に重要である。なんらかの有意味な形で関連していることがよくあるからである。クライエントがこのような関連に気づけば，臨床家が望むように，治療を軌道からそれないように進めることができるだろう。

臨床家：トム，この数週間にあなたの生活で起こってきたことと，あなたのパニック症状の間に，何か関連性がありますか。
トム：ええ，この重なるストレスで，もっと多くのパニック発作が起こっていると思います。

臨床家：それは重大な観察です。その関係が，逆方向にはどのように作用しているか，何か考えられますか。パニックのほうが，あなたが経験しているストレス因に何らかの役割を演じましたか。

トム：どういう意味でしょうか。

臨床家：それでは，数週間前の，アンとあなたが別れたときの最初の困難な状況から始めましょう。パニックはその件と何か関係していますか。

トム：もちろんです。アンはすっかりうんざりしていた，ということです。私をご覧ください。映画にも行けないし，旅行にも行けず，ジムにも通えないのです。こういうことを，かつては年中していたんです。今では何もできないほど神経過敏になってしまいました。

臨床家：職場での対立はどうですか。

トム：メアリーは私に激怒していました。一緒にプロジェクトをやっていたのですが，私は締め切り前に2日間，仕事を休んだのです。寝起きが悪くて。ベッドから出るなり不安に駆られて，仕事に出たら一日中うろたえているだろうと，いやでもわかってしまいました。メアリーは，プロジェクトのすべてを仕上げなければならなくなったんです。

臨床家：ということは，ここにも，パニック障害とストレス因の間のかなりはっきりしたつながりがあるというのですね。

トム：そう思います。

臨床家：それで，あなたは，毎週このような実際にあったストレスとなる出来事を，話し合いたいと思って来院したのですね。たった今話し合ったことを踏まえて，この問題に取り組む別の方法はありますか。

トム：わかりません。ここに来たときに私が考えられるのは，1週間の間にうまくいかなかったことについて，いかに自分が動揺しているか，ということだけです。

臨床家：翌週，それ以上にストレスになることが続くことを防ぐ，というのはどうですか。

トム：できたら，そうしたいです。

臨床家：それでは，考えてみましょう。もしパニックがこれらの対人的状況でかなり直接的な役割を果たしているとすれば，パニックを改善するように

したら何が起こりますか。
トム：ああ。それでは，先生は，もし私がパニックを治すように努力すれば，アンは私と別れなかっただろうし，メアリーは私に激怒しなかっただろうし，人生は完璧であっただろうと言われるのですか。
臨床家：それは知る由もないですし，すでに起きてしまったことは変えられません。けれども，別の女性と交際を始めるときとか，次回グループ発表を行う際にもっとうまくやることといった観点で考えてみてはどうですか。
トム：パニックがよくなれば，もっと楽にこなせるとおっしゃっているのですね。
臨床家：楽になると思いますか。
トム：その，今現在は，私と付き合う女性なんていないでしょう。家を出ることもほとんど不可能なのです。それに，ええ，職場での次のプレゼンテーションに，もう脅えています。
臨床家：数週間は，本気でパニックに焦点を当てて，それがセッション外での生活にどう影響するか，ようすをみる価値があると思いますか。
トム：ということは，殻を破り捨てて，例の曝露をやってみるという意味ですか。
臨床家：そうです。そういう意味です。
トム：やりたくはないですが，ほかに何ができるでしょう。

　時には，生活上でのストレス因と訴えられている問題の間の関係がこれほど明確でないこともあり，全く関連性のないこともある。このような症例では，2通りの結末が考えられる。クライエントが治療途中にあっても，セッション外での生活は続き，急を要する問題が実際に発生する。これらの「火消し」のために，しばらくの間，主訴から焦点をずらすことが適切であることもありうる。問題があまりにも動揺させるもので，ほかのことに集中することが難しいとき（例：結婚の破綻，愛する者の死）や，問題を解決するのに時間的な制約があるとき（例：ある期限までに仕事のオファーを受諾するかどうか）には，このようなやり方が妥当である。このような場合は，クライエントと臨床家は，危機的状況について扱うセッションの回数と，その時点に達したら主要な問題

へと焦点を戻すことに合意しておく。

　これ以外のクライエントは，言ってみれば「本日の」危機を携えて治療にやって来る。常に新しい問題を抱え，それは特に重大とも緊迫しているとも思われないものである。臨床家は，単にあまりにも恐ろしいという理由で，クライエントがそもそも治療を求めた「真の」問題を回避しようとしているのかどうか，考察すべきである。最初の曝露セッションの次のセッションでのパニック障害のクライエントを考えてみよう。

トム：私たちが先週地下鉄に乗車しても状況が改善したわけではないことを，先生に知っていただきたいです。母のことでひどくストレスを感じているので，今日はそのことを話したいのです。
臨床家：「状況が改善したわけではない」というのは，どういう意味なのか，話してくれますか。
トム：今週，何度もパニック発作を経験したのです。だから，ほかのいろいろなことをやるという気には，とてもなれません。
臨床家：少しの間，今週分として設定した目標を考えてみましょう。何であったか，覚えていますか。
トム：ノートに書き留めたと思います。あまり思い出せません。
臨床家：では，見てみましょう。
トム：私の目標は今週3回地下鉄に乗ることだ，とここに書いてあります。
臨床家：それで？
トム：乗りませんでした。ひどく緊張してしまって。いつものパニック発作が全開で，地下鉄に乗ったら確実に発作を起こすとわかっていましたから。
臨床家：なるほど。ここで，いくつかのことをみていきましょう。先週一緒に地下鉄に乗ったとき，どのような感じでしたか。
トム：大丈夫でした。
臨床家：それだけですか。
トム：先週のセッションのあとは本当に興奮していました。高校生のときから地下鉄には乗っていなかったのですから。
臨床家：この曝露の目標は何でしたか。

トム：ただ地下鉄に乗ることです。先生は私に，地下鉄に乗って，しかもパニックを起こさないという目標は立てさせないでしょう。

臨床家：どうしてですか。

トム：その，先生はどう感じたか，ではなくて，やってみるということが大事なのだと言いました。

臨床家：では，パニック発作を起こしたかどうかは重要ではなかった。

トム：重要ではなかった，とは言えません！

臨床家：そうですね。私が言わんとしたのは，曝露の結果にとっては重要でなかったということです。

トム：そうです。

臨床家：では，もし今週，地下鉄に乗っていたとしたら，何が起きていたと思いますか。

トム：パニック発作を起こしていたかもしれません。

臨床家：起こしていたかもしれない。それでも，発作は有用な経験になりえたでしょうか。

トム：かもしれません。実際に発作が襲ってきても何とかできるということを理解するということが，大事なのだと思います。

臨床家：そのとおりです。では，次の質問をしましょう。もし今週あなたが地下鉄に乗って肯定的な経験をしていたら，今日のセッションですべきことについて，違う気持ちを抱いていただろうと思いませんか。

トム：おそらく。今週，地下鉄の件で努力をして，うまくこなせたと感じたなら，今日のセッションでは次のことをする準備ができていたでしょう。

臨床家：それは興味深い考えです。それを心に留めた上で，今日，何をしたら有益だと思いますか。

トム：ええと，高いビルのエレベーターに乗ってみることになっていました。たぶん，そこまで地下鉄に乗っていって，もう少し練習できるでしょう。それで，今日，2つのことをできるでしょう。

臨床家：それはすばらしいアイディアだと思います。それから，セッションの最後に少し時間を割いて，お母さんのようすと，その状況であなたが経験しているストレスにどう対処するか，話し合いましょう。

トム：わかりました。

　要約してみよう。脱線戦術を用いるクライエントに対処するには，いろいろな方法がある。最も重要なのは，治療の焦点とされている問題からなぜ注意をそらすのかがわかるように，クライエントと一緒にやってみることである。時として，クライエントにとって最も問題となることが時間の経過とともに実際に変わってしまうこともあり，そういう場合には治療の柔軟性が要求される。それ以外の場合，クライエントは，生活におけるいろいろな問題の間の関連性をしばしば認識できずに，主要な問題に対して努力することを回避する手段として，ほかの問題をもち出してくる。治療を軌道に戻すには，クライエントがこのような関連性を理解できるように援助することが大事である。最後に，治療計画に合致しない案件をクライエントがもち出すたびに毎回完全に封印するべきではないということである。このようにすると，クライエントは共感や理解，思いやりがないと感じてしまうだろう。そのようにせず，治療がひどくそれないようにしながらも，ほかの問題のためにもいくらかの時間が残るように，そしてもっと多くの時間を費やすべきか判断するために，アジェンダに組み入れるようにする。

(4) ホームワークに抵抗するクライエント

　生活の中で再びホームワークを出されると考えると最初は尻込みするが，その基盤にある論理的根拠を理解すれば，かなり積極的になるクライエントが多い。残念ながら，前向きの意図は必ずしも実行に移されず，ホームワークを完成せずにセッションにやって来るクライエントに慣れてしまうこともあるだろう。ホームワークをしてこなかったのにはいろいろな要因があり，その後のホームワークにうまくしたがってもらうには，その要因が何だったのかを理解することが大事である。

問題を解決する

　ホームワークへの非協力にからむ問題は，クライエントの責任ということもありうるが，臨床家に原因があることもある。クライエントの果たす役割を考

える前に，ホームワークをするようにうながすには臨床家が何をすべきか，はっきりさせることが大事だろう。臨床家はよく，ホームワークをひび割れの間に滑り落ちるようにとりこぼしてしまうことがある。セッションの最後に課すことを忘れてしまったり，次回セッションの最初に見直すことを忘れてしまったりすることもある。このようなことから，クライエントがホームワークは治療にとって重大ではないと思うようになったら，あまり熱心ではなくなるだろう。

セッションのアジェンダは，この問題に対応する上で非常に有用である。セッションの最後に，必ずホームワークを課すのに十分な時間を残すこと。クライエントには，その週の間にするべきことを忘れないように，ホームワーク課題を書き留めるように勧めるとよい。あなたも彼らの課題を記録すべきで，次のセッションの最初のアジェンダはそのリストに戻り，その中の項目をとりあげるべきである。

臨床家の側の問題としては，ホームワーク課題について統制権を握りすぎてしまうことである。治療の早期では，臨床家がホームワークを企画するのが適切であるが，のちのち，この役割はクライエントのほうに移行すべきである。確かに臨床家はこの過程でガイド役を果たすべきではあるが，企画をクライエントにしてもらったほうがホームワークをやり遂げる可能性が高い。そういう意味では，ホームワーク課題は，クライエントの心配していることと関連したものにすべきである。広場恐怖を伴うパニック障害のクライエントが大都市の外の小さな街に住んでいて，都市に出る必要がまれにしかないのであれば，地下鉄に乗るとか高いビルの上までエレベーターに乗るといったことを臨床家がホームワークとして課してもあまり意味はないだろう。それよりもクライエントは，地元のスーパーマーケットに行ったり，子どもを図書館に連れて行ったりしたい，と臨床家に言うことだろう。クライエントは自分に関係のあるホームワークならする可能性が高いだろうし，日々の生活における機能の改善という点で，治療からもっと多くを得ることになるだろう。

臨床家側の問題としては，ホームワークを行うようにクライエントを適切に強化する点での失敗がある。クライエントがホームワークをやり遂げるそのこと自体に充実感を味わうのは確かに大切だが，臨床家からの励ましも強い後押

しになるだろう。臨床家は時には，クライエントが行う重労働に対して，チアリーダーとなることが必要なのである。

　ホームワークへの非協力はまた，クライエントに関係したことが原因であることもある。クライエントがホームワークを行わなかった理由として，時間がなかったと言うことがよくある。初心の臨床家は，クライエントに共感的でありたいと思い，これを弁明として受け入れてしまうことがある。これは，クライエントのためにはならない。ホームワークはCBTの本質的な部分である。クライエントが問題の改善に努力すればするほど，治療が前向きに効果を上げる可能性も高くなるのである。

　「時間がありませんでした」という言い訳は，治療の早い段階で対処すべきである。1つの解決策として，いつ，どこでホームワークを行うか，クライエントが計画するのを手伝うことである。これは，非常に単純なことに思われるが，多くのクライエントにとっては現実的な障壁なのである。クライエントは生活の中で，あまりに多くのことに追われていて，計画を実行に移すのが難しいこともあるだろう。例えば，パニック障害を抱えているトムには，セッション内で臨床家と一緒に地下鉄に乗った翌週，地下鉄曝露を実行するように計画を援助することもできた。トムが地下鉄を避けるために職場に徒歩で通勤しているのならば，トムと臨床家はその週，毎日トムが地下鉄に乗るという計画を立てることもできたであろう。このようにすれば，トムはホームワークのために別の時間をとらなくてもすんだことだろう。その代わりに，トムはすでに多忙なスケジュールにホームワークを組み込み，実際，職場に短時間で到着することで時間を節約できただろう。

　ホームワークは，いつもこのようにきれいにまとまった形で，クライエントの日常に統合できるわけではない。むしろクライエントは，友人に電話をしたり，請求書の支払いをすませたり，ジムに通うために時間を作るのと同じように，ホームワークのための時間を捻出することがいかに大事であるのか，理解することが必要である。生活の中で非常に多くのことが進行しているクライエントは，実際，ホームワークに専心するために，治療の間はほかの活動を保留にしておかねばならないかもしれない。もしクライエントが，ホームワークのために適当な時間をとりたがらないのなら，論理的裏づけに立ち返って，クラ

イエントと一緒に，なぜホームワークが治療過程にとってそれほど重要であるのか見直すことが大事である。CBTが重労働であることは確かだが，臨床家はクライエントに対して，努力なしに変化は生じないということを強調しなければならない。しかし，同時に，クライエントには，ホームワークを行ったことに対して自らにほうびを与えるよう勧めるべきである。クライエントは好物（例：「このホームワーク課題をやったら，チョコレートチップクッキーを食べよう」）なり，好きな活動（例：「思考記録を終えたら，お気に入りのテレビ番組を見よう」）なりで，自分をねぎらうこともできよう。私たちが診たクライエントの中には，ひとたび治療が完了したら，週末旅行に行くとか何枚か新しい服を買うといった，特別なごほうびを計画した人もいた。

　ホームワークの実行のもう1つ障壁として，臨床家の責任であることも，クライエントの責任であることも，双方の責任であるとも考えられるものだが，難しすぎたり，時間がかかりすぎたりするホームワークを課してしまうというのがある。これが問題であったと臨床家に伝えるクライエントもいるであろうし，ホームワークをする時間がなかったと言うのだが，少し探りを入れると，これが本当の理由であると認める者もあるだろう。治療の早期には，クライエントに肯定的な経験をしてほしいものだ。治療をこなしていけると感じ，治療を行えばプラスの効果が得られると思ってほしいのである。それゆえに，もし治療の早い段階でクライエントが，ホームワークが多すぎるとか，ホームワーク課題が難しすぎると不満を表したら，何らかの変更をしたほうがよい。ホームワークをやめてしまうのではなく，もっとやりやすいものを課せばよいのである。課題が簡単すぎると思うこともあるだろうが，ホームワーク課題をうまくこなせれば，クライエントがその後のホームワーク課題をやり遂げる確率が高くなるのである。治療の後期になれば，ホームワーク課題の企画に際してより能動的な役割を果たすように，クライエントをうながすべきである。時としてクライエントは「咀嚼できる以上のものをかじりとってしまい」，つまり，手に余るようなホームワークを計画してしまい，できなかったと報告することを恥ずかしいと感じたりする。理想的には，ホームワーク課題を考えている最中に，臨床家がこのようなことを察知すべきである。それができずに，次回のセッションでクライエントが「失敗」を報告したら，臨床家はクライエントが

ホームワークを行えなかった要因を同定し，次週に向けてそれらの要因を考慮に入れた課題を考えるように支援すべきである。

最後に，クライエントの中には，誤ったやり方で行って臨床家に否定的な評価を受けることを気にして，ホームワークをしない者もいる。こういうことはよくあるので，治療開始のときにきちんと対応しておくこと。ホームワークが課される最初の回に，多くのクライエントがホームワークによって臨床家に判断されてしまうことを心配し，それが原因でホームワークをしないクライエントもいるということを話してあげればよい。臨床家というのは，クライエントに判断を下すためではなく，新たな技法を教えるために，ここにいるのだ，ということをクライエントに伝えること。このメッセージは，治療を通じて，繰り返し伝えていくべきである。

こういうことが起きないようにするには，クライエントのホームワークに対するあなたの反応に用心することである。特に治療の早期では，クライエントが私たちの希望したようにホームワークを行わないのはよくあることである。間違いを修正することはとても大事だが，まずは，行ったことについてクライエントをほめ，それから穏やかに，次回の課題をもっとうまくこなせるようにアドバイスすること。

(5) 最後に考察すべきこと－クライエントは心理的問題のない生活に脅えているか

見かけ上は変わることに前向きなようすで治療にやって来るが，その方向に自分を動かすための努力はほとんどしないというクライエントもいる。セッションに来ないかもしれないし，遅刻することもあるだろうし，実際にやって来ても私たちの提案に反抗的であることも考えられる。臨床家は常に，クライエントが生活の中で変わるということに緊張しているのかどうか（主として，問題を解決したときに生活で待ちうけているもの，というのが理由で），考慮していかなければならない。すでに述べたように，治療に来る原因となっている問題に悩まされなくなったら生活がどのようなものになるか，とてもはっきりとした展望を抱いているクライエントもいる。これは，非常にうまく機能しているクライエントに言えることである。このようなクライエントは，愛する仕

事に戻りたい，友人や家族ともっと多くの時間を過ごしたい，あるいはたぶん，心理的問題に邪魔されていた新しい目標を達成する努力をしたい，などと望むことであろう。また，戻りたいと思える対象はもっていないかもしれないが，より望ましい生活のイメージを描くことはできるというクライエントもいるだろう。

　長い間心理的問題で苦しんできたクライエントは，人生で多くのことを手に入れ損ねたかのように感じている可能性がある，と意識しておくことは重要である。こういうクライエントが周辺を見渡して，一緒に成長した人々（友人，兄弟，級友）が自分は達成できなかったことを達成しているのを目にすることもあるだろう。例えば，クライエントの兄弟なり姉妹なりは住宅を購入し，結婚し，子どもをもって，職業も確立しているかもしれない。少なくとも部分的には心理的問題のせいで，独身のままで，友人を失い，職業も確定せず，経済的にも困窮しているようなクライエントにとっては，この比較はひどくつらいものになるだろう。さらには，クライエントは「乗り遅れた」と感じ，こういったことを達成するには今では遅すぎると感じることもあるだろう。これでは，治療で懸命の努力をするという動機が，確実に減退してしまう。とどのつまり，トンネルの出口に見える灯りは，特別明るいものではないのだから。

　臨床家は，クライエントが打ち明けたこれらの信念に，注意を払うべきである。治療を実施することの代償と利益についてクライエントに質問したり，これと関連して，治療が終わったら生活がどのようになると思い描いているか尋ねたりすると，これらの信念が明らかになってくる。このような「乗り遅れ」に関しての心配は，クライエントに何を手に入れ損ねたと感じているのか明確にするようにうながし，ギャップを埋めるためにどんなことをすればよいかということを治療にとり込んでいくべきである。例えば，もしクライエントが職業上の地位を確立したことが全くないので，治療が終わっても自活できないであろうと恐れているのであれば，そのクライエントと職業に関連した問題を話し合ったり，職業カウンセラーに紹介したりすることもできる。同じように，クライエントが新しい友人や恋愛対象になりうる相手と会える方法を治療の中に組み入れることもできよう。要は，このような重要な目標の達成を妨げていると感じているバリアをクライエントが乗り越えていくのを支援するため，認

知的技法や行動的技法を用いるということである。

2 障壁2－治療関係に関してクライエントが抱える困難

　非常に批判的な家庭で育ったクライエントも案外多い。感情を表現することを受け入れてくれない家族や，心理的問題を抱えることを恥とするような家庭である。成人になってから，このようなクライエントは配偶者などの重要な他者に助けや支援を求めたかもしれないが，子どもの頃と同じようにすげなく拒絶されたということもありうる。こういうクライエントが人生で関わった人々が，クライエントの問題によって「引きずり落とされる」ことを望まなかったり，クライエントの問題を理解することが困難であったりした可能性もある。重要な他者からの支援は受けるのだが，与えられる助言は役に立たない（例「さっさと抜け出せばいいのよ」）というクライエントもいるだろう。クライエントはこのような経験から，臨床家も人生で関わってきた人たちと同じように自分に反応するだろうと思って治療にやって来る。臨床家の言うことは何も役に立たないという予想さえしているかもしれない。このように思っていたら，クライエントは治療過程にマイナスの影響を与えるような行動のしかたをしてしまうだろう。すでに注意したように，治療に抵触するような行動に否定的に反応するよりも，好奇心をもって考察し，クライエントの生活にどう関係している可能性があるのか考え出し，治療の場にもっとよい影響をおよぼすようなやり方で行動するように，クライエントを導くべきである。

(1)「クライエントが心を開こうとしない」

　くつろいで自分の問題を伝えることが楽になるようにしてあげようと最大限の努力をしても，なかなか自分をさらけ出さないクライエントもいる。クライエントの中には，かなり話はするものの，自分の問題に関して完全には率直な話し方はしていない，という感触が残る者もいる。質問に1語で応答したり，最も基本的な情報だけを出してきたりする。ある種の質問には，答えることを全面的に拒否するクライエントもいる。このようなことでは，治療はできなくはないが，非常に困難なものになるだろう。

第9章 認知行動療法においてクライエントの治療への非協力に善処する　*231*

> 問題を解決する

　この問題に対処するには，直接的に，しかし共感的に話すことがいちばんである。まず，クライエントに対して観察したことを話す（例：「これらの問題を話すのをためらっているように思われます」）。それから，「はい」「いいえ」では答えられないような質問をするとよい（例：「何を心配しているのですか」）。1つの単語での回答ですまされてしまうので，非協力的なクライエントに「はい」「いいえ」で答えられる質問（例：「不快に感じていますか」）をするのは，よい方法ではない。

　どうしてクライエントは臨床家に個人的な情報を伝えることをためらったりするのだろうか。守秘性を案じるクライエントもいる。以前に臨床家との間で否定的な経験をしたのかもしれないし，人生で関わった人に侵害を受けた（例：きょうだいが親にプライバシーに関わることをもらす）と感じたことがあるのかもしれない。守秘義務の問題は，非常に早い段階で話し合われるものだが，話したがらないクライエントに対しては，秘密厳守に配慮し，安全を保証するための努力をすることを繰り返し話すことが非常に有用であろう。

　ほかによくあるクライエントの懸念としては，自分の抱えている問題のせいで，臨床家から否定的な評価を受けるだろうというものである。こういう心配をするには，理由があるのだろう。クライエントは過去に，重要な他者に問題を打ち明けて，実際に否定的な評価を下されたことがあるのかもしれない。クライエントの中には悪い評価を受けることを恐れて，いまだかつて自分の問題を誰にも話したことがない者もいる。それゆえに，このようなクライエントは，実際に話したときに他人の反応が否定的なものになるだろうという持論に反駁するような証拠を何ももっていないのである。

　厳密にはクライエントが恐れているものは，何なのであろう。広い見地からみると，クライエントは単に精神保健上の問題を抱えているというだけで，人生で接触してきた他人に否定的に判断されてしまったということである。治療を受けているということは，クライエントが精神保健上の問題を抱えていることと，治療を必要としていることを認めたことにほかならない。このことは，精神保健上の問題は弱さの印であると信じるように育てられたクライエントや，このような信念をもっている配偶者（あるいは親密な間柄の他人）がいる

クライエントには，とてもつらいことだろう。このような場合には，クライエントが自分の状況を異なった見方でみることができるように，認知再構成法を用いることができる。治療を求めることを弱さの印とみなす人がいるだろうが，それは勇気の印としてみることもできるのである。クライエントは自らの生活を改善するために，非常に厳しい努力をすることを決意したのである。治療をこのように考えれば，弱さの印とみるよりもずっと前向きで，動機を高めるものになる。

　もっと具体的に言えば，クライエントの中には，抱えている症状に対して批判的なフィードバックを受け取った者もいるかもしれない。奇妙だ，異常だ，気が変だ，といったレッテルを，他人に貼られた（あるいは他人によってレッテルを貼られると恐れた）ことがあるのかもしれない。そうであれば，自分の症状を臨床家に打ち明けたら同じような反応を生み出すのではないかと心配することもあろう。クライエントはよく，こういうコメントをする。「何が起こっているのか，お話しできません。先生は私のことを全くの変わり者だと思うでしょう」，あるいは「私の問題のすべてはお話ししません。先生は，私と同じような経験をしているクライエントには，決して会ったことがないでしょう」といった言葉である。このようなときには，自分がそこにいるのは，審判するためではなく助けるためなのであるということを，クライエントに知らせることが大事である。実際に情報を話すようになって，あなたの反応が支援的で，批判的ではなく共感的であれば，クライエントはあなたの言ったことが本当だとよくわかるだろう。

　クライエントの生活における重要な他者たちも，問題の原因と「問題を直す」能力の両方，あるいは一方について，クライエントに非があると感じさせたのかもしれない。暴行を受けた5年後にPTSD（外傷後ストレス障害）の治療に現れた，ジェーンという若い女性の症例を考えてみる。治療の間，ジェーンはなかなか自分の話の細部を臨床家に伝えようとしなかった。

臨床家：何が起こったのか，私に打ち明けることに，苦労しているようですね。
ジェーン：はい。思ったよりも難しいです。
臨床家：何が起きたのか，ほかの人に話したことはありますか。

ジェーン：二人に。それで，ああ，（皮肉っぽく）いいな経験でしたこと。
臨床家：そのことを話してくれますか。
ジェーン：その，すでにお話したように，大学時代にほとんど知らない男に乱暴されたのです。乱暴された数日後に，ルームメイトに話しました。それがひどかったのです。
臨床家：彼女はどんな反応をしましたか。
ジェーン：その，私が招いたことだと言いました。
臨床家：それは，あなたには本当につらいことだったでしょう。特に直後では。
ジェーン：先生も，同じことを考えているにちがいありません。つまり，ほとんど知りもしない男と帰宅するなんて，災難を招いているようなものだと，先生も思うでしょう？
臨床家：どのような女性でも，「乱暴されるように求める」などとは，考えません。
ジェーン：でも，実際に私はたぶん，求めたのです。その男性と一度だけデートに出かけ，帰りに彼がアパートに招いて，それで，一杯飲んだあとに私に暴行したのです。
臨床家：そのような恐ろしい経験をしたのに，その上，友人の支えや助けを得られなかったなんて，つらかったでしょう。
ジェーン：もう一度やってみたときも，あまりうまくいきませんでした。
臨床家：それは，いつのことですか。
ジェーン：3年くらい前です。その後，大学時代は全くデートをしませんでした。3年前，やっとデートをするようになって，ある男性に出会って本当に好きになったのです。けれども，とても親密な状況になると，私は動揺して，準備ができていないと言ってしまうのです。私について，彼が理解していないことがとてもたくさんあるように感じたのです。
臨床家：それで，彼に暴行の件を話された？
ジェーン：話しました。それで，彼が何と言ったと思いますか。
臨床家：何と言いましたか。
ジェーン：3年も前のことだろう，とっとと忘れてしまえ，と言いました。彼には，私がそのことにまだ苦しんでいることが理解できなかったのです。

臨床家：救いを求めたのに，そのようにいやな経験をしたことを，お気の毒に思います。私に会いに来てくれたことを，本当にうれしく思います。そのような悪い経験が，自分がここにいることをどう感じるかということにまで，先入観を与えてしまったようです。私の感じていることは，あたっていますか。

ジェーン：私は，誰も信頼しないというところまで来ています。私の話を聞いたら誰でも，私が悪かったのだ，もっと私が努力していたらそんなことなどすべて克服できているはずだと考えるのだと思います。

臨床家：あなたに起きたことを一部でいいですから，私に話してくれましたが，私は全くそのような反応をしていませんよ。実際，正反対です。

ジェーン：どういう意味でしょう。

臨床家：つまり，私たちはここで，暴行を受けたおおぜいの女性と仕事をしています。自分にそのようなことが降りかかるように求めた女性には，いまだ会ったことがありません。そして，長いこと新たな歩みを始めようとしたけれども，ひとりではできないという女性にたくさん出会ってきました。助けを求めて来院することは，非常に勇気がいることだと思います。

ジェーン：では，安心して先生にこういうことを話すべきだとおっしゃるのですか。

臨床家：クライエントに，どう感じる「べき」だとは言いたくありません。言えることは，たった今の私のあなたへの反応は，あなたのルームメイトや元恋人がみせたような反応とは全く異なるということだけです。経験されたことを踏まえれば，あなたが話したがらないのは理解できます。それでも，あなたがここでは安らげて，非難されずにいろいろ話すことができる，と信じてほしいと思います。

ジェーン：先生には，もう少しお話ししてもいいと思います。

　要約してみよう。多くを伝えたがらないクライエントに対処するにはまず，クライエントが実際に話すと何が起こると恐れているのか，探りだそうとすることである。秘密がもれると心配しているのか。臨床家が自分を弱いとか頭がおかしいとみなすと恐れているのか。過去にほかの人からされたような，助け

にならず責めるような反応を臨床家も示すことに神経をとがらせているのだろうか。臨床家が，これらの心配を明確にしてクライエントを助ければ，治療関係は否定的な判断ではなく，支持と共感に基づいた独特なものであるということを，クライエントは理解していくだろう。

(2)「クライエントが話しすぎる」

それとは対照的に，何もかも伝えたがるクライエントもいる。このようなクライエントは，非常に高度に構造化された査定尺度（例：構造化面接）や，治療介入（例：CBT）をしているときには，特にやりにくいことがある。よく話すクライエントに話させないようにするのは，非常に難しい。治療はクライエントが自己開示できるということを前提にしているとはいえ，大量の余計な情報というものは一般的には生産的ではないのである。その上，クライエントが私たちに大量の情報を集中砲撃のように浴びせてくると，治療にとって最も大切な情報を聞き出せなくなるだろう。

> 問題を解決する

話ししぶるクライエントの場合と同じように，話しすぎるクライエントに対処するときは，直接的に話して，なぜクライエントが簡潔に話せないのか，探り出していくべきである。特に査定過程で考えられるのは，治療という環境で自分が何をしたらよいのか，クライエントが単に理解していないということである。クライエントは，治療者が症例を概念化し介入方法を考えるために必要な情報を得る目的で独特な方法で質問をしてくるということを，知らないのかもしれない。そうだとすると，クライエントは，臨床家が自分の直面している問題を確実に理解してくれるように，多くのことを詳しく話さなければ，というプレッシャーを感じているのかもしれない。臨床家はこれを認めて，臨床家の質問には枠組みというものがあることをクライエントにはっきり伝えてもかまわない。例えば，臨床家は「今日のセッションで，あなたにとって問題となりうるあらゆる種類のことについて質問していきます。そのうちのいくつかは，あなたに関係するでしょうから，その場合には，もう少し話し合いましょう。該当しないものもあるでしょうから，そのときには先に進んでしまいます。評

価の最後に，何か大事なことをとりこぼしていないか，あなたに尋ねます。ですから，セッションの最後に，私があなたの問題をよく理解できたことを確認する機会が十分にあります」などと言ってもよい。このような導入は，クライエントにセッションの枠組みを与え，何か関係のあることが見過ごされていたら，セッションの最後に「空欄補充」できると，保証することになる。

　別の理由としては，不安を感じている，ということである。自分は緊張すると間断なくしゃべりだすということに気がついている人（心理的障害を何ら抱えていない人を含めて）はおおぜいいるだろう。治療の1，2回目のセッションでは非常におしゃべりで，その後はもっと適切な話し方を始めるクライエントに気がつくことがあるだろう。臨床家と治療に慣れてくれば，すばやく自己修正が行われるので，このようなクライエントには，問題を指摘しなくてもよいだろう。

　緊張がやわらいできたはずだという段階でも，多弁であり続けるクライエントもいる。このようなクライエントはしばしば脇道にそれ，現行の治療には関連性のない，あらゆることについてしゃべる。これは，繰り返し危機的状況を携えてセッションに来るクライエントの行動と似たような脱線戦術とも見なせる。問題に対応するには，構造化された様式で今取り組むべき問題への対処に治療時間の大半を費やし，その一方で，セッションの最後に，あまり構造化されていない形で「雑談」する時間を残すというものである。

　最後に臨床家は，よく話す傾向が特定の心理的問題と関連しているかもしれない，ということを考察すべきだ。例えば，強迫性障害のクライエントには，「まさに的確なこと」を言うとか，全面的に情報のすべてを提供することにひどくこだわる人がいる。こういうクライエントは，「完璧に」言い直そうとするためにすでに言ったことを繰り返したり，何かを落としたことを恐れてあらゆる余分な情報を伝えたりすることがあるかもしれない。臨床家は，このようなときにはクライエントに具体的にそのような行動を指摘して，治療を求めている問題と関連しているのかどうか，探求すべきである。関連があるのなら，多弁性を治療プログラムに組み入れることができよう。例えば，先ほど述べた強迫性障害のクライエントは，だんだんに複雑化する一連の質問に単文で答えるように，臨床家と作業することもできるだろう。

(3)「クライエントがいつも怒ってイライラしている」

　極度に批判的で，イライラすることが多く，いつも怒っているようなクライエントに対処するのは，臨床家にとって非常な難問となりうる。驚くことではないが，初心の臨床家はこのようなクライエントの行動を個人的に受けとめてしまいがちだ。クライエントに好かれていない，あるいはクライエントが治療に満足していないと想定してしまうのである。ひどく自己防衛的になってしまい，クライエントを言語的に非難してしまう臨床家もいるだろう。ひどく侮辱された気がして，クライエントが非難を浴びせてきたときに恐怖を示したり泣いたりしてしまうのではないかと脅える者もいる。このような反応が，見せかけではなく，日々クライエントに関わっているほかの人たちの反応を映し出しているとしても，治療関係という面では，特に役立つものではない。

問題を解決する

　こういった状況にある初心の臨床家には，怒りに「吸い込まれ」てはならないとアドバイスする。そうではなく，怒りをクライエントの生活をのぞき見る別の窓（症例の概念化と「実世界」でクライエントに利益を与えるような介入を展開していくことを助けてくれるもの）としてとらえること。どうして，クライエントは怒りを治療関係にもち込むのだろうか。1つの可能性は，クライエントが助けを求めることで，やけ気味になっているということである。自力で生活を改善しようとして，少ししか成功しなかったのかもしれない。たぶん，人生で関わりのある誰か，あるいはほかの精神保健の専門家の助けを求めたが，それもうまくいかなかったのだろう。クライエントは自分の状況は絶望的で，何を試しても同じだと恐れているのかもしれない。クライエントの中には，単純にこういった心配を臨床家に打ち明ける者もいて，実際，かなり優れた問題解決の方法といえる。問題解決の技能がもっと未熟で，これらの心配を内側に溜め込んでしまうクライエントもいる。フラストレーションを感じると，それが怒りとして現出するのだ。クライエントが臨床家に食ってかかるような場合，クライエントが抱いている考えに到達するには，「今日は，ひどくフラストレーションがたまっているようですね。私がその理由を理解できるように，助けてくれますか」と言うことである。フラストレーションを指摘されることは，

怒りを指摘されるよりは，脅威を感じないものであろう。

　クライエントが生活の中で，どのように人と関わっているのかということも考察すべきである。臨床家に繰り返し怒るクライエントは，怒りが頻繁に露呈されるような家庭で育ったのかもしれない。成人後も，怒ることが一般的な関わり合いの様態であるような関係の中にいたのかもしれない。簡単に言えば，クライエントは，怒っているときにだけ人が言い分を聞いてくれるという信念を育ててしまったのかもしれない。

　クライエントが怒りながら人と関わる理由が何であっても，対処しなければならない。臨床家は，自分が治療セッションの基調を管理していることを理解しておくべきである。治療ではどのような行動をするべきでないのかをクライエントに知らせることは，絶対的に適切なことである。臨床家は以下のように言うことができよう，「私が今日のセッション用に提案していることにはやる気がしない，ということは見てわかります。その問題をもっと話し合ってもかまいません。でも，セッション内に大声をあげることはやめてください。非常に非生産的だと思いますし，セッション中にはどなるようなことはしないとお願いします」。

　このような大原則は，魔法のような効果を生む。初心の臨床家にとっては，経験の浅さにもかかわらず，臨床家こそがセッションの制御役であることを伝達するものになるのである。クライエントにとっては，叫ばなくても話を聞いてもらえるというのは，かなり独特なメッセージとなろう。クライエントが，怒りと攻撃性を前提にしたもの以外に伝達のしかたがあると理解するのは，非常に影響力のある経験になるだろう。

　臨床家側が怒りを静めようと努力しても，怒りの表現に問題を抱え続けるクライエントもいる。このような場合には，治療セッション内で，怒りの管理を努力対象とする選択肢を採用してもよい。これはやっかいなことではある。治療中に怒りの問題を表すクライエントで，実際に怒りの問題の治療を求めて来院する人はほとんどいないからである。それゆえに，臨床家は批判的でないやり方で，クライエントにこの件を話さなければならず，対人関係の問題に努力することをより重要視するような，何らかの「取っ掛かり」を発見すべきである。

抑うつのためCBTを受けるべく来院したジェフという名前のクライエントを考察しよう。治療の早い段階で，クライエントには毎日の思考記録を完成するように求めた。あるセッションで初めて思考記録が導入されたとき，このクライエントは治療の間に何かを書き留めることを断固として拒絶した。彼は臨床家に叫び始め，学校で何年も過ごしたのだから，また宿題をやり始めることなど決してないと言ったのである。臨床家はクライエントの行動にかなり驚いてしまった。臨床家はまず，思考記録をつけることの論理的根拠をできるだけ穏やかに繰り返した。おそらくクライエントは，どうして思考記録がそれほど重要なのか，わからなかったのだろう，と考えたのである。クライエントは論理的根拠を完全に理解していたが，なお，実行を拒否し，それも乱暴で攻撃的な形で拒否したのである。続きとして，次のセッションで以下のような会話があった。

臨床家：先週，思考記録について話し合ったとき，かなり怒っていらしたようにみえました。今日のセッションで，その件を少し話そうと考えています。いちばん最近，治療外で，あのような怒りを感じたのはいつでしたか。
ジェフ：いちばん最近ですか。ふむ，難しいですね。おわかりでしょうが，かなり短気でして。
臨床家：では，考えてみましょう。今日，誰か，あるいは，何かに関して苛立ちを感じましたか。
ジェフ：いいえ。まだ午前9時ですから，先生。これまでのところは，大丈夫です。
臨床家：なるほど。昨日はどうでしたか。
ジェフ：ええ。荒れました。ぽちぽち事が起きて。仕事に行く途中，本当に遅くなってしまって，そこへ来て，前の車が這うように進んでいて。腹の中が煮えくり返っていました。このへぼ野郎の運転のとろさに，カッカしていました。一方通行を走っていて，それが厳密に言うと，道路の一車線を占めていました。けれども，あまりに激怒していたので，前の車の横に並んで，指を突き立ててやり（訳注：挑発的で下品なジェスチャー），前に出ました。歩道の縁に乗り上げていました。道が狭かったもので。

臨床家：その後，何が起きましたか。

ジェフ：怒り心頭でした。職場に着くと，昨日，送るように置いていったファクスを秘書が送っていなかったのです。肺が飛び出すほどに，彼女をどなりつけました。彼女は目玉も飛び出すほどに泣き出しそうになりました。

臨床家：そのことで，どう感じましたか。

ジェフ：ひとたび落ち着くと，ちょっと悪かった気がしました。ファクスは9時でなく9時半に送信されたということです。時間が経てば，重大事のようには感じられませんでした。

臨床家：昨日，ほかに何か起こりましたか。

ジェフ：うう，この点で問題を抱えていると，考えているのでしょうね。

臨床家：どういう意味ですか。

ジェフ：先生は私を非難しているのです。

臨床家：いやいや。先週のセッションで，あることを目にしたので，私たちのセッションの外ではあなたはどのような状態なのかということを不思議に思ったのです。あなたは，かなり怒ってしまい，私の見解では，そのことで生産的なセッションが行えませんでした。それが例外的な出来事なのか，確認しようとしていたのです。ちょっとした虫の居所が悪い日だったのか，セッションの外であなたに頻繁に起こっていることなのか。

ジェフ：では，非難を受けて立ちましょう。私は年中，腹を立てています。先生には何ができますか。

臨床家：私たちには，何ができますか。

ジェフ：ふむ。怒りを軽減するために，ここに来ているわけではないのです。うつ気分をよくするために，ここにいるのです。

臨床家：先週以来の私の心配は，怒りと苛立ちが共同作業の妨害を続ければ，うつの治療に困難が生じるだろうということなのです。

ジェフ：どういう意味ですか。

臨床家：怒りとうつは，何らかの形で組み合わさっていると考えますか。

ジェフ：あとになって落ち込むこともあります。忍耐力も人と関わる能力も全くない，ただのひどい人間のような気がするのです。まさに最悪です。

臨床家：そのことは，日々の生活にどのような影響を与えてきましたか。

ジェフ：まあ，ひとりぼっちですね。私の気短さが気に入らなくて，女性たちは私と別れるようです。
臨床家：それは興味深い。あなたが最初に治療に来たとき，本当に悲しくて孤独に感じていたのが理由でした。怒りとうつ気分は，関係しているかもしれないように思われます。そのように考えると，怒りの管理についてちょっと作業することは，あなたにとって意味のあることですか。
ジェフ：悪くないように思えます。

　まとめてみよう。クライエントはいろいろな理由で怒りだす。臨床家の限界を試しているのかもしれないし，恐れやフラストレーションを感じているのかもしれず，より冷静で理性的な方法で他者とコミュニケーションをとる経験がひどく乏しかったのかもしれないのである。臨床家に統制権があり，臨床家は（より冷静な調子で伝達した場合でも）クライエントの恐怖やフラストレーションに対応できる，ということがひとたび理解できれば，怒りは多くの場合静まっていく。怒りが続く場合は，臨床家は怒りの管理にもっと集中的に努力できるような何らかの「取っ掛かり」を見出すべきである。「取っ掛かり」というのは，クライエントの目標や主訴にその努力を関連させる方法である。特に臨床家は，クライエントが，（ジェフの例で説明したように）治療外での人間関係で怒りが演じている役割を同定し，怒りがそれほど問題でなくなった場合に人間関係がどのように改善しうるか，認識することを助けていくべきである。

(4)「クライエントが過度に協力的である」

　先に治療への非協力について述べたことから考えると，たぶんあなたは，クライエントが過度に協力的であるなどということがどうしてありうるのか，いぶかしく思うだろう。クライエントの中には，臨床家の言うことは何でもやり，落ち度なくホームワークをこなし，臨床家がするようにと提案する以上に自分を強制する者がいる。例えば，ある強迫性障害のクライエントは，家の周りに汚染を広げるようにと言われて帰された。彼女の課題は，子どもたちに学校のあと，家にバックパックをもち込むことを許し（かつて彼女は，子どもたちに車庫に置くようにさせていた），家の外で履いた靴で家の中を歩き，家の中で

汚染されていない彼女のお気に入りの肘掛け椅子やベッドなどのまわりにあって，彼女が汚いと思っている布地の小片に触るというものだった。このクライエントは翌週，これらすべての課題をこなして来た。そして，それ以上のことをしていたのである。彼女が最も脅えているのは，病気になったり子どもに汚染を広げたりするという恐怖のせいで，生の鶏肉に触ることだった。そこで，汚い端切れを椅子とベッドにこすりつけ，それは何とかやれるとわかると，彼女は生の鶏肉を取り出して椅子とベッドにこすりつけたのである！　これは，臨床家が決して課さないような課題であった。生の鶏肉汁をかけられた椅子に座ったり，ベッドに寝たりするというのは，潜在的に不健康であることは言うまでもなく，相当不快であろう。臨床家はこの懸案にクライエントと取り組もうと思っていたのだが，きっともっと合理的な方法を考えついていただろう。例えば，夕食用に鶏肉を調理させて，手と調理道具を度を越したやり方で洗わないようにする，といったものである。

問題を解決する

ほかの行動と同様に，治療という場でクライエントが協力的でありすぎるなら，その事実を，クライエントにとって治療の外での生活がどのようなものであるかということを知る手がかりとして使うべきである。ホームワークの課題以上のことをした強迫性障害のクライエントの場合が，まさにこれであった。治療の間，彼女はとても難しい夫婦関係にあった。あらゆる努力をしても，彼女は無能な妻であり母であるとして，年がら年じゅう批判されていた。その関係を抜け出すために，彼女は相手を喜ばせようと，よりいっそうの努力を続けたのだ。彼女は，これと同じ努力を（彼女の臨床家は決して批判的ではなく，治療を「完璧に」行うように不当な圧力をかけているわけでもないのに）治療にも応用しているように思われた。心配されたのは，治療での作業を行う動機が，強迫性障害を克服しようという内発的な動機ではなくて，相手を喜ばせたいという願望に由来しているということだった。このため，臨床家は，治療が終了したら，もはや生活の中には強化役をする人（臨床家）がいなくなるので，もはや彼女は強迫性障害を改善する努力をしなくなってしまうのではないか，と心配した。

臨床家はこの点をクライエントとのアジェンダに出した。彼女は，治療を正確にこなし十分な努力をしないと臨床家が彼女に腹を立てるだろうとひどく心配していたことを認めた。臨床家はクライエントの誤った理解を正し，治療関係における，支援的で批判的ではない基調をもっとはっきりさせるようにした。さらに臨床家とクライエントは，セッション内での曝露やホームワーク課題を計画するときに，治療の効果のためにはクライエントがもっと能動的な役割を果たしたほうがよいと決めた。より能動的な役を演じることで，クライエントは，臨床家ばかりではなく自分自身に応えていかなければならないのだ，ということを感じたのである。

3 結論―困難に直面しながらも，前向きの姿勢を保つ

　この章を読み終えて悲観的になっているのなら，治療は一般的にはかなり円滑に進むことを心に刻んでおくこと。私たちはみな，治療にしたがい，機能と生活の質（QOL）が大幅に回復して治療を終了するクライエントと作業して，大いなる喜びを受けているのである。

　この章は，それほど滑らかには進まない症例に焦点を当てたが，このような症例を抱えることは，私たちの仕事をやりがいがあって興味深いものにしてくれるのである。臨床家であることに関して特別だといえることの1つは，クライエントが治療に本腰を入れることを妨げている障壁を取り除き，それからクライエントの生活を前向きに変えていくことから得られる気分である。私たちはみな，治療のある時点で最初に目指した変化を成し遂げられずにクライエントが絶望してしまったような症例を経験している。クライエントを妨害しているものが何なのか割り出して，それをこえて導いていけるように援助することは，私たちの仕事の中で最も満足感を得られる部分だろう。フラストレーションを感じたときはいつも，人間の行動というものはとても魅惑的であるということを思い出すこと。自分の好奇心を最大限に使って，クライエントがクライエントの世界でよりよく機能できる人間になれるように役立つとわかったものは利用していこう。

第10章 治療を終える

これまでの章で，査定の過程と治療について記述し，治療の途中で出現する，さまざまな臨床上の困難にどう対応するか，ということを考察した。この章では，いつ，どのように治療を終結するかを述べ，終結ということに絡んで起こる難しい臨床上の問題に焦点を当てる。

1 最終地点を心に留める

　CBTは時間制限つきの治療法であり，このことは治療の最初でクライエントに知らせる必要がある。治療過程に明確な最終地点があるということは，多くの点で有益である。それは，決まった時までに変化するという外的なプレッシャーをクライエントに与える。残りわずか4，5セッションであるとわかっていると，クライエントは最も難しい目標を達成しなくては，と思うようになる。治療が際限なくずるずる続くと思えば，クライエントは漫然と，必要以上に遅いペースで進んでしまうものである。

　心の中に最終点を抱いていると，臨床家もまた定期的に，症例の概念化を再評価したり，治療計画が効果をあげているか見直すようになるだろう。時間制限があれば，多くのセッションの間，目標もなく治療を進めることなどできなくなる。それどころか，各セッションは構造化されて目標志向的になる。その上，毎回のセッションがその後のセッションに情報を提供をし，事実上，終結への道筋を作っていくのである。各セッションのあと，臨床家は自問すべきで

ある,「治療の目標を達成するため,次は何をしたらよいだろうか」と。

マイケルの症例では,治療の主要な目標は社会不安をよくすることであった。最後に目標設定と再発防止のための時間を含めて,16セッション続く社会恐怖の治療計画にしたがうというのが,治療のねらいであった。しかしながら,計画には柔軟性があり,マイケルと臨床家がほかのいくつかの問題に取り組むことも可能だった。マイケルの場合,恐れている状況の階層表が治療のロードマップとしての役割を果たした。マイケルの曝露への準備のためと,曝露後にそこから学んだことを検討するために,認知再構成法を用いた。セッション内で曝露が行われると,似たような曝露がホームワークとして課された。マイケルがまだその状況への努力が必要だと感じながら次回のセッションに来れば,そのためにもう1セッションをプラスすることもできた。そうでなければ,マイケルと臨床家は,階層のさらに高位に位置する努力を要する別の状況を選択するのだった。治療中に,マイケルがありとあらゆる状況を克服することは必須ではなかった。むしろ,治療の終わりまでに,マイケルが独力でどのような状況にも正面から向き合う技能を身につけることが目標だった。言いかえれば,治療目標は,ひとたび治療が終わってからも,社会恐怖の改善への努力が続けられるように,自分自身に対する認知行動療法家になることをマイケルに教える,ということだった。

2 クライエントに自分自身の治療者となることを教える

クライエントに自分自身の治療者となることを教えるというアイディアは,CBTのクライエントに治療が終わることを楽しみにさせてくれる。痛みを伴い恐怖を感じさせる過程としてとらえるのではなく,治療の開始当初から非常に前向きな段階としてとらえられるのである。治療の終結はクライエントに,新たに習得した自分の力で問題に対処する技能が使えるようになった,ということを意味するのである。

クライエントに自らの治療者となる準備ができたかどうか,どうやって確認したらよいのだろうか。この目標を達成するには,進行するにつれて,クライエントの治療過程への参加を徐々に増やしていくことである。セッションの計

画とホームワークの企画で，だんだんにより能動的な役割を果たすようにうながさねばならない。治療の早い段階では，治療セッションの内容とホームワークとしてクライエントが何をすべきか，ということに関して，臨床家のほうがかなり指示することになるだろう。例えば，マイケルの臨床家は，最初の曝露は世間話にすると提案した。それから，マイケルと臨床家が曝露の詳細を一緒に決めていった。この曝露のあと，臨床家はホームワークとしてさらなる世間話を課した。その際，その週に予定されているどの出来事で曝露を行ったらよいかをマイケルが決めるのを助けた。治療のこの時点では，指示的であることによって，臨床家は本質的にクライエントに「こつ」を示すことができた。クライエントは体系的に曝露を選択し，その詳細を定め，実行し，それを適切なホームワーク練習課題を計画することに使う方法を学習するのである。

　治療のもっとあとの段階では，クライエントがこれらの決定をひとりで下せるようになるのが非常に重要である。セッションの初めにはアジェンダの設定で能動的な役割を果たし，セッションの最後には適切なホームワーク課題を計画すべきである。特に，クライエントが最初にこれらの役割を引き受ける際には，臨床家は協力的であるべきだ。もしクライエントが，有用に思われない計画を提案したり，ホームワーク課題を企画したりしても，批判的になってはいけない。クライエントにその計画が役に立つと考える理由を説明してもらい，なお疑問が残るようであれば，適切な調整をするように，クライエントを失礼のないやり方で導くこと。直接の指示ではなく，ソクラテス式質問法を用いるとよいだろう。

　この点を具体的に説明するため，マイケルの例に戻ろう。ご記憶のように，マイケルの最初の曝露（第5回セッション）は見知らぬ男性との世間話であった。ホームワークとしてマイケルは数人の級友と昼食をとり，世間話に参加せねばならなかった。第6回セッションにマイケルがやって来たとき，彼は昼食でとてもよい経験をしたのだが，赤面のことをひどく心配していると報告した。赤面が非常に目につくと思っていて，「みんな，私が赤面しているのに気づいたら，私があがっていて，あまり利口ではないと想像するでしょう」と説明した。言いかえると，マイケルはホームワークを実行して，社会的状況における自分自身についての，次のようなとても具体的なことを予言した。

①　人は，自分が赤面していることに気づくだろう。
②　人は，この身体的症状によって，彼が利口でないと思うだろう。

　結果として，第6回セッションでマイケルはもう一度見知らぬ男性と会話をした（第5回セッションからの曝露の再現）が，その曝露で，以前の曝露では探求しなかった予言を評価した。この曝露はまた，マイケルにとって非常に有益であった。彼の話し相手をした人は，彼の赤面に全く気がつかず，実際に赤面する人をどう思うか尋ねられると，「単にそういうふうにできているのです。赤面しやすい人もいるということです。何の意味もないことですよ」と言った。マイケルはこのフィードバックにとても力づけられ，第6回セッションのあとの週に同じ友人たちと昼食時に会ったとき，極端に赤面を気にしなくなったと報告した。

　第7回セッションでは，臨床家がマイケルに，階層表を見て努力対象とすべき曝露を提案するように言った。

臨床家：マイケル，今日のセッションでは何をしたいですか。
マイケル：もう一度，世間話をやってみたいです。この2週間やってみて，本当に役に立ちました。
臨床家：それはよかった。ホームワークとしても世間話をしたのですよね。
マイケル：はい。とてもうまくいきました。自分は友人と昼食をとりながら，とてもよい会話をできることが本当にわかりましたし，先週以来，赤面について心配することが少なくなりました。
臨床家：それはすばらしい。今日もさらに世間話をすることが有効だと思いますか。それとも，何かほかのことに進んでいくほうが役に立ちそうですか。
マイケル：ふむ。会話にすっかり気をよくしたので，もっとやってみたかったのだと思います。けれども，あらためて考えてみると，先に進んだほうがよさそうですね。
臨床家：なぜですか。
マイケル：その，今では会話に関してはかなり自信がついたので，外の「実世界」においてももう回避しないでしょう。先週は本当に多くの機会を得ましたし，今週もそうするとわかっています。だから，自分は回避していな

いとわかっていますし，現状にかなり満足しているので，階層表のもう少し上のものにとりかかってみたほうがいいように思えます。

臨床家：それはすばらしい計画だと思います，マイケル。何を考えていますか。

マイケル：ええと，まだ，すべての会話に取り組んではいません！ 今では，男性と話すのはかなり楽になりましたが，女性と話すのは，私にはもっと難しいのです。そこに努力を向けてはどうでしょうか。

臨床家：とてもよい計画だと思います。今日のアジェンダに「女性との世間話」を載せましょう。

　マイケルを単に矯正するのではなく，臨床家は彼に，自分自身の治療者役を務め，そのセッション用の異なる選択肢を考えるようにさせたのである。こうすることで，マイケルは，自分が世間話の一側面（男性の仲間との会話）を達成したと自覚し，そのことでセッションが肯定的な雰囲気になり，階層表の次項目（女性の同輩との会話）に向けて，この自信の感覚を基盤にすることができた。

　クライエントが自分自身の治療者になれるようにするには，治療者の役を演じてもらうのが効果的な方法である。これを実行するにはいくつかの方法がある。クライエントが自分にとって問題であったことや，問題になるだろうと恐れていることをあなたに語るときに，「あなたが治療者だったら，何を提案しますか」と言うことができる。注意すべき点は，このような質問を治療の早すぎる段階にしないということである。このように追いつめられてクライエントが脅威を感じるかもしれないし，臨床家が方法を教えてくれないのに自分はなぜ治療に来ているのかといぶかしく思うかもしれない。しかし，クライエントとの信頼関係が強くなったら，また質問への応答方法がクライエントにわかると自信をもてるようになったら，この技法は非常に効果的となるだろう。クライエントは，あなたとほとんど同じように自分で自分を治療できるのだと理解する。クライエントを「治療者にする」もう1つの方法は，臨床家がクライエント役を演じるロールプレイを行うことである。そうすれば，クライエントは問題をどう解決するか，偽のクライエントに指導しなければならない。最後に，特に治療の終結が近いときには，治療が終わったあとに起こるかもしれない困

難な状況のシナリオをクライエントに与え，クライエントがどう対処するか，尋ねることもできる。

　クライエントが自分自身の治療者となる準備ができたかどうか確認するには，この能力の証拠を探して強化するのもよい方法である。この証拠というのは，生活の中で偶然（つまり，ホームワークとして課されたわけでない）発生した状況でクライエントがCBT技法を用いて効果的に対処できたときに，最も顕著にみられる。次の例は，抑うつの治療に来ていたクライエントとのセッションからとりあげたものである。

クライエント：今週は，何回か，厳しい状態になることがありました。治療の終わりも近づいているので，ちょっと緊張しました。
臨床家：話してくれませんか。
クライエント：言うなれば，月曜日に職場で始まったのです。上司に読み返してもらうように手紙を渡したところ，あらゆる箇所に赤で直しを入れて返されたのです。ただただ悲惨なものにみえました。
臨床家：手紙が戻ってきたとき，どういうことを考えましたか。
クライエント：最初は，全面的に大失敗したと感じました。本当に落ち込みました。ひどい気分で，全くの失敗者であるかのように感じながら，数分はただ座っていました。
臨床家：それから？
クライエント：それから，ふっきれたのです。そのことを本気で考え抜きました。それは本当に大事な手紙で，上司は繰り返し，「非の打ちどころがない」ものにしなければならない，と私に言っていたのです。妙なことに，よく考えてみると，その重要性に関してはたくさん話し合ったものの，実際に何を言いたいのかということは全然吟味していなかったのです。そこで，私は試しにやってみたのですが，私のやったことは上司が望んでいたこととあまり合致していなかったようなのです。
臨床家：それで？
クライエント：その，それからは，それほど落ち込みませんでした。上司はこの件をずいぶんと考えていて，手紙に何を書くべきなのか，見解をもって

いたのは明らかです。そうであれば，彼が私の書いたことをしっかり読んで，たくさん変更した理由もわかるというものです。私のせいではなかったのです，実際。

臨床家：それで，手紙を手直ししましたか。

クライエント：しました。それから，上司の部屋にもっていきました。彼は，そのときやっていたことから顔を上げて，私の最初の手紙にたくさん赤を入れたことをあやまってくれました。彼は，心の中ですでに下書きができてしまっていたので自分で書くべきだったと言いました。私の書いたものはよくできていたけれど，週末に思いついたやり方に凝り固まっていたのだと言うのです。

臨床家：一歩引いて，思い浮かんだ最初の自動思考の一部をじっくり考え通すことが，本当にできたようですね。それは大変すばらしいことです。どのような気持ちですか。

クライエント：とてもよい気分です。数カ月前にこのような出来事があったら，私は泣きながら洗面所に駆け込んで，その後何日もふさぎ込んでしまったでしょう。今週は落ち込んだのは5分くらいで，その後，抜け出すことができました。本当にうれしかったです。

　クライエントが自らの治療者となることを学ぶということについて，最後に強調しておこう。多くの臨床家，特に新人の場合，そのような努力に向けてクライエントを前向きに強化することを忘れてしまうものだ。クライエントが学んだことを試す機会を生活の中でとらえたり，セッションの間にとても有用な洞察に達したりしたら，ほめてあげるべきである。クライエントをほめちぎるようにと言っているわけではない。クライエントが自分自身のためになるようなことを行ったら，そのことを知らせ，しかも情熱をこめて知らせる，ということである。臨床家からの前向きなフィードバックと，そして自然な環境において得られた前向きの強化（これは特に重要だが）は両方とも，生活を肯定的に変えていけるという希望をクライエントの中に満たしていくのである。

3 治療の最後の数セッションですべきこと

　クライエントは自らの治療者となる方法を会得した，と臨床家とクライエントの両方が自信を感じられたら，おそらく治療を終結する時が来たのである。しかしながら，終わりにする前に検討すべき以下のような重要がある。クライエントは，自分が達成したことを明確に認識するべきである。将来の目標を設定することも必要である。臨床家は，クライエントが将来に対して現実的な予想をしているかどうか確認しなければならない。クライエントは，症状が再出現したときにどうしたらよいか，知っていなければならない。

(1) クライエントが治療で達成したことを理解できるように援助する

　治療が進展して，クライエントの機能が改善するにつれて，クライエントは治療開始時の状況を忘れてしまうものだ。どれほどの前進をとげたのか，クライエントに理解してもらうのは，とても大事である。終結の時が訪れると，十分に変わっていないと心配し，それゆえに「完璧」になるまで治療にとどまるべきだと言うクライエントも存在することを，覚えておこう。完璧というのは，当然のことながら達成不可能な目標である。いくらかの問題は残っているとしても，いかに前進したかがわかれば，クライエントは治療を終結する準備がより整ったように感じるのである。その上，クライエントが治療で徐々に主体的な役を果たしてきていれば，臨床家はクライエントがよくなっていく過程で自分が果たした役割と，独力で演じ続けていくことになる役割（例：自分自身の治療者を務める）を把握するように助けることができよう。

　どのようにすれば，クライエントが自分の状態の改善を実感することができるだろうか。これを達成するよい方法は，最初の査定での測定と現在のクライエントのようすを比較することである。大半の臨床現場で，治療の最後に詳細な臨床面接というものは行わないであろう。それでも，クライエントが変化を認識できるようにするためには，面接技法を用いることができる。もし最初の段階で構造化臨床面接が使われたのであれば，特定の障害の基準がまだ満たされているのか，クライエントと査定してみよう。構造化面接と非構造化面接のどちらで最初の評価を実施したかにかかわりなく，クライエントの生活の質が

治療開始時からどのように変化したのかを話し合うことは，きわめて有効である。もしクライエントが，寝床を出ることもままならない状態で治療を開始し，パートタイムの仕事をしつつ，子どもと一緒の時間も過ごせるようになって治療を終えたのであれば，これは，進歩を明らかにするすばらしいやり方となろう。

第3章で，面接に加えて，多くの査定ツールを紹介した。こういったものも，クライエントが治療過程で，どのくらい変化を遂げたのかを把握するのに役立つことがある。例えばクライエントが恐れている刺激に対してどのくらい近くまで行けるのかを確認するために，観察技法を用いるということを論じた。変化の測定のために，治療の最後に行動テストを再びやってみてもよい。クモが怖くて，最初はクモが密封された瓶の中にいればどうにか同じ部屋にいられるという状態だったことを考えると，治療の終わるにクライエントが手でクモを握れたというのは，驚くべきことである。

セルフ・モニタリングもまた，ほとんど同様に用いることができる。セルフ・モニタリングを説明したとき，抜毛癖の16歳の少女の症例をあげた。査定の間に，クライエントは毎日何本の毛髪を抜いているのか記録するように言われた。治療を始めてからも，彼女は自分の抜毛をモニタリングし続け，毎週，彼女と臨床家はデータをグラフ化した。週ごとに，抜毛が減っていくのを目にするのは，クライエントにとって驚くべきことであり，一日当たり何百という抜毛から，治療の最後には全くゼロになっていたことがわかると，もっと驚異的に思われた。

恐れている状況の階層表を治療中に作成したのなら，治療の終わりに階層のランク付けをやり直してみてもいいだろう。クライエントは，経験していた苦痛がいかに減ったかということを知ればうれしいし，以前は問題となった状況がもう心配なことではなくなったらとても満足するものである。

最後に，質問用紙を使ってクライエントに変化を具体的に示してもいいだろう。測定の素点をクライエントに教えるのは望ましくない（クライエントにとって有意味なものではないので）が，クライエントは治療の間での変化の度合いを知りたがることが多い。例えば，クライエントには，症状は治療に初めて来たときよりも80％減少した，というように伝えればよいだろう。

クライエントの中には，本人（と臨床家）が期待していたような変化を達成できなかった人もいるだろう。このようなクライエントが相手だと，進歩を論じるのはなかなか難しい。大半の症例では，治療で何らかの変化は遂げられるものである。このように考えると，たとえ最小限のものであっても進歩したことを伝え，それから，さらなる前進のためにクライエントに何ができるか，アイディアを提供することは，大事なことである。

　治療でよい成果の出ないクライエントの多くは，治療の何らかの側面に関して反抗的であった。例えば，セッションとセッションの間に，自力で認知再構成法を行うことを拒むようなクライエントがいるかもしれない。このようなクライエントは，気分よく治療セッションの場を去るが，週の間に自分の問題に対する努力を何もしないで，翌週，開始時の状態に戻ってしまったままで来院することになる。同じように，クライエントの中には，臨床家が治療過程にとって決定的に重要であるとみなしている行動的練習を拒む者もいる。

　このような場合には，どうして期待したほど治療がうまくいかなかったのか，クライエントに理解してもらうことが重要である。ここでは，クライエントに対して十分な配慮をすることが最も重要である。一般的には，クライエントが治療でなすべきである作業をしないとき，それは怠けているからでも臨床家に口論をしかけているからでもないのである。むしろ，このようなクライエントは，生活に大きな変化をもたらすための作業をする準備ができる前に治療にやって来てしまったのかもしれない。私たちは治療の最初から最後まで，このような変化を可能にするために何をすべきなのか，クライエントに語る。もっと一生懸命に治療に取り組む準備ができたときには，きっと望んでいるような変化を実現するだろうとクライエントにわかってもらうために，私たちがこのような「必要要件」を繰り返したとしても，それは当然のことだろう。

(2) クライエントの将来に向けての目標設定を助ける

　問題の改善のための努力を完全に「やった」とは感じられないという理由で，治療の終結を恐れるクライエントもいる。臨床家との毎週の接触が終わってしまったら，何をしたらいいのか，どうやったらいいのか，わからなくなってしまう，と心配するのである。

このような心配をやわらげるには、治療最後の数回のセッションで、クライエントと一緒に将来の目標を設定してみるとよい。ここでは、治療で獲得したものを維持・拡大していくようにクライエントを導くことを目指す。目標達成には、時間的期限を課し（例：次の2週間でふたりの友人をコーヒーか映画に誘いたい。1カ月以内に、ずっと先延ばしにしていた家まわりの改善計画をやり終えたい。3カ月以内に新しい仕事に就きたい）、それが現実的なものであること（例：3カ月以内に新たな仕事に就くというのは現実的であるが、翌週新しい仕事に就くというのはそうでないであろう）を確認しておくとよい。単に目標をリストにする（例：仕事に就きたい）だけでなく、臨床家とクライエントは各目標がどうすれば達成できて、その途中で達成できるもっと小さな目標があるかどうか、考察すべきである。例をあげると、仕事を探すにあたって、職業カウンセラーに会ったり、模擬面接をやってみたり、履歴書を書き直したり、自分が興味のある分野ですでに働いている人たちと話をしたりしてもよいだろう。臨床家とクライエントはまた、目標達成の障壁になりそうなものについて、対策を考えておくべきである。

(3) 将来に向けての現実的な予想を確立する

クライエントが治療の終わりに近づくにつれて、治療が終了したあと、将来に対してクライエントが抱いている予想を調べておくことも必要である。多くのクライエントは、今後は二度と問題にぶつからないと期待して治療にやって来る。治療を求めてきた問題をもはやすっかり解決して治療を終えるクライエントもいる。一方、継続的な問題なり、残留する症状（まだ対処が必要であり、常に対処していくことが必要となりそうな問題）を抱えたままで治療を離れるクライエントもいる。治療の早い段階で、予想に関してクライエントと話し合うことが大切である。CBTは、問題が起きたときに対処する技能を教えるということを前提にしている。したがって、治療目標が苦痛の軽減と機能性の改善であることは確かだが、包括的な目標というのはおそらく、治療後も残った問題に対処し続け、将来発生するかもしれない新たな問題にも対処できるようにクライエントを助ける、新技能の習得なのである。

(4) 症状が再発したら何をすべきか，クライエントと話し合う

　治療が終わったら，そのあとは永遠にひとりでがんばらなくてはならないという意味ではない，とクライエントに知らせることが大事である。問題は実際，再発するものであり，CBTで学んだことを忘れたり，学んだことを応用するのが難しくなったりするものである。このようなときには，数回のブースターセッション，あるいは，もう一度治療を受けることが必要になるかもしれない。

　こういうことから，現実的に先を予想することが重要になってくるのだ。一度心理的な問題を抱えた人がある時点でまた問題を抱えてしまう可能性はかなり高いのである。摂食障害の治療を受けたクライエントは，妊娠後に体形と体重について心配するようになるかもしれない。同じように，アルコール依存の治療を完了したクライエントは，アルコールが出される状況に身をおくことになる休日の時期が心配になるかもしれない。

　このような「道程のでこぼこ」がすぐに全面的な再発とならないようにするには，クライエントにこういう事態が起きることを覚悟してもらい，珍しいことでないと教えることである。すべてのクライエントに，行く手にそのような通りにくい部分があるかもしれないということを教えるべきである。もし予期していなければ，その場になってひどく動揺しかねない。クライエントは自分を落伍者とみなすかもしれない。「学んだことのすべてを失っている」，あるいは「これもまた，私が全面的な失敗を喫したことの1つなのだ」といった具合である。このように否定的な状態から，実際に非機能的な行動を起こしてしまうことがある。例えば，妊娠中のクライエントは，自己に対する否定的な感情から逃れるため，過食してしまうかもしれない。

　全症状が出るような再発の前には，よく小さなつまずきが起こるということをクライエントは知っておいたほうがよい。問題が全面的によみがえらないように，クライエントにはできることがたくさんある。第一に，このようなつまずきは，治療で学んだ技能を練習するよい機会であることを知っておくことである。治療が終わる前にクライエントとやっておくとよいのは，治療でクライエントが学んだことと，どの技法がクライエントの役に立つかということを記した要約書を作成することである。これには，自動思考に対抗する合理的反応（例：「人は，私の体重ではなくて，私がどのような人間かということで私を判

断する」）や，非機能的な行動をどのように控えるかについてのアイディア（例：一日あたり，3回の通常の食事と2回の間食をとる。むちゃ食いの衝動に見舞われたら友人に電話をするか，散歩をするか，何か別の気晴らしをして，衝動が過ぎ去るのを確かめる，など）などを含める。クライエントが困難を経験したら，この要約書を読み返して，CBTの間に有効であると感じたものを思い出すことができる。

　クライエントはまた，どのようなときに再び臨床家に連絡することが適当か，知っておいたほうがよい。繰り返すが，小さなつまずきから全症状が出る再発への進行は，一夜のうちに起きることはない。クライエントには，再発が起きる前に臨床家に連絡するようにうながすこと。些細な問題（例：数日の非機能的思考，不健康な行動をしたいという数回の衝動など）で電話をするのは愚かしいと考えるかもしれないが，あらかじめ，電話をしてもかまわないとわかっていれば，かけてくるであろう。臨床家は状況を評価して，どのように進むか，決定する。時には，支持的な電話での会話と治療で学んだことを応用するための助言が，クライエントに大きな効果をもたらすこともある。またクライエントがつまずく前の状態に戻るように，何回かのブースターセッションを提案することもある。

　要約しよう。クライエントとの治療を終える前にすべきこと，注意しておくべきことがいくつかある。最初にそして最優先すべきことは，クライエントがCBT技法の最も大事な部分を理解し，使用法をわかっているか確認することである。すでに述べたように，クライエントは自らの治療者になる方法を知っていることが必要なのである。また，治療が終了したら何を達成したいか，クライエントに目標を設定してもらう。治療の最後に，「完璧だ」と感じるクライエントはほとんどいないので，大半のクライエントは，何に対して努力を続けたいか，そしてその目標に向けて治療で学んだ技能をどのように応用すべきか，考察するための時間をとることが大切である。

　クライエントに治療で成し遂げた成果を理解してもらうことと，将来起こりうることに対する現実的な心構えを維持することの間に，バランスをとりたい。まだ問題が残っているとしても，治療の失敗を意味するものではないが，同時に，何らかの困難が将来，再び起こるかもしれないことを予期しておくことも

必要なのである。これもまた，クライエントが失敗者だと言っているわけではない。人生の行程で困難に遭遇するのは，人間としての経験の一部なのである。クライエントに知っておいてほしいのは，このような道程のでこぼこに対処する技能を自分は身につけた，ということである。

4 治療を終える—同じ方針を続けるか，調整を行うか

　治療を終える前に何をすべきかはこれまででわかったが，正確にいつ治療を終わらせるべきかという疑問が残ったままである。すでに述べたように，認知行動療法家は最初にクライエントを診始めるときに，治療がどのくらい継続するか予想を立てる。ほとんどの場合，予想はだいたいにおいて正確で，治療は前もって言ってあった期間進行する。しかし，いろいろなの理由で，予想されたよりも早く終わったり長くかかったりするものだ。

(1) 予想より早い終結
a「よい理由」で早く治療を終えるとき
　治療の予定より早く終わると考えるとき，私たちはそれを否定的な見方でとらえがちだ。非協力的なクライエントや，私たちが適切と考えるより前の段階で中途放棄してしまうクライエントに対して，早く終わってしまうということである。しかし時には，予期したよりも早くクライエントが改善したので早く終わることもある。CBTの理論的根拠を示すとき，とても迅速に「つかむ」ことができるクライエントもいる。このようなクライエントは，私たちが治療での能動的な介入を始める前にCBTの概念を応用して改善し始める場合もある。このようなクライエントは，治療の全行程を必要としないかもしれない。すでに触れたように，CBTの全体を包括する目標は，クライエントが技能を身につけ，その技能を応用できるようになることである。相対的に，もっと早くこのような目標を達成するクライエントもいて，かなり急速に生活の中で前向きな変化をし始める。

　時には，比較的短い期間で治療を打ち切ることで不安になることもある。臨床家とクライエントはその進歩にとても満足する一方で，あまりに簡単に進ん

でしまったことが気がかりになるのだろう。このようなときには，完全に打ち切るのではなくて，セッションの間の間隔を伸ばすという手段をとってもよい。毎週セッションに来ていたのであれば，数週の間，2週間に1回のセッションを設定してもよいだろう。同じように，治療終了後の最初の数週間は，クライエントがよい状態を維持できているか確認するために，毎週の電話で連絡することを決めておくこともできる。

b 臨床家が早く治療を終えると決めるとき

クライエントに動機を与え，治療に本腰を入れてもらおうと臨床家が最善の努力をしたのにもかかわらず，そうすることを断固拒む者もいる。治療の実施について学ぶ中で最も難しいのは，反応しないクライエントにしんぼうするのをやめて，いつ治療を打ち切るか，ということである。人助けをしたいと臨床家になった人にとって，クライエントを「クビ」にするようなことは胸が張り裂けそうな苦しい経験になるだろう。特に初心の臨床家にとっては，クライエントを治療から退かせることは，あらゆる種類の負の副次的意味合いをもってしまうかもしれない。臨床家は状況を個人的なものととってしまい，自分にもっと技術があれば違う結果が出ていたかもしれないと思い込んでしまうだろう。初心の臨床家であれば，人間は必ずしも自助の能力や意志をもち合わせているわけではないという事実に直面するのも，また難しいかもしれない。治療を打ち切るかどうかを知る魔法の術などというものはない。私たちの経験では，具体的な指標に注目するのがよい方法だろう。最も単純なレベルで自問すべき重要な質問は，「クライエントは治療に前向きに専心しているか」というものである。クライエントにCBTの論理的根拠を納得させようとしたり，どうしてホームワークができなかったのか話し合ったり，その日のセッションで何が起きるべきなのか議論したりして，セッションの時間が過ぎているなら，そのクライエントは治療に専心しているとはいえない。時として，状況はこれほど明白ではない，なぜならクライエントは多少は作業をするものの，やっとのことでそうしている場合もあるからだ。つまり，クライエントが最適の方法で治療に臨んでいるとは思えないだろう，ということである。

クライエントが治療に本気で取り組まなければ，CBTは効果を上げない。

クライエントに治療を続けさせ，クライエントを失敗に導いてしまう場合，これには2つの潜在的なマイナスの結果が伴う。第一に，クライエントは自己嫌悪を感じながら治療を終えるであろう。数週間なり，数カ月セッションに来ていたとしても，生活の中での変化は事実上ゼロである。第二に，クライエントはCBTに対して否定的な見解をもって治療を去っていくであろう。CBTを効果のない治療，あるいはたぶん自分には効果のない治療とみなすようになるであろう。これは，将来的によくない。問題解決へ動機づけがもっと高まり，せっかくやる気が出てきても，治療では効果が出ないだろうと思ってしまうかもしれないからだ。

そうであれば，治療から退かせることは，ある意味でクライエントのためになるのである。終結を罰のようにとらえる（「私の言うとおりにあなたはやらないから，もうあなたの治療はしません」）より，治療の早い終結は一時的な決断とみなすことができる。臨床家とクライエントは，今現在という時期がどのようにクライエントにとって治療を受けるのにふさわしくないのか，しかし，本気で治療に取り組む準備ができたら気兼ねなく戻って再挑戦してかまわないと，話し合うべきである。準備ができていないのに無為に治療のための時間を消化して失敗するくらいなら，準備が整ったときに戻ってきて治療に臨み，そしてそのときに成功をおさめるほうが望ましいのは明らかである。

c クライエントが早く治療を終えると決めるとき

時には，クライエントのほうが治療を早く終わりにしたいという決断が出ることがある。クライエントの決断が，その症例に関して臨床家がもっている感覚と相容れない場合には，問題となる。確かに，相手が望まないのに治療を継続するように強制はできない。しかし，クライエントの決断を受け入れる前に，どうしてやめたいのか，理由を探ることは大事である。

クライエントはいろいろな理由で治療の打ち切りを言いだすが，非常によくあるのは，効果が出ていないと思うからである。クライエントの期待は治療転帰に影響するので，これは放置できない問題である。治療は，さまざまな理由で「効果が出ない」のである。第一に，治療の効果が出るにはある程度の時間がかかる。即時的な結果を期待すべきではない。クライエントはCBT技能を

習得し，応用し，それから特定の状況に関する自分の信念を変容するような経験をする時間をもたなければならないのである。それに関連して，治療によってクライエントの問題がすべて解決するわけではない。臨床家は理にかなった目標を設定し，目標達成のために踏むべき段階の輪郭を描くことで，クライエントが希望ある見通しを維持できるようにしてあげられる。

　要求された作業をやる気がしないという理由で，機が熟す前に治療をやめてしまうクライエントがいる。すでに述べたように，治療に来る段階で，変化する準備ができていないクライエントもいる。配偶者，親，家族，あるいは友人から治療に来ることを強制されて来たクライエントもいる。動機が自分の中から出てきたものでなければ，クライエントは治療に本気で取り組むのに非常に苦労する。クライエントが自発的に来院した場合でも，問題は発生しうる。また，もし治療を受けることの利益が，代価（例：治療のための時間をとらねばならない，困難な変化をする）にまさると思えなければ，クライエントは治療に本腰を入れにくいだろう。クライエントの生活がもっと苦しいものになれば治療に本気で取り組むようになるだろうと考えるのは臨床家にとってつらいことだが，それが真実なのだ。クライエントの決断にそうようにして，もっと準備ができたと感じたら治療に戻ってくるように伝えておくことが最善である。そのようなときのほうが成功する可能性は高く，あなたとの共同作業がずっと円滑に進むだろう。

　先に進む前に，クライエントが想定より早く治療を終了することに対して，初心の臨床家がもちうる反応を考察しよう。これは，最初は対応が難しいであろう。すでに指摘したように，初心の臨床家というのは，自分がもっと経験豊かであったら，クライエントは治療にもっと真剣に取り組んで，生活を大幅に改善できたかもしれない，と思い込んでしまうものだ。これはある程度は本当かもしれない。もっと経験を積んだ臨床家は，クライエントの非協力に慣れていて，クライエントを動機づける能力にも優れているかもしれない。しかし，このような状況の不調和をすべて，臨床家の経験で説明できるわけではない。私たちは，クライエントの動機づけと，治療で自信を吹き込むことについて，必ず自分の役割を果たさねばならないが，その一方でクライエントもまた，準備が整い，重労働に前向きな姿勢で治療に来ることを求められているのである。

初心の臨床家にとって難しいのは，ドアを入ってくるすべての人を助けることはできない，ということを納得することである。この現実認識と楽に折り合いをつけるには，私たちのドアを入って来た時点で，すべての人を助けられるわけではない，と理解することである。非協力的なクライエントに対して，準備ができたときに治療に戻ってくるようにうながすことができれば，よい仕事をしたことになるのである。前向きで，批判的ではないやり方でこれができたなら，そのときが来ればクライエントが戻ってきて成功することも，ありえないことではないのである。

(2) 治療を延長する
a 臨床家が治療の延長を決めるとき
　症例の概念化は，治療の進行具合に関する継続的な評価を必要としている。時によっては，当初の症例の概念化では考慮されていなかった新たな問題が生じることがある。そのような問題に対処するには，時間を追加する必要が出てくるかもしれない。同じように，クライエントの中には，私たちが予想したペースでよくならない人たちもいる。私たちはみな，治療の終わりに近づいてから，やっと本当の意味で「つかみ」始めて，大幅な前進を遂げたクライエントを経験している。この種のクライエントは，ほかのクライエントよりも遅い時期になって追いついてくるかもしれないが，単に最終日が来たからといって治療を打ち切るのは問題だろう。数セッションを追加することを提案してもいいであろう。このような調整を行うのは，治療を無期限に延ばすという意味ではない。当初の治療計画に立ち戻って，それに対しての修正をはっきりと明確にするということである。例えば臨床家は，最初に合意していた治療の終わり近くなってから治療技法をよく理解できるようになったクライエントに，5回余分にセッションを行うことを提案してもよいだろう。

b クライエントが治療の延長を望むとき
　時には，クライエントが治療を終わりにしたがらないこともある。直接的な言い方で，終結の準備ができていないと訴えるクライエントもいるだろう。もっと微妙な訴え方をし，非常にうまくいっていたのに治療が終わりに近づくに

つれて，突然，新たな問題をもち出したり，以前はきちんと来院していたのに欠席するようになったりする。

　どうしてクライエントはこのような行動をするようになるのか。いちばん可能性があるのは，クライエントが独力でやっていくことにとまどいを感じているというものである。臨床家からの毎週の確認と勇気づけもなしに改善した状態を維持していくのは，想像するのも難しいのだろう。このような心配には，クライエントが自分に対する治療者になることを学ぶというCBTの理論的根拠に立ち返ることで対処できる。クライエントには，独力でやっていく技能をきちんと獲得したことを再保証できる。さらに，治療がだんだんに終結していくように取り決めをしておくこともできる。セッションの数を増やすよりも，最後の数セッションは毎週ではなく隔週に行うことにして，臨床家と時々確認をするという不安解消策を保ちながら，独力でやってみる機会を与えるのである。クライエントの中には，定期的に計画された治療が終われば，臨床家との接触は完全になくなってしまうと思っている者もいる。また，チェックするだけのため（特に再び問題に遭遇し始めた場合）に，時々電話をしたり来院したりしてもいいのだと伝えるだけでも，クライエントにとっては非常に心強いかもしれない。

　クライエントが終結を望まない理由として，ほかに考えられるのは，治療関係がクライエントの生活にわずかしか存在しない肯定的なものの1つであるということである。それほどに力づけてくれるものを手放したくはないので，すでに述べたように，クライエントは別れを先延ばしにしようと，新たな症状を報告したり，「最後のセッション」を休み続けたりする。このような感情には対処することが大切で，治療を延長することになるかもしれない。一方では，あなたがクライエントの終結回避を強化していることになる。これに対して，どのくらいセッションを延長し，どのような問題を話し合うか，具体的に合意できれば，セッションを数回追加することはクライエントにとって有益なものになるだろう。新たな問題の治療へと脱線していくより，直接的に別離の問題を扱い，治療の外で有意味な社交的関係を築けるようにクライエントを助けていくほうが，ずっと有意義だろう。

5 症例マイケルに戻って

マイケルの治療は16〜20セッション続くと予定されていたことを覚えているだろうか。計画は，社会恐怖の治療に焦点をあて，ほかの関連問題には発生に応じて対処するというものであった。第10回セッションあたりまで，マイケルの治療は，「手本どおり」に進んだ。彼は治療にとても協力的な態度をとり，付き合いやすく，予測されていた以上に早い進歩を示した。症例の概念化の観点から言うと，マイケルの職業選択における自信のなさは，大方，社会不安によって説明がつくようであった。自分のさまざまな役割（学生，聖職者など）において快適に感じるようになると，マイケルは聖職が自分にとってよい進路であるという自信をどんどん深めていった。前章でみたように，マイケルはまた，彼の家族が自分の選択に思っていたよりも「乗り気」であって，家族が抱いていた手放しでは喜べないという気持ちは，彼の問題ではなくて家族の側の問題であると信じるようになった。治療のこの部分では，マイケルが自分の家族をもつという話題は出ず，マイケルが話したいと思って治療に来た問題ではなかったので，臨床家も強制はしなかった。マイケルは時々，これらのことを神学校の指導者たちと話しており，彼の臨床家には，自分よりもそういった人々と話すほうが彼にとって快適であることがよくわかっていた。

マイケルの優れた進歩から，第10回セッションで，彼の臨床家は合意してあった16〜20回のセッションより前に治療を終えることを提案した。マイケルはこの提案をとても喜んでいるようにみえ，このときはもう，自分の治療者となる技能を獲得しているように感じていた。マイケルがまだ改善したいと思っていた特定の曝露と，再燃防止と目標設定のために，あと2回のセッションを使うことを決めた。最後のセッションは，再燃防止と目標設定の話を仕上げて，マイケルが自分の成し遂げた成果を顧みることができるように，「総まとめ」のセッションとなるだろう。

マイケルが11回目のセッションにやって来たとき，臨床像が変化した。治療開始以来初めて，マイケルは曝露を行うことを拒絶したのである。彼と臨床家はリハーサルなしで説教をすることを計画していた。これは，彼の階層表の最上部に位置する項目とも言えたが，この拒絶は非常にマイケルらしからぬも

のであった。それから彼は，自分は治療を終結する準備ができておらず，それ以上ということはないとしても最低合計20回のセッションを必要としていると思うと臨床家に伝えた。

　マイケルの臨床家は，この言い分を最初は額面どおりに受け取った。計画された曝露への不安に彼が驚き，本当に自分の治療者になる準備ができているのか疑いだしたのだと想像したのである。週1回のセッションに来なくなっても，ストレスのかかる状況が出現したときに対処できるのだろうか。臨床家はマイケルに，曝露を行うことについてもっと自信を感じるため，セッションに来る前にしようと思えば何ができたかという質問をした。マイケルは，臨床家が期待したような応答した。認知再構成法を実行し役に立つ合理的反応を考え出すこともできたし，最初はやはり肝をつぶされてしまいそうな気がしたけれど，ほかの曝露がいかにうまくいったかを思い出すこともできたし，計画した曝露をもう少し難易度の低いものに変えることを話し合うため臨床家に電話をすることももちろんできたはずだった。マイケルは，これらの可能な解決策をすべて回答できたが，必要としていたときに使用しなかったようだった。臨床家はここでギアチェンジを行い，その週の間に何か注目すべきことが起こったかと尋ねた。ここでマイケルは，実際のところ，非常に注目すべきことが起きたと打ち明けた。

　2週間前，マイケルは子ども時代の親しい友人の妹サラから電話をもらった。サラは仕事の会議のためにやって来るということで，マイケルに街の案内をして，何度か夕食をともにしてくれるかと尋ねたのである。マイケルは彼女と会うことにいくぶんか不安を覚えたが，いずれにしても彼女を訪ねると決めた。サラのことは子ども時代に知っていて，積もる話をするのもいいだろうと考えたし，さらにはこれも社会不安の改善努力のもう1つの機会であるとみなしたのである。マイケルが予期していなかったのは，自分が彼女に特別な感情を抱くであろうということだった。

　前回のセッション以来，マイケルはサラにまる一日，街の観光案内をして，毎晩，夕食をともにしていたのである。彼は彼女の温かさと社交性に夢中になり，肉体的にもまた彼女にとても惹かれていることに気づいた。彼はこの前これほど楽しかったのはいつのことだったか思い出せないくらいだった。彼は少

しハラハラしてはいたものの，二人のやりとりにおいて，社会不安がほぼ問題にならないことに驚いていた。週の初めに一緒にいたときに，サラは彼が聖職者になるというのは「あまりに惜しい」と冗談を言っていたが，前の晩には，どのくらいこの進路へ進む気持ちが固まっているのか，率直に彼に尋ねた。ほんの1週間前には自分の進路にあれほど確信があったのに，マイケルは突然，この質問への答え方がわからなくなったのである。

　マイケルがこの話を始めたとき，臨床家はまず彼の感情がごく自然なことを認め，話してくれたことに感謝を表した。臨床家はこの件を話せる唯一の人物であると，マイケルは説明した。神学校での先輩たちに話すことは問題外であり，家族に話せば，彼が医学でのキャリアに戻り結婚して自分の子どもをもつという決断を今からでも選ぶかもしれないという希望を抱かせてしまうだろうと感じたのである。この段階では，臨床家はこの意見を受け入れたが，彼のとまどいは，ミスを犯すことと拒絶の痛みを味わうことへの心配とよく合致していると，心に留めておいた。マイケルは，迷いが生じてしまったと人に伝えることには全く気乗りがしないようであった。

　臨床家は，その後，症例の概念化について修正を加え，それを彼に伝えた。事実上，彼が遭遇しているのは一種の両刃の刀であった。社会不安が改善するにつれて，彼は聖職者の道に入り，仕事をうまくこなし，職務を楽しむことができるという確信をもつようになった。ところが，社会不安の改善によって，恋愛関係（これもまた，今では彼が「うまくこなし」，「楽しむ」ことができそうなものである）をもつことを考えられるようにもなったのである。社会不安の治療の成功は彼に扉を開いたが，複雑な悩みの種も招いたのである。マイケルはこの概念化に心から納得し，セッションの終わりに，その日に計画された曝露をやっても大丈夫だっただろうと認めた。突然，重要なことには思えなくなってしまい，単にやりたくなくなったのだった。臨床家が，曝露を避けようとするよりも，どうしてサラの話をすぐにしなかったのかと尋ねると，セッションに来たときは，それを伝えるかどうかはっきりしていなかったのだとマイケルは説明した。それを伝えることで，聖職は自分に向いていないという現実的な可能性への扉を開いてしまうように感じたのである。このことが確信になってからは，この新たな疑問に，マイケルはとてもとまどった。

セッションの最後に，マイケルと臨床家は「ギアチェンジ」をして，妻と子どものいる家族をもちたいが聖職者の道にも入りたいという葛藤を，数週間話し合うことにした。明確なセッション数は決めずに，週ごとに事態がどう進展するか，ようすをみることにした。その後，マイケルと臨床家は，3回のセッションを行った。この間，マイケルはサラと連絡をとり，彼女に対する肯定的な感情をもち続けた。同時に，彼女は遠方に住んでいるので，恋愛関係を成立させる可能性が低いようにも思われた。しかしながら，マイケルと臨床家は，サラを，聖職者になった場合にマイケルが放棄することになるものの象徴とみなすことができた。

残りの3回のセッションでは，マイケルの問題の基底にある機制（ミスを犯すことと拒絶されることへの心配）が，治療の一部としてまだかなり残っていた。臨床家は，職場での上司たちや家族の支援がこの時点では彼にとって有益であろうと思った。またマイケルがこの人たちと話したがらないのは，1年間聖職を試してみると決めたことでミスを犯したと考えて自分を見捨てるだろうという信念によるものだと認識した。マイケルがこの信念の正否を問えるように，認知再構成法を用いた。彼は，この特別な「試し」の年は，まさにこの理由（この人生の重大決意を注意深く考え抜くための時間を人々に与える）で存在するにちがいないと認識するようになった。彼は，1年の見習い期間に参加し，その後聖職の道に入らなかった人の割合を報告している文献を教会で手に入れた。これらのデータは，多くの人々が実際に「心変わり」していることを示していた。自分の変心が家族に大きな動揺を引き起こす可能性は低い（実際のところ，マイケルは家族が喜ぶだろうと信じていた）ということもわかったし，教会内には多少の動揺を巻き起こすかもしれないが，最終的には彼らも自分を許すであろうと感じた。

この認知再構成過程によって，マイケルは家族と信頼できる聖職者に助言を求めることになった。両者はともに，マイケルの葛藤に強く共感し，臨床家にのみ話していたら得られなかったかもしれない独自の洞察を与えてくれた。マイケルは，「間違いを犯した」として否定的に判断されたり拒絶されたりするようなことは決してなかった。彼は実際，失敗したわけではなく，彼のキャリアにとっても私生活にとっても決定的な重要性をもつ決断を再考察しているの

だということを理解するようになった。

　マイケルの症例における興味深い「一ひねり」は，神の「関与」であった。マイケルは聖職者になるようにという神からの思し召しを経験したと感じ，この神の声に応えないと不快に思われてしまうと感じていたのである。この信念に働きかけながら，マイケルは，実際に世俗の生活に戻る場合に実行できる行動変化を考えた。彼は地元の病院で，平信徒のまま神父のような活動に従事することと，地元の教会の恵まれない子どもたちのためのプログラムでボランティアをすることを考えていた。この時点では，社会不安は前ほど問題でなくなったので，神への奉仕のために彼がすることのできる，あらゆる方法を考慮することができるようになったのである。

　マイケルと臨床家が女性とのやりとりを話し合ったときにも，失敗をすることと拒絶されることに関する彼の中核的な心配が浮上した。もし本当にマイケルが聖職を離脱すれば，彼がデートを始めて，最終的には結婚相手と出会うことが予想されるようになる。これは治療で改善された領域ではなかった（彼の女性との世間話は，すべてクリニックのスタッフ，修道女，あるいは教区民とのものだった）ので，彼は対処できないのではないかと心配していた。彼は，デートを毎回「めちゃくちゃに」してしまって，あらゆる機会をつぶし，ひとりぼっちで不幸せな状態になることを恐れていた。

　これらの心配に応えて，臨床家は，彼がいかにサラと会うことを楽しんだか肯定的に評価するようにして，治療で学んだ技能がほかの広範囲におよぶ社会的状況に応用できたように，デートにも応用できるということを理解するようにも助けた。二人はデートを「めちゃくちゃに」するとはどういうことなのか話し合い，めちゃくちゃになってしまうデートもあるかもしれないが（すべての人間がするように！），だからといって生涯の孤独にはつながらない，という理解を深めた。臨床家はまた，デートをすることがひどく問題になるなら，治療セッションを追加して練習してみてもいいとマイケルを安心させた。マイケルは聖職を去る方向に傾いているようにみえたが，臨床家は時間がかかるかもしれない過程であることを大切に考え，決して決断するようにプレッシャーをかけなかった。

　これらの話し合いは，マイケルがサラに会ったあとの3回のセッションで行

われた。この時点で，マイケルは将来について，また決断していなかった。3回目のセッションに続いて，臨床家はマイケルからの電話で知らされた。彼は神学校を離れて，故郷に帰る途中であり，次の段階が何であるかわからずにいた。わかっているのは，聖職は彼のためのものではないということだった。彼は，その後の連絡先を教えてくれなかった。

　マイケルが唐突に決心したので，臨床家はびっくりした。臨床家は，この旅路をともに続けていけないことを残念に思った。しかしながら，マイケルは自分なりの決断をしたのだろうし，それは彼にとってつらいものだったのだろう。神学校がそこにあるというだけの理由でその街に来ていたのだから，家があり，友人や職場の同僚がいて，いつでも戻っていける仕事がある，もと住んでいた街に帰るのは，臨床家にとっても納得のいくことだった。マイケルはきっと，新たに学んだ技能を，必要とする支援を得るために使うだろうと思われた。

第11章 スーパービジョンの過程

　ここまでで，クライエントとの最初の接触から，査定，治療，そして終結まで，CBTの全行程を順にみてきた。この過程で生じる難しい問題への対処についても説明した。本書の意図は，初心の臨床家がこの過程を不要な不安を感じずに進めるようにナビゲーター役をすることである。知識の習得と臨床経験に加えて，この過程で初心の臨床家を支えてくれるのはスーパーバイザーの存在である。

　この章では，治療過程をとらえたのとほぼ同じように，スーパービジョン過程をとらえる。スーパービジョンは，症例の概念化，鑑別診断，そして治療の計画と実行の技能を習得するときに，非常に重要である。しかしながら，スーパービジョン過程では，スーパービジョンならではの問題がないわけではなく，時にはこういった研修項目について問題が起こることがある。さらには，もっと対人的な性質の問題も発生しうる。この章では，スーパービジョンの目的が達成されるように，このような問題をどう解決したらよいかについて述べてみよう。

1 スーパービジョンの目標

　精神保健に関わる専門職での大学院教育の究極の目的は，心理的問題を経験している個人に対する治療を完全に実施できるよう，学生に準備をさせることである。最初に，教育課程での訓練である。しかしながら，いくら教室で指導

を受けても，それだけではクライエントを診るという経験に向けた準備が完全にできるわけではないので，教室での指導のあとに通常，学生が臨床技能を伸ばすことのできるような実践的経験を続ける。成長過程にある臨床家はまだひとりで治療をすることはできないので，臨床スーパーバイザーによるモニタリングが必要である。スーパーバイザーの仕事は，研修の過程で支援とフィードバックを与えることである。

　教育的な見地からは，スーパービジョンの目的は，心理的な援助を提供するために必要な技能を教えることである。もっと現実的な見地からは，研修プログラムの修了と免許取得のために必要な研修を学生にさせることも重要なことである。学生には，免許取得のために必要な量（例：直接的に臨床活動に従事した時間数，スーパービジョンの時間数）の研修といろいろな種類の研修をする責任がある。スーパーバイザーの資格もまた考慮に入れられ，ほとんどの司法管区で，免許のある心理職によってスーパービジョンを受けた場合のみ，免許取得に必要な臨床時間数として「カウントされる」。ほかの分野の訓練生（例：精神医学，ソーシャルワーク，看護，など）は，それぞれの領域での免許認可に関するガイドラインを知っておくべきである。

2 スーパーバイザーの役割

　スーパービジョン過程がどのように進むのかを説明する前に，スーパービジョン関係内でのスーパーバイザーと訓練生の役割を考察してみよう。臨床スーパーバイザーは3つの主要な機能を果たす。初心の臨床家を訓練し，クライエントが満足のいくケアを受けることを保証し，精神的な指導者の役割も務めるのである。

(1) 初心の臨床家を訓練する

　臨床スーパーバイザーの研修での役割は，訓練生が査定，症例の概念化，治療計画，計画実行の各技能を研鑽することを助けていくことである。一般的には，スーパーバイザーは自分の学派にしたがって，これらの技能を教える。訓練生はある特定の枠組み（認知行動的枠組みのように）から，心理的問題につ

いて考える方法と治療方法を学ぶことになる。

　スーパーバイザーは，訓練生に査定と治療のやり方を教えるだけではなく，臨床家とはどうあるべきかについても教える。スーパーバイザーは，治療で発生する難しい問題に訓練生がどう対処したらよいかを学ぶのを助ける。また，私たちの仕事を統括する倫理規定を紹介したり，倫理的なジレンマが生じたときには解決できるように助けたりして，訓練生に倫理的，道徳的なやり方で心理学を実践する方法も教えるのである。

　この研修過程で，スーパーバイザーは必ず，担当する訓練生の出来ばえを評価しなければならない。「評価」と言うと，スーパービジョン関係が終わるときの最終的な査定を考えるだろう。もちろんこの最終評価は重要だが，実際には治療関係の全期間において評価することが要求される。クライエントの症例の概念化とちょうど同じように，スーパービジョン関係の全期間にわたる継続的なものと考えるのが適切だろう。スーパービジョン関係が終わるときに評価されるだけでは，訓練生には意味がないと言っても過言ではない。評価はむしろ，面談の際のフィードバックが次回のスーパービジョン面談までの仕事に影響を与えるように，繰り返し行うべきである。

(2) 満足のいくケアを確保する

　スーパーバイザーの最も重要な役割は，クライエントがよい治療を受けられるように保証することであろう。実際，スーパーバイザーは，監督している訓練生がクライエントに加えるいかなる損害に対しても法的，倫理的な責任を負う。したがって，スーパーバイザーは，各クライエントの状態，治療，経過，現在の機能水準を常に把握しておかねばならない。これらの情報を伝えるのは訓練生の責任であるが，報告を受けるために時間をとり，フィードバックと指導を与えるのは，スーパーバイザーの責任なのである。

(3) 教育的な指導・助言を行う

　多くの臨床スーパーバイザーは，治療のやり方をクライエントに教えるだけでなく，担当の訓練生にとっての教育的指導者としての役割も果たす。教育的指導には，現在の経験が終わったらどのような種類のスーパービジョン経験を

得たいかを訓練生が決定することを助けるということも含まれるだろう。訓練生がキャリアの道筋を切り開いていけるように援助することも含まれるだろう。スーパービジョンの側面としていちばん見落とされていると思われるのは，訓練生が将来スーパーバイザー役を務めることができるように，技能を習得させるというものである。スーパーバイザーは，独自のスーパービジョンのスタイルと，それがキャリアを通じてどのように発展してきたのかを訓練生と話し合うことができる。さらになかには，先輩の訓練生に後輩訓練生へのスーパービジョンをさせるスーパーバイザーもいるだろう。その後，スーパーバイザーは上級学生に対して，スーパービジョン技能へのフィードバックを与えるのである。このような経験はとても価値があるので，可能であれば，ぜひ有効に活用すべきである。

3 訓練生の役割

　訓練生の主な役割は，心理的な問題への治療を求めてきた人に臨床サービスを提供することである。当然のことながら，訓練生は，その人に可能な最高の仕事をすることが期待されている。どうしたら，そのようなことを達成できるだろうか。第一に，すでに本書の前のほうで論じたように，初心の臨床家はクライエントとの作業に備えて，自分にできるすべてのことをすべきである。第二に，倫理的，法的基準についてよく理解し，クライエントとのあらゆる接触において，それを遵守しなければならない。また，自分の個人的問題と，それが仕事にどうマイナスの影響を与えうるかということを自覚していなければならない。最後に，この章といちばん関連することだが，訓練生はスーパービジョンを上手に活用しなければならない。この章の後半で詳しく述べるが，スーパービジョンを活用するというのは，スーパービジョン面談を設定し，十分準備して面談に臨み，フィードバックを受け入れ，必要なときはいつでも変更を加え，定期的に行われる面談以外にスーパービジョンを求めるべき状況を理解する，ということを意味している。

4 スーパービジョン関係を築く

(1) スーパーバイザーを選ぶ

　研修課程を通じて，誰があなたのスーパーバイザーになるかを選ぶ方法はさまざまである。特定の治療環境にいるスーパーバイザーに割り当てられる場合もあるだろう。または，仕事をする環境を選ぶことが許され，スーパーバイザーを選ぶ機会を得られる場合もあるだろう。訓練生の中には，仕事を一緒にしたいと思う特定の人にスーパービジョンを求める者もいる。

　スーパーバイザーを自分で選べるのなら，自分に対して最善のスーパービジョンを与えてくれる人をどうやって決めたらよいだろうか。考えるべき要素はたくさんある。主な要素は，あなたが得たいと思う経験の種類である。子どもと仕事をしたいのか，青少年か，成人あるいは高齢者とであろうか。摂食障害や，夫婦関係の問題など，特定の分野の経験を得たいのだろうか。働きたい場所は病院だろうか，地域の精神保健クリニック，大学のカウンセリングセンター，個人で開業しているところ，はたまた，もしかすると刑務所だろうか。新たな臨床経験を選択する機会を得るたびに，どのような種類の経験を得たいのか，考えてみること。そして，そのような経験をするのを助けてくれるようなスーパーバイザーを選ぶべきである。

　もちろん，考慮すべき重要な要素の1つは，スーパーバイザーの学派である。本書はCBTに合わせているが，研修課程を通して，ほとんどの人はより広範囲の経験を求めるであろうし，求めるべきである。おそらく，精神力動療法や対人関係療法，あるいは感情に焦点をあてた治療法での経験をしたいと思うこともあろう。あなたが経験したいと考える学派に属して，治療技法の科学的基盤に通じたスーパーバイザーを探し出すことが重要である。

　その人物が訓練生のスーパービジョンに関して，どの程度の技能を有しているか，ということも考慮すべきである。どのような人を熟練したスーパーバイザーとするのか，定義は難しい。しかし，一般的に，よい教師であり，スーパーバイズを受ける者たちのための時間があり，お互いの役割を尊重する人を探すことが大切である。さらにスーパーバイザーが，十分な指導を与えることと，治療決定において能動的な役割を果たす機会を訓練生に提供することの間でバ

ランスをとる判断感覚をもっていると，スーパービジョンは最もうまくいくだろう。優れたスーパーバイザーというのは，訓練生がクライエントの査定や治療の技能を高めるにつれてどのようにこのバランスを調整すればよいか，わかっているものである。

　スーパーバイザーがこのような特性を有しているかを知るには，聞いて回ることだ。その人物と以前に仕事をしたことのある訓練生を知っていれば，そういう人たちの経験について質問すること。そのスーパーバイザーとそれまでに仕事をした人を誰も知らなければ，かつての訓練生の名前をスーパーバイザーに尋ねるとよい。大半のスーパーバイザーが教えてくれるだろう。教えてくれない人については，その背後に何が隠れているのか，知りたくなってしまうだろう。

　もちろん，スーパーバイザーになるかもしれない人の感触をつかむには，実際に会ってみることである。その人に仕事（例：学派，診ているクライエントの種類）について尋ね，その人と仕事をするとどのような機会が得られるのか，尋ねてみること。どのくらいのスーパービジョンを受けることになり，スーパービジョンはどのように構成されているのか（例：個人スーパービジョン，グループスーパービジョン，あるいはその2つの組み合わせ），尋ねること。このようなときにどのように情報を伝えてくれるかということで，そのスーパーバイザーの訓練生の扱い方の感触がつかめるだろう。繰り返すが，自分が探すべきものを明確に言葉にすることは難しい。しかし一般に，仕事に情熱を燃やしていて，知識を訓練生に分け与えることに熱心であり，また訓練生からも逆に学ぶことを喜んで受け入れるようなスーパーバイザーを見つけることが理想的である。スーパーバイザーと訓練生の間の同盟関係は，訓練生の臨床的能力を高める可能性のあるスーパービジョンのさまざまな目標達成において，重要なツールとなるだろう。

(2) スーパービジョン関係の意味合いを定義する

　あなたとスーパーバイザーの間のスーパービジョン関係が確定したら，この関係についてはっきりさせておくことが大事である。最初に決めることは，スーパービジョンの頻度と，面談中にどんなことをするかということである。最

初にどのような種類のトレーニングを受けることになるか話し合い，あなたの仕事の負担量について合意しておくこともまた大事である。やがてほかの責任も負うようになるであろうから，それらに支障をきたすほど症例で手いっぱいにならないようにしておいたほうがよい。トレーニング経験の最後と経過中にあなたの仕事をどのように評価するのかを話し合っておくことも大事である。

5 スーパービジョンの方法

スーパービジョンの方法は，環境によって，スーパーバイザーによって，大幅に異なっている。以下の部分では，このような多様なスーパービジョン方法について述べ，訓練生がスーパービジョン経験から最大限のものを引き出せる方法を考えてみよう。

(1) 個人スーパービジョン 対 グループスーパービジョン

訓練生と一対一で会うスーパーバイザーもいれば，グループ環境で多くの訓練生と一度に会うスーパーバイザーもいる。一般的には，個人面談は週に1回行われ，少なくとも1時間かける。グループミーティングは，スーパービジョンを受けている訓練生の数と各訓練生が抱えている症例の数によって，最低2時間，もっと長時間継続することも多い。グループスーパービジョンを開いているスーパーバイザーは普通，必要に応じて訓練生が一対一の面談を予約してもよいとしている。

個人スーパービジョンにもグループスーパービジョンにも，それぞれ長所と短所がある。理想的には，すべての訓練生が両方に参加して，両方の利点を経験すべきである。個人スーパービジョンでは，訓練生はグループスーパービジョンにおけるよりももっと注目を受ける。個人スーパービジョンはまた，職業上の選択，今後の臨床経験やスーパーバイザーに関する決断やその他のことに関して，スーパーバイザーから多くの指導を受けられる。個人スーパービジョンでは，面談時間をほかの訓練生と分け合う必要がないので，もっと多くの時間を各症例に費やすことができ，訓練生はより多くの症例に関するスーパービジョンを受けられるだろう。

グループスーパービジョンでは，訓練生は普通，難しい症例を発表するように言われ，各症例を論じる時間の割り当ては少ない。グループスーパービジョンにはこのような制限があるが，それでも直接治療している症例よりもずっと多くのものについて耳にすることができる。異なる臨床症状，やっかいな診断での問題，症例の概念化，治療計画，そして治療過程に関連した問題にたくさん触れることができるのである。

　グループの中で評価されたりフィードバックを与えられたりすることに，とてもストレスを感じる訓練生もいる。このような心配に対処するには，次のような方法がある。第一に，訓練生は自分のとらえ方の枠組みを変えることができる。グループスーパービジョンの利点は，スーパーバイザーばかりではなく，さまざまな研修レベルにある仲間からのフィードバックを手に入れる機会があるということである。時としてスーパービジョンでは，銃殺部隊の前にいるかのような気分になるかもしれないが，評価されることへの不安を除外できれば，複数の人からフィードバックを得られることは，臨床家としての成長においてとてつもなく有益であろう。

　もちろん時には，必要以上に直接的な，あるいは批判的なやり方でフィードバックしてくる人たちと話をすることもよいかもしれない。その人たちの行動がどうしてあなたにはやりにくいのか知らせたり（「私が症例のビデオを見せ始めると，事態の展開を理解するのに十分な量を見る前に，あなたは私の仕事を批判し始めるように感じています」），それをどうやって有益なものに変えたらいいのか知らせれば（「症例を論じ始める前にもう少し長くテープを見れば役に立つでしょう。そうすれば，あなたのフィードバックが私にとって有益なものになると思います」），それも意味があるかもしれない。

　ここまでのことをまとめてみよう。個人スーパービジョンにもグループスーパービジョンにも，長所と短所がある。訓練生のやり方しだいで，自分の受けているスーパービジョンに欠けていると思われる経験をすることもできるだろう。例えば，グループスーパービジョンではカバーされないような特別に難しい症例を抱えているのならば，それが正しい軌道に乗ったと感じられるまで毎週，個人面談を受けられるように努力すべきである。同じように，個人スーパービジョンを受けているが，もっと多くの症例について聞きたいと思うのなら

ば，同僚から指導を受けられるような形式ばらない会合をほかの訓練生と準備することもできるだろう。

(2) スーパーバイザーに自分の仕事を伝える

　スーパービジョンが意味のあるものになるかどうかは，訓練生しだいである。必要としているフィードバックと助言を得るために，スーパーバイザーに自分がやっていることを伝達する準備をしてスーパービジョンに臨むのは，訓練生の側の責任である。次に，自分の仕事について伝えるいろいろな方法を論じ，それぞれの利点と欠点を考察し，スーパービジョンから最大限のものを引き出すためにどのような準備をしたらよいか，説明しよう。

a 自己申告法

　自己申告法は，最もよく使われているスーパービジョンの方法である。この方法では通常，訓練生が，新しいクライエントとの査定や，継続中のクライエントとの最近の治療セッションで何が起こったか説明する。自己申告法では，訓練生の側が準備することはほとんどないかのように思うかもしれないが，そんなことはない。

　毎回面談前には，自分の全クライエントのリストを作成し，前回のスーパービジョン面談以降にセッションをもったかどうか記し，セッションで何をしたのか，簡潔なメモを加えること。セッションからセッションへと，その症例の概念化がどう展開し，変容したかということと，この「アップデートした」理解が治療計画にどう影響したか，考察すること。クライエントがどのようなようすか，数値化した評価を準備することを重要視するところもある。例えば，うつ病の治療クリニックでは，クライエントのその週のベックうつ評価尺度の得点を報告するように言われるだろう。最も大事なのは，スーパーバイザーに聞きたい質問や話題にしたい懸念事項を用意してスーパービジョンに臨むことである。この要約シートを面談に持参するだけではなく，すべてのカルテをもっていくべきである。これは次の2つの点で役に立つ。第一に，何も見なければわからないがカルテがあればすぐに見つけられるような付加的な情報をスーパーバイザーから尋ねられるかもしれない。第二に，スーパービジョン面談の

最後に，スーパーバイザーに訓練生の進度記録に署名してもらわなければならないが，これを確実にしてもらうにはカルテをもっていくことである。

b 録画・録音

多くのスーパーバイザーが，スーパービジョンの実施において，録画や録音したものを使用する。これがあれば，治療セッションへよりいっそうアクセスできるし，自己申告法で生じがちな偏りを正すことができる。記録することにはこのような明らかな利点があるにもかかわらず，多くの訓練生はこの方法をいやがる。セッション中に録画・録音されると，注意が自分に集中してしまい，クライエントに集中することが難しくなってしまう場合があるのである。さらに，他人がいるところでテープを見れば，不安な気分になるだろう。幸いにも，セッションを録画・録音したり，自分自身をテープで見たり聞いたりすることに慣れていくと，このような不安感は急激に軽くなっていくものである。

訓練生は，この方法から最大限の効果を引き出すため，スーパービジョン面談の前に，自分でテープを聞いたり見たりしておくべきである。特定の質問や心配を書き留め，関係のある部分のテープ上の位置をメモしておけば，とても効果的であろう。このような部分をスーパービジョン面談の前に見られるようにスーパーバイザーに渡したり面談中に見せることができる。スーパーバイザーには毎週すべての訓練生のすべてのテープをチェックする時間はないであろうから，セッションで自分が助けを必要としている部分をスーパーバイザーに知らせるのは，個々の訓練生の責任である。時には，とても困難なセッションで，スーパーバイザーにどの部分を見せたらよいか決められないこともある。このような場合には，スーパーバイザーはテープ全体を見て，それから訓練生と話し合ってくれるだろう。

スーパービジョンに関してよく出る質問は，テープの「困難な」部分のみを面談に持参すべきか，「良好な」部分もまたもち込むべきか，というものである。否定的な面にのみ集中したくないのは山々だが，スーパービジョンの時間は限られているので，一般に難しい臨床上の問題への指導に時間を費やしたほうがよい。しかし，グループスーパービジョンでは，時には訓練生がセッションの「良好な」部分を持参することが有用かもしれない。ある概念をとても上

手に説明したり，難しい臨床上の問題にとても効果的に対処したり，クライエントと行動実験を行ってとても肯定的な変化が得られたりしたことがあるだろう。このような断片をグループに見せれば，ほかの訓練生にも大いに教育的効果があるだろう。

c 現場観察

スーパービジョンはまた，なまの観察を通じて行われる場合もある。クライエントを訓練生と「共同治療」するスーパーバイザーさえいる。こうすることで，スーパーバイザーは訓練生を「活動中」の状態で観察することができ，セッションの進行中に手ほどきを与える機会ももてるのである。スーパーバイザーはまた，マジックミラーの背後で治療セッションを見ることもあり，セッションが行われている最中に（耳の中の「隠し受信装置」を通じて」），あるいは，セッション終了直後にフィードバックを与える。「共同治療」と同様に，このアプローチのほかにない利点は，スーパーバイザーが治療セッションで起きることをリアルタイムで見られるということである。とはいえ，ビデオ録画や録音と同様，実際に見られることは，訓練生にとっては不安なものだろうが，すでに述べたように，この緊張は時間とともに薄らいでいくものである。ひとたび不安が解消すれば，現場観察は，とても動的で，有用なスーパービジョンとなるだろう。

d いろいろな方法を使う

ここでは，スーパービジョン法について別個に論じたが，大半のスーパーバイザーは，訓練生のスーパービジョンにあたって複数の方法を用いる。スーパーバイザーはまた，一般的には，スーパービジョン過程についての提案を受け入れてくれる。セッションを録画させないスーパーバイザーがいたら，この方法が役に立つと思うのなら提案してみるとよい。訓練生がトレーニング経験からできるだけ最大のものを引き出すことが重要なのである。スーパービジョン関係できちんと主張する姿勢をとることは，とても意味のあることだ。

6 スーパービジョン関係での障壁

　ここでは，スーパービジョン関係で発生しうる困難な状況について説明し，そういった状況をどのように解決するかを考察しよう。状況によっていろいろな解決法があるが，原則は，スーパーバイザーと訓練生の間のコミュニケーションを開いた状態に保つことである。よくあることだが，特におおぜいの訓練生がいるところでは，仲間の訓練生にスーパーバイザーのいろいろな欠点をこぼすことで，スーパービジョン関係での悩みを処理してしまうことがある。同僚の支援を求めるのも悪くはない。孤独感がやわらぎ，支援されているという気持ちが高まり，困難な問題への解決策を生み出すのに役に立つこともあろう。それでも，直接スーパーバイザーに話して一緒に問題を改善させていくことにまさる方法はないのである。

(1) 症例の理解と治療の方法に関する問題

a 「スーパーバイザーは自分が臨床家だと思っている」

　最も優れたスーパービジョン技能は，訓練生を指導することと，クライエントのケアの責任をもたせて，言うなれば，単独「飛行」させることのバランスがとれることである。なかには，訓練生がかなり上達しても，このバランスを見出すことができず，指導しすぎて十分な独立性を与えないスーパーバイザーもいる。これは，訓練生にとってはやっかいな状況である。このような高圧的態度が続けば，訓練生は，自分には技能がないのだと思ってしまうだろう。その上，もし訓練生が，スーパーバイザーの助言に注意を払わず，セッションがどう進むべきか自分自身の感覚にしたがったりすると，叱責を受けるかもしれないのだ。

[問題を解決する]

　このような状況には，あなたがそれまでにどのくらい研修を受けたかで，異なった対処をしたほうがよい。もし治療を始めたばかりか，あるいは新しい種類の治療を始めたのならば，助言にしたがったほうがよいだろう。しかし，もっと研修を重ねているのなら，この問題をスーパーバイザーとの間で話題にす

べきである。特に，スーパーバイザーの指導に正確にしたがわないとして叱責されるような場合には，話し合うべきである。スーパーバイザーの行動を批判するよりも，この行動があなたにどういった影響を与えているのか知らせること。スーパーバイザーに治療を管理されると，自分はクライエントを治療したり臨床的な決定をしたりする能力を伸ばせないような気がする，と伝えればよい。ただし，批判を受け入れる姿勢は示しておくこと。自分のやっている治療には，直接的な指示を減らしたらクライエントを治療する準備もできていないし能力もないとスーパーバイザーが感じるようなものがあるのか，と尋ねてみるとよいだろう。もし特に不安材料がないのであれば，指導を受けながらも，だんだんに独立して仕事をする機会を与えてほしいと，スーパーバイザーに知らせること。

b「スーパーバイザーと私は学派が対立している」

研修の途中で，時には，心理的問題の理解と治療への理論的方向性が異なるスーパーバイザーと仕事をしなければならないこともある。こういうことは，訓練生が自分でスーパーバイザーを選んだのではなく，スーパービジョン経験を割り当てられたときに，時々起こる。訓練生は，スーパーバイザーの学派を受け入れるべきなのかどうか，混乱するかもしれない。もし受け入れれば，心理的問題の理解と治療について，自分が最善と信じることを当然曲げざるをえないだろう。受け入れなければ，スーパーバイザーから叱責されるリスクを負うことになる。その上，もしほかの学派の人にスーパーバイズされながら自分の学派に忠実であり続ければ，不十分なスーパービジョンを受けることになってしまう。

[問題を解決する]

この混乱の解決には，スーパーバイザーと話し合うことである。ほとんどの人は，スーパーバイザーの理論的方向性に合致する方法で，訓練生にクライエントの治療をしてほしいと思うだろう。これは必ずしもマイナスの結果ではない。実際，究極のところ，違う種類の治療を学べば，あなたはよりよい臨床家になれる。あなたが最終的に所属することになる学派にかかわりなく，異なる

スーパービジョン経験から得た技能は，きっとあなたの仕事に影響を与えるのである。さらには，さまざまなスーパービジョン経験を手に入れることで，キャリアの道筋が大きくプラスのほうに変わっていくこともある。例えば，私たちの同僚は，研修期間を通じてほぼCBTにのみ接していたが，大学院の最終年の実習で，もっと精神力動的な方向性のものに出合った。この人は，精神力動的治療を行う経験を非常に楽しいと感じ，自分の心理的問題への理解に合っていると感じた。結局，精神力動的治療でのさらなる訓練を求めることになり，キャリアが始まるときにもこの道を進み続けていたのである。

　時には，クライエントがその人の学派を理由にスーパーバイザーを選んだのに，期待したほどにはその学派に帰属していない人だったと知ることもある。例えば，CBTのスーパーバイザーを探し出したのに，その人がもっと精神力動的な性質のフィードバックや助言を与えることに気づくことがあるかもしれないのだ。このようなことがあれば，求めていたような種類のトレーニングを受けていないと感じるだろう。スーパーバイザーの中には，この種のフィードバックにとても理解がある人もいる。そういう人は，自分はより折衷的な様式で実践していても，スーパービジョン関係ではもっと焦点を絞り続ける（例：クライエントの問題の理解と治療への，CBTアプローチにしたがう）ようにしてくれるかもしれない。これほど受容的ではなく，たとえ認知行動療法家がすべきこととして訓練生が理解しているものと合致しなくても，助言にしたがうように求めるスーパーバイザーもいるだろう。多くの場合，訓練生はスーパービジョン関係を学期途中で打ち切って自分にもっと合う誰かに乗りかえることはできないので，これはやっかいな状況である。たいていは，決められた期間は研修を続け，そこから何が学べるか，ようすをみるのがよいだろう。どんなに治療をしたくないかを学ぶにせよ，次回のスーパービジョン関係ではどうやってもっと望ましいスーパーバイザーを選ぶかを学ぶにせよ，非常に否定的な経験がプラスの結果を生み出すこともあるのである。

(2) スーパーバイザーと訓練生の信頼関係における問題
　a「スーパーバイザーから否定的な評価を受けることを恐れている」
　スーパービジョン関係で訓練生にとってのいちばんの心配は，スーパーバイ

ザーによる評価の見通しであろう。スーパービジョンでは，一般的に「建設的批判」を受けることがあるので，この心配はもっともである。スーパーバイザーはよく，批評することに気をとられすぎて，ごくわずかな賛辞すら与えることを忘れてしまうことがある。スーパービジョンの場というのは，セッションで問題になっていることがもち込まれることが多いので，このプラス材料がない状態というのはいっそう悪い方向に向かうだろう。訓練生というのは，自分の仕事ぶりは恐ろしくまずいもので，よい臨床家になる望みなどないのではないかと感じながら，スーパービジョン面談の場を出ていくものだ。その上，特に試練を与えられるようなスーパービジョン面談であれば，訓練生は次回の面談に対して非常に不安になるだろう。そうなると訓練生は，スーパービジョンでの叱責を恐れ，「正しいこと」をするのに気をとられすぎ，クライエントに奉仕できなくなってしまい，治療によくない影響を及ぼすだろう。

問題を解決する

否定的な評価への恐怖に対処するには，スーパービジョン関係への自分の感じ方をとらえ直すことである。時に飲み込みにくいことはあっても，スーパーバイザーや同僚からのスーパービジョンはどちらも驚くほどに教育的効果がある。訓練生は面の皮を厚くし，フィードバックは個人的な侮辱ではなく，成長を助ける手段として意図されていることを覚えておこう。訓練生がスーパービジョン面談に出て，フィードバックを自分自身に向けられたものだと思わないようになれば，そこから，はるかに多くのことが得られるだろう。

私たちの経験では，訓練生がスーパーバイザーに評価されることを恐れるもう1つの理由は，評価の根拠がつかみにくい，不明確なものであることである。ある概念を不正確に説明したら，どういうことが起きるだろうか。改善しないクライエントを治療しているのはどうだろうか。クライエントが治療から中途脱落したら，どうなるのだろうか。このようなことは，低い評点，あるいはほかの否定的な結果につながるのだろうか。このような心配に対処するには，スーパービジョンの最初に，評価の根拠がどのようなものか，スーパーバイザーとの間で話し合っておくことである。治療技能の評価は難しい。一度まずい説明をしたことや，治療に反応しないクライエントがたまにいること，機が熟す

前に治療をやめてしまうクライエントが数人いることで，悩まないほうがよい。スーパーバイザーは一般的に，「全体像」をみるのである。つまり，訓練生が仕事に努力を注いでいるか，倫理的で共感的な態度で振る舞っているか，訓練経験の間に治療技能が向上しているか，ということである。

b「スーパーバイザーは私のために時間をさいてくれない」

関与しすぎるスーパーバイザーがいる一方で，訓練生に全く会ってくれないスーパーバイザーもいる。そういうスーパーバイザーはスーパービジョンに欠席するか，あるいはスーパービジョン面談を最初から設定しようとしない。たとえ訓練生が難しい治療状況にあっても，決められたスーパービジョンのとき以外では訓練生と会ってくれないかもしれない。このようなスーパーバーザーがやっと訓練生に会ってくれたときには，面談があわただしいものになり，電話やオフィスに立ち寄る人のせいで中断されることもしばしばとなる。問題のいかんにかかわらず，訓練生にとっては不十分なスーパービジョンとなってしまう。

これはさまざまな理由から問題である。第一に，そして何よりも，クライエントに対する質の低いケアという結果につながる。すでにみてきたように，優れた臨床上の仕事に行うのに必要なあらゆる技能を訓練生がすでに身につけて研修を開始することを期待するようなスーパーバーザーはいない。訓練生がクライエントの役に立つことを何も習わないような研修経験など（たとえ比較的まずい経験であっても）考えられないことである。ともあれ，スーパービジョン面談は，クライエントの利益を現実のものとするために実施されなければならない。

また，訓練生にとって望ましくない研修経験になってしまうようなスーパービジョンもよくない。スーパービジョンを終えるとき，新しい技能や知識を得られなかったかのように感じるだろう。精神的指導を受ける機会も逃してしまう。その上，スーパービジョンの技能を学ぶ機会ももてない。こういう技能は，訓練生時代のスーパービジョンを通じて学習されることが多いのである。

> 問題を解決する

　この問題を解決するために，スーパーバイザーにきちんと取り組んでもらうように面談に応じてもらうのは，最もやっかいなことである。これは，アサーティブネス（自己主張性）技能を行使する，よい機会である。会わねばならないし，面談はできるだけ早い時期にするべきだと主張するのだ。自分の懸念を率直に伝えることである。スーパーバイザーに，「自分で自分のカヌーを漕いでいる」かのように感じているし，もっと頻繁に会えてあてにできるスーパーバイザーが必要だとも感じている，と知らせればよい。訓練生のために時間を作り出す責任は間違いなくスーパーバイザーの側にあるが，訓練生のほうから提案することもできる。例えば，面談を違う時間に行えば，あるいは時々電話で症例を話し合えれば，また主任スーパーバイザーが忙しいときには控えのスーパーバイザーが代理をつとめるという準備がされていれば，よりよいスーパービジョンを与えてもらえるだろう，というようにである。よりよいスーパービジョンを求める要求に応じてくれるスーパーバイザーもいるだろうし，自分の行動がクライエントやあなたに与える影響がわかれば，もっと熱心になってくれるスーパーバイザーもいるだろう。

　しかし，こうしたメッセージを送っても変化がないのなら，怠慢がどんな結末をもたらすかを思い出してもらえばよい。とどのつまり，スーパーバイザーはあなたのクライエントの福利に対して，倫理的・法的な責任を負っているのだ。クライエントのケアにかかわらずにクライエントに何か起これば，そのスーパーバイザーの免許も，専門家としての生計手段も危うくなってしまうのだ。それでもそのスーパーバイザーが変わらなければ，そのスーパービジョン関係は打ち切って，新しい配属を求めたほうが，あなたとあなたのクライエントにとっては最善であろう。

c「スーパーバイザーと私は道義的・倫理的問題で意見が違う」

　クライエントは治療セッションの間に，しばしば警戒を要するようなことを伝えてくる。例えば，時に自殺願望を打ち明けたり，臨床家に対して性的なことを考えたり，臨床家に贈り物をもってきたり，非合法的な活動に参加したことを報告したり，子どもの虐待の情報をもっていたりするのである。このよう

な状況では，スーパーバイザーに相談することが必要なのは明らかである。こういった問題の解決にあたって，訓練生とスーパーバイザーが異なる意見をもつことがある。例えば，訓練生がクライエントの自殺念慮は本気ではないと思う一方で，スーパーバイザーは本気であると信じることもあるだろう。

> 問題を解決する

　このような状況では，訓練生とスーパーバイザーが意見の相違を話し合うことが大切である。加えて，クライエントに対する倫理的・道徳的・法的・職業的な究極の責任はスーパーバイザーにあることも，訓練生は覚えておくことが大事である。それゆえに，ほぼすべての症例では，スーパーバイザーの決定にしたがい，それを尊重するべきである。臨床的な判断の食い違いが解決できなければ，訓練生はスーパーバイザーに，別の人（一般的にはクリニックの院長，あるいは臨床研修の監督者）に相談できないか，尋ねてもよいだろう。経験を積んだ臨床家はよく，倫理的あるいは道徳的なジレンマを同僚と相談して解決するので，スーパーバイザーのほとんどはこの提案を受け入れるであろう。受け入れないときには，クリニックの院長か臨床研修の責任者と，症例そのものに関してではなく，難しい臨床での問題に関してスーパーバイザーが同僚と相談したがらないということについて，話してみてもよい。

d「スーパーバイザーは私の治療者になろうとしている」
　臨床家は，スーパービジョン関係を，自分の治療を受けるための手段として利用すべきではない。同じように，スーパーバイザーも，治療者の役を引き受けることは適切ではない。時としてこの境界線を引くのは難しい。スーパーバイザーが訓練生の行動について，ひとりの初心の臨床家および訓練生という点からコメントしたり質問したりすることは，疑う余地がないほど理にかなっているからである。しかし，これはスーパーバイザーが，スーパーバイザーと臨床家の両方の役割を演じる二重の関係を生み出す。訓練生の私生活に関して多くのことを知ると，仕事に対するスーパーバイザーの評価が偏ることになるかもしれず，それについては守らなければならない制限がある（APA規定の7.05b項参照）。

> 問題を解決する

　スーパービジョン関係に個人的な問題をもち込まないようにするのは，大半の場合，訓練生の側の責任である。しかしながら，スーパービジョン関係で治療的なスタンスをとり始めるのはスーパーバイザーの側であることがある。訓練生は，スーパービジョン面談において，自分自身の問題から注目をそらすように努力はできるが，それが難しければ，スーパーバイザーと直接話し合えばよい。もしこれがうまくいかなければ，問題を解決するために，訓練生が，スーパーバイザーとその人のスーパーバイザーか，ほかの同僚とのミーティングを要求してもよいだろう。合理的な解決策が見出せなかった場合にのみ，実習経験を終結するといった，ほかの選択肢を考えるべきである。

e「スーパーバイザーが私に対して不適切な行動をする」

　初心の臨床家にとって対処が最も困難な状況は，スーパーバイザーが不適切な行動をする場合である。多くの研究者が，スーパーバイザーの側のセクシュアルハラスメントの発生率が高いと報告している（Fitzgerald et al., 1988）。訓練生の外見や服装を大いにほめたり，個人的な質問（例：交際相手がいるのか，あるいは訓練生の恋愛関係での問題に関して）をしたり，さらには性的に口説くといったようにもっと露骨に不適切なことをするスーパーバイザーもいる。このようなことをされたら，訓練生はどうしようもなく不快になり，どのように状況を解決したらよいのか，わからなってしまうだろう。

　このような状況を解決するのが困難である理由はたくさんある。第一に，そして何よりも，スーパービジョン関係では勢力関係の相違がある。スーパーバイザーはあなたの評点を管理していて，ある意味では将来も左右する。さらなる研修や就職に際の保証人となってくれる人として，また免許を取得する過程で必要な書類に署名をしてくれる人として，スーパーバイザーを頼っている。訓練生は，スーパーバイザーの要求にしたがわないと懸命にこなした仕事の成果を得られないのではないか，と心配するのである。

　この難しい状況に直面すると，訓練生の多くはどこに支援を求めたらよいのか，わからなくなる。多くの臨床の場と大学や研究機関の部署では，教職員はお互いに親しそうにみえるので，訓練生は，自分の秘密を守って助けてくれる

ような人がいるのか疑問に感じるのである。もう1つの心配は，自分の訴えが真面目に受け止められるかということである。この種の不適切な行動の大きな問題は，それが起きたという「証拠」がしばしば存在しないということである。多くの訓練生が，不適切な行動を訴えても信じてもらえないのではないか，と心配するのである。

問題を解決する

　こういった心配を考えると，この種の状況にどのような対処をするか決定を下すのは，かなりの試練となるだろう。本書を通して，治療関係とスーパービジョン関係においての困難な状況に対処するには，直接交渉がいちばんであると推奨してきた。問題の相手に，何が問題なのか，どうしてそれがあなたにとって問題なのか，そして，その状況を解決できる最善の方法に関して伝えるということである。スーパーバイザーの側の不適切な行動に対しては，これが効果的なやり方であるか解明するのは難しい。訓練生は，不適切な行動をやめてほしいと思う一方で，事態を悪化させるリスクは冒したくないのである。

　場合によっては，訓練生がスーパーバイザーはフィードバックを受け入れるであろうと感じ，どのように変わってほしいか，スーパーバイザーに話す価値があると思うこともあるだろう。しかし，多くの場合，このようにはいかず，クリニックの院長，臨床研修の監督者，あるいは学部の長のような人に問題を訴えることが必要であろう。訓練生がすべきなのは，問題への対処をトレーニング経験の最中にするか，終わってからにするか，あるいは全くしないか，よく考えることである。

　私たちは訓練生に，スーパーバイザーが不適切に振る舞う状況には対処することを勧める。そのスーパーバイザーが，過去においてほかの訓練生に対して同じようなことをしたり，また未来の訓練生にも同じことをする可能性はきわめて高い。これは大事なことを意味している。第一に，あなたがその不適切な行動を訴えるとして，それは初めてのものではない可能性があるのだ。実際，あなたの訴えがほかの訴えを裏づけるものとなり，非倫理的なスーパーバイザーをとがめる訴えをより明確なものにするかもしれないのである。第二に，あなたの訴えは，似たような状況に陥るかもしれない今後の訓練生を守る可能性

があるのである。

　そうなると，すぐに行動を起こすか，あるいは研修が終了してからにするか，という決断が残る。多くの場合，トレーニング経験が終わるまで待つのがいちばんである。もしスーパーバイザーの不適切な行動がとても微妙なもの（例：外見をほめる，個人的な質問をする，など）であれば，これが最善の処理法であろう。しかし，すぐに行動を起こしたほうがよい状況もある。最も明白なのは，あなたの評価がスーパーバイザーの要求に応じるかどうかにかかっているようなときである。もしスーパーバイザーが，性交渉をもたなければ落第させてひどい推薦文を書くと言うのであれば，すぐに行動を起こさなければならない。同じように，もしあなたが，何らかの意味で安全でないと感じたり，スーパービジョン面談での苦痛がクライエントを治療する能力にマイナスの影響を与えていると心配であれば，すぐに行動を起こすべきである。

　このような場合に大事なのは，すべてを記録しておくことである。スーパービジョン面談を秘密裏にテープに録音することは非倫理的であるが，終了後に各スーパービジョン面談で何が起こったのか記録しておくことは非常に有用である。この記録は苦情を申し立てるときに使える。特に，研修後に訴える場合は，一部の人たち（特に訴えられたスーパーバイザー）があなたの苦情の正確性を疑うかもしれない。問題となる出来事をすぐに記録しておけば，あなたの訴えはずっと力のあるものになるであろう。

7 肯定的な面に注目する

　本書のほかの章と同様，この章は臨床家の生活で出現する試練に焦点を当てた。そのために，思いがけず否定的なものに偏るような印象を与えてしまったかもしれない。しかし，スーパービジョン経験の大多数は肯定的なものであることを忘れてほしくはない。私たちの多くは，臨床家を務めることに関してとても多くのことを教えてくれたばかりか，キャリアの行程を歩みだすにあたって精神的な指導者の役割を果たしてくれたスーパーバイザーに負うところが多い，と感じている。スーパービジョン関係が終了するとき，ほとんどのスーパーバイザーは訓練生を評価する。訓練生にとってもスーパーバイザーを評価す

ることが大いに役立つ（そして場所によっては必須になっている）。ほとんどのスーパーバイザーは建設的な批判を喜んで受け入れ，間違いなくすべてのスーパーバイザーは，自分がどのように役に立ったか，そして訓練生がトレーニング経験から何を獲得したか聞くことを喜びとしているのである。

付記A
認知行動療法の推薦文献

理論と研究

Alford, B. A., & Beck, A. T. (1997). *The integrative power of cognitive therapy.* New York: Guilford Press.

Asmundson, G. J. G., Taylor, S., & Cox, B. J. (Eds.). (2001). *Health anxiety: Clinical and research perspectives on hypochondriasis and related disorders.* Chichester, UK: Wiley.

Beck, A. T. (1999). *Cognitive aspects of personality disorders and their relation to syndromal disorders: A psychoevolutionary aspect.* In C. R. Cloninger (Ed.), *Personality and psychopathology* (pp. 411–429). Washington, DC: American Psychiatric Press.

Beck, A. T. (1999). *Prisoners of hate: The cognitive basis of anger, hostility, and violence.* New York: HarperCollins.

Butler, A. C., & Beck, J. S. (2000). Cognitive therapy outcomes: A review of meta-analyses. *Journal of the Norwegian Psychological Association, 37,* 1–9.

Clark, D. A., Beck, A. T., & Alford, B. A. (1999). *Scientific foundations of cognitive therapy and therapy of depression.* New York: Wiley.

Gelder, M. (1997). The scientific foundations of cognitive behavior therapy. In D. M. Clark & C. G. Fairburn (Eds.), *Science and practice of cognitive behaviour therapy* (pp. 27–46). New York: Oxford University Press.

Hollon, S. D., & Beck, A. T. (1994). Cognitive and cognitive-behavioral therapies. In A. E. Bergin & S. L. Garfield (Eds.), *Handbook of psychotherapy and behavior change* (4th ed., pp. 428–466). New York: Wiley.

Ingram, R. E., Miranda, J., & Segal, Z. V. (1999). *Cognitive vulnerability to depression.* New York: Guilford Press.

Leahy, R. L. (2003). *Psychology and the economic mind: Cognitive processes and conceptualization.* New York: Springer.

Adapted by permission of Judith S. Beck from a list compiled by the Beck Institute for Cognitive Therapy and Research (*www.beckinstitute.org*).

Leahy, R. L. (Ed.). (2004). *Contemporary cognitive therapy: Theory, research, and practice.* New York: Guilford Press.

Neenan, M., Dryden, W., & Dryden, C. (2000). *Essential cognitive therapy.* London: Whurr.

Rosner, J. (2002). *Cognitive therapy and dreams.* New York: Springer.

Taylor, S. (Ed.). (1999). *Anxiety sensitivity: Theory, research, and treatment of the fear of anxiety.* Mahwah, NJ: Erlbaum.

Taylor, S. (Ed.). (2004). *Advances in the treatment of posttraumatic stress disorder: Cognitive-behavioral perspectives.* New York: Springer.

Wright, J. (Ed.). (2004). *Review of psychiatry: Vol. 23. Cognitive-behavior therapy.* Washington, DC: American Psychiatric Press.

臨床への応用：全般

Beck, J. S. (1995). *Cognitive therapy: Basics and beyond.* New York: Guilford Press.

Dobson, K. S. (Ed.). (1999). *Handbook of cognitive-behavioral therapies* (2nd ed.). New York: Guilford Press.

Freeman, A., Pretzer, J., Fleming, B., & Simon, K. M. (2004). *Clinical applications of cognitive therapy* (2nd ed.). New York: Springer.

Leahy, R. L. (2003). *Cognitive therapy techniques: A practitioner's guide.* New York: Guilford Press.

Ludgate, J. W. (1995). *Maximizing psychotherapeutic gains and preventing relapse.* Sarasota, FL: Professional Resource Press.

McMullin, R. E. (1999). *The new handbook of cognitive therapy techniques.* New York: Norton.

Needleman, L. D. (1999). *Cognitive case conceptualization: A guidebook for practitioners.* Mahwah, NJ: Erlbaum.

Nezu, A., Nezu, C. M., & Lombardo, E. (2004). *Cognitive-behavioral case formulation and treatment design: A problem-solving approach.* New York: Springer.

O'Donohue, W., Fisher, J., & Hayes, S. (2004). *Cognitive behavior therapy: Applying empirically supported techniques in your practice.* New York: Wiley.

Padesky, C. A., & Greenberger, D. (1995). *Clinician's guide to mind over mood.* New York: Guilford Press.

Persons, J. B. (1989). *Cognitive therapy in practice: A case formulation approach.* New York: Norton.

Schuyler, D. (2003). *Cognitive therapy: A practical guide.* New York: Norton.

Wells, A. (2002). *Emotional disorders and metacognition: Innovative cognitive therapy.* New York: Wiley.

臨床への応用：特定の障害，問題，あるいはグループに関する文献

○不安障害

Antony, M. M., & Swinson, R. P. (2000). *Phobic disorders and panic in adults: A guide to assessment and treatment.* Washington, DC: American Psychological Association.

Beck, A. T., Emery, G., & Greenberg, R. (1985). *Anxiety disorders and phobias: A cognitive perspective.* New York: Basic Books.

Clark, D. A. (2004). *Cognitive-behavioral therapy for OCD.* New York: Guilford Press.

Foa, E. B., & Rothbaum, B. O. (2001). *Treating the trauma of rape: Cognitive-behavioral therapy for PTSD.* New York: Guilford Press.

Follette, V. M., Ruzek, J. I., & Abueg, F. R. (1998). *Cognitive-behavioral therapies for trauma.* New York: Guilford Press.

Frost, R. O., & Steketee, G. (Eds.). (2002). *Cognitive approaches to obsessions and compulsions: Theory, assessment, and treatment.* Oxford, UK: Elsevier.

Heimberg, R. G., & Becker, R. E. (2002). *Cognitive-behavioral group therapy for social phobia: Basic mechanisms and clinical applications.* New York: Guilford Press.

Heimberg, R. G., Turk, C. L., & Mennin, D. S. (Eds.). (2004). *Generalized anxiety disorder: Advances in research and practice.* New York: Guilford Press.

Najavits, L. M. (2001). *Seeking safety: A treatment manual for PTSD and substance abuse.* New York: Guilford Press.

Rygh, J. R., & Sanderson, W. C. (2004). *Treating generalized anxiety disorder: Evidence-based strategies, tools, and techniques.* New York: Guilford Press.

Taylor, S. (2000). *Understanding and treating panic disorder: Cognitive-behavioural approaches.* New York: Wiley.

Taylor, S. (Ed.). (2004). *Advances in the treatment of posttraumatic stress disorder: Cognitive-behavioral perspectives.* New York: Springer.

Taylor, S., & Asmundson, G. J. G. (2004). *Treating health anxiety: A cognitive-behavioral approach.* New York: Guilford Press.

○双極性障害

Basco, M. R., & Rush, A. J. (2005). *Cognitive-behavioral therapy for bipolar disorder* (2nd ed.). New York: Guilford Press.

Johnson, S. L., & Leahy, R. L. (Eds.). (2003). *Psychological treatment of bipolar disorder.* New York: Guilford Press.

Lam, D. H., Jones, S. H., Hayward, P., & Bright, J. A. (1999). *Cognitive therapy for bipolar disorder: A therapist's guide to concepts, methods and practice.* New York: Wiley.

Newman, C. F., Leahy, R. L., Beck, A. T., Reilly-Harrington, N. A., & Gyulai, L. (2002). *Bipolar disorder: A cognitive therapy approach.* Washington, DC: American Psychological Association.

○子ども

Albano, A. M., & Kearney, C. A. (2000). *When children refuse school: A cognitive behavioral therapy approach: Therapist guide.* San Antonio, TX: Psychological Corporation.

Braswell, L., & Bloomquist, M. L. (1991). *Cognitive-behavioral therapy with ADHD children: Child, family, and school interventions.* New York: Guilford Press.

Deblinger, E., & Heflin, A. H. (1996). *Treating sexually abused children and their nonoffending parents: A cognitive behavioral approach.* Thousand Oaks, CA: Sage.

Friedberg, R. D., Crosby, L. E., Friedberg, B. A., & Friedberg, R. J. (2001). *Therapeutic exercises for children: Guided self-discovery using cognitive-behavioral techniques.* Sarasota, FL: Professional Resource Press.

Friedberg, R., & McClure, J. (2001). *Clinical practice of cognitive therapy with children and adolescents: The nuts and bolts.* New York: Guilford Press.

Kendall, P. C. (Ed.). (2000). *Child and adolescent therapy: Cognitive-behavioral procedures* (2nd ed.). New York: Guilford Press.

March, J. S., & Mulle, K. (1998). *OCD in children and adolescents: A cognitive-behavioral treatment manual.* New York: Guilford Press.

Reinecke, M. A., Dattilio, F. M., & Freeman, A. (Eds.). (2003). *Cognitive therapy with children and adolescents: A casebook for clinical practice* (2nd ed.). New York: Guilford Press.

Stallard, P. (2002). *Think good—feel good: A cognitive behaviour therapy workbook for children.* Druin, Victoria, Australia: Halsted Press.

Temple, S. D. (1997). *Brief therapy of adolescent depression.* Sarasota, FL: Professional Resources Press.

○うつと自殺

Beck, A. T., Rush, A. J., Shaw, B. F., & Emery, G. (1979). *Cognitive therapy of depression.* New York: Guilford Press.

Freeman, A., & Reinecke, M. (1994). *Cognitive therapy of suicidal behavior.* New York: Springer.

McCullough, J. P. (1999). *Treatment for chronic depression: Cognitive behavioral analysis system of psychotherapy.* New York: Guilford Press.

Moore, R., & Garland, A. (2003). *Cognitive therapy for chronic and persistent depression.* New York: Wiley.

Papageorgiou, C., & Wells, A. (2003). *Depressive rumination: Nature, theory and treatment.* New York: Wiley.

Persons, J. B., Davidson, J., & Tomkins, M. A. (2001). *Essential components of cognitive-behavioral therapy for depression.* Washington, DC: American Psychological Association.

Rudd, M. D., Joiner, T., & Rajab, M. H. (2001). *Treating suicidal behavior: An effective, time-limited approach.* New York: Guilford Press.

Segal, Z. V., Williams, J., Mark, G., & Teasdale, J. D. (2002). *Mindfulness-based cognitive therapy for depression: A new approach to preventing relapse.* New York: Guilford Press.

○摂食障害

Cooper, Z., Fairburn, C. G., & Hawker, D. M. (2003). *Cognitive-behavioral treatment of obesity: A clinician's guide.* New York: Guilford Press.

Garner, D. M., Vitousek, K. M., & Pike, K. M. (1997). Cognitive-behavioral therapy for anorexia nervosa. In D. M. Garner & P. E. Garfinkel (Eds.), *Handbook of treatment for eating disorders* (2nd ed., pp. 94–144). New York: Guilford Press.

○グループセラピー

Free, M. E. (2000). *Cognitive therapy in groups: Guidelines and resources for practice.* New York: Wiley.

White, J., & Freeman, A. (2000). *Cognitive-behavioral group therapy for specific problems and populations.* Washington, DC: American Psychological Association.

○夫婦関係と家族の問題

Baucom, D. H., & Bozicas, G. D. (1990). *Cognitive behavioral marital therapy.* New York: Brunner/Mazel.

Dattilio, F. M. (1998). *Case studies in couple and family therapy: Systemic and cognitive perspectives.* New York: Guilford Press.

Dattilio, F. M., & Padesky, C. A. (1990). *Cognitive therapy with couples.* Sarasota, FL: Professional Resources Press.

Epstein, N. B., & Baucom, D. H. (2002). *Enhanced cognitive-behavioral therapy for couples: A contextual approach.* Washington, DC: American Psychological Association.

Epstein, N. E., Schlesinger, S. E., & Dryden, W. (Eds.). (1988). *Cognitive-behavioral therapy with families.* New York: Brunner/Mazel.

○医学的問題

Crawford, I., & Fishman, B. (Eds.). (1996). *Psychosocial interventions for HIV disease: A stage-focused and culture specific approach (cognitive behavioral therapy).* Northvale, NJ: Jason Aronson.

Henry, J. L., & Wilson, P. H. (2000). *Psychological management of chronic tinnitus: A cognitive-behavioral approach.* New York: Pearson Allyn & Bacon.

Moorey, S., & Greer, S. (2002). *Cognitive behaviour therapy for people with cancer.* New York: Oxford University Press.

Segal, Z. V., Toner, B. B., Shelagh, D. E., & Myran, D. (1999). *Cognitive-behavioral treatment of irritable bowel syndrome: The brain–gut connection.* New York: Guilford Press.

Thorn, B. E. (2004). *Cognitive therapy for chronic pain: A step-by-step guide.* New York: Guilford Press.

White, C. A. (2001). *Cognitive behaviour therapy for chronic medical problems.* Chichester, UK: Wiley.

Winterowd, C., Beck, A., & Gruener, D. (2003). *Cognitive therapy with chronic pain patients.* New York: Springer.

○強迫性障害

Clark, D. A. (2004). *Cognitive-behavioral therapy for OCD.* New York: Guilford Press.

○高齢者

Laidlaw, K., Thompson, L. W., Dick-Siskin, L., & Gallagher-Thompson, D. (2003). *Cognitive behaviour therapy with older people.* Chichester, UK: Wiley.

Yost, E. B., Beutler, L. E., Corbishley, M. A., & Allender, J. R. (1987). *Group cognitive therapy: A treatment approach for depressed older adults.* New York: Pergamon.

○パーソナリティ障害

Beck, A. T., Freeman, A., Davis, D. D., & Associates. (2003). *Cognitive therapy of personality disorders* (2nd ed.). New York: Guilford Press.

Layden, M. A., Newman, C. F., Freeman, A., & Morse, S. B. (1993). *Cognitive therapy of borderline personality disorder.* Boston: Allyn & Bacon.

Linehan, M. (1993). *Cognitive-behavioral treatment of borderline personality disorder.* New York: Guilford Press.

Smucker, M. R., & Dancu, C. V. (1999). *Cognitive behavioral treatment of adult survivors of childhood trauma: Imagery rescripting and reprocessing.* Northvale, NJ: Jason Aronson.

Sperry, L. (1999). *Cognitive behavior therapy of DSM-IV personality disorders.* New York: Brunner-Routledge.

Young, J., Klosko, J., & Weishaar, M. E. (2003). *Schema therapy: A practitioner's guide.* New York: Guilford Press.

○反抗

Leahy, R. L. (2001). *Overcoming resistance in cognitive therapy.* New York: Guilford Press.

Leahy, R. L. (2003). *Roadblocks in cognitive-behavioral therapy: Transforming challenges into opportunities for change.* New York: Guilford Press.

○物質濫用

Beck, A. T., Wright, F. D., Newman, C. F., & Liese, B. S. (1993). *Cognitive therapy of substance abuse.* New York: Guilford Press.

Najavits, L. M. (2001). *Seeking safety: A treatment manual for PTSD and substance abuse.* New York: Guilford Press.

Thase, M. (1997). Cognitive-behavioral therapy for substance abuse disorders. In L. J. Dickstein, M. B. Riba, & J. M. Oldham (Eds.), *Review of psychiatry* (Vol. 16, pp. 45–72). Washington, DC: American Psychiatric Press.

○統合失調症

Chadwick, P., Birchwood, M., & Trower, P. (1996). *Cognitive therapy of delusions, voices, and paranoia.* New York: Wiley.

French, P., & Morrison, A. (2004). *Early detection and cognitive therapy for people at high risk for psychosis: A treatment approach.* New York: Wiley.

Kingdon, D., & Turkington, D. (1994). *Cognitive-behavioral therapy of schizophrenia*. Hillside, NJ: Erlbaum.

Kingdon, D., & Turkington, D. (Eds.). (2002). *A case study guide to cognitive behavioural therapy of psychosis*. Chichester, UK: Wiley.

Marco, M. C. G., Perris, C., & Brenner, B. (Eds.). (2002). *Cognitive therapy with schizophrenic patients: The evolution of a new treatment approach*. Cambridge, MA: Hogrefe & Huber.

Morrison, A. (2002). *A casebook of cognitive therapy for psychosis*. New York: Brunner-Routledge.

Morrison, A. P. (2004). *Cognitive therapy for psychosis: A formulation-based approach*. New York: Brunner-Routledge.

○その他

Bedrosian, R. C., & Bozicas, G. (1994). *Treating family of origin problems: A cognitive approach*. New York: Guilford Press.

Freeman, A., & Dattilio, F. M. (Eds.). (2000). *Cognitive-behavioral strategies in crisis intervention* (2nd ed.). New York: Guilford Press.

Kroese, B. S., Dagnan, D., & Loumides, K. (Eds.). (1997). *Cognitive behaviour therapy for people with learning disabilities*. New York: Routledge.

Martell, C. R., Safran, S. A., & Prince, S. E. (2003). *Cognitive-behavioral therapies with lesbian, gay, and bisexual clients*. New York: Guilford Press.

Radnitz, C. L. (Ed.). (2000). *Cognitive behavioral therapy for persons with disabilities*. Northvale, NJ: Jason Aronson.

Safran, J. D., & Segal, Z. V. (1996). *Interpersonal process in cognitive therapy*. Northvale, NJ: Jason Aronson.

Wills, F., & Sanders, D. (1997). *Cognitive therapy: Transforming the image*. London: Sage.

Wright, J. H., Thase, M. E., Beck, A. T., & Ludgate, J. W. (1993). *Cognitive therapy with inpatients: Developing a cognitive milieu*. New York: Guilford Press.

臨床への応用:いろいろな障害,問題,対象をカバーする文献

Barlow, D. H. (Ed.). (2001). *Clinical handbook of psychological disorders: A step-by-step treatment manual* (3rd ed.). New York: Guilford Press.

Beck, A. T. (1976). *Cognitive therapy and the emotional disorders*. New York: International Universities Press.

Blackburn, I. M., Twaddle, V., & Associates. (1996). *Cognitive therapy in action: A practitioner's casebook*. London. Souvenier Press (Educational & Academic).

Caballo, V. E. (Ed.). (1998). *International handbook of cognitive and behavioural treatments for psychological disorders*. Oxford, UK: Elsevier Science.

Clark, D. M., & Fairburn, C. G. (Eds.). (1997). *Science and practice of cognitive behavior therapy*. New York: Oxford University Press.

Freeman, A., & Dattilio, F. M. (1992). *Comprehensive casebook of cognitive therapy*. New York: Plenum.

Freeman, A., Pretzer, J., Fleming, B., & Simon, K. M. (1990). *Clinical applications of cognitive therapy.* New York: Plenum.
Freeman, A., Simon, K. M., Beutler, L., & Arkowitz, H. (Eds.). (1989). *Comprehensive handbook of cognitive therapy.* New York: Plenum.
Granvold, D. K. (Ed.). (1998). *Cognitive and behavioral treatment: Methods and applications.* Stamford, CT: Wadsworth.
Kuehlwein, K. T., & Rosen, H. (Eds.). (1993). *Cognitive therapies in action: Evolving innovative practice.* San Francisco: Jossey-Bass.
Leahy, R. (1996). *Cognitive therapy: Basic principles and applications.* Northvale, NJ: Jason Aronson.
Leahy, R. (Ed.). (1997). *Practicing cognitive therapy: A guide to interventions.* Northvale, NJ: Jason Aronson.
Leahy, R. L., & Dowd, T. E. (Ed.). (2002). *Clinical advances in cognitive psychotherapy: Theory and application.* New York: Springer.
Leahy, R. L., & Holland, S. J. (2000). *Treatment plans and interventions for depression and anxiety disorders.* New York: Guilford Press.
Lyddon, W. J., & Jones, J. V. (Ed.). (2001). *Empirically supported cognitive therapies: Current and future applications.* New York: Springer.
Reinecke, M., & Clark, D. (Eds.). (2003). *Cognitive therapy across the lifespan: Evidence and practice.* Cambridge, UK: Cambridge University Press.
Salkovskis, P. M. (Ed.). (1996). *Frontiers of cognitive therapy.* New York: Guilford Press.
Salkovskis, P. M. (Ed.). (1996). *Trends in cognitive therapy and behavioural therapies.* New York: Wiley.
Scott, J., Williams, M. G., & Beck, A. T. (Eds.). (1989). *Cognitive therapy in clinical practice.* New York: Routledge.
Simos, G. (Ed.). (2002). *Cognitive behaviour therapy: A guide for the practicing clinician.* New York: Brunner-Routledge.

付記B

推薦学会誌，推薦ウェブサイト

CBT関連の学会誌

Acta Psychiatrica Scandinavica
Addiction
Addictive Behaviors
American Journal of Family Therapy
American Journal of Geriatric
　Psychiatry
American Journal of Psychiatry
Anxiety, Stress and Coping
Archives of General Psychiatry
Australian and New Zealand Journal
　of Psychiatry
Behavior Modification
Behavior Therapy
Behaviour Research and Therapy
Behavioural and Cognitive
　Psychotherapy
Biological Psychiatry
Bipolar Disorders
British Journal of Clinical
　Psychology
British Journal of Psychiatry
Canadian Journal of Psychiatry
Clinical Psychology and
　Psychotherapy
Clinical Psychology Review
Clinical Psychology: Science
　and Practice
Cognitive and Behavioral Practice
Cognitive Behaviour Therapy
Cognitive Therapy and Research
Comprehensive Psychiatry
Depression and Anxiety
European Eating Disorders Review
International Journal of Eating
　Disorders
Journal of Abnormal Psychology
Journal of Affective Disorders
Journal of Anxiety Disorders
Journal of Behavior Therapy
　and Experimental Psychiatry
Journal of Clinical Psychiatry
Journal of Clinical Psychology
Journal of Cognitive Psychotherapy
Journal of Consulting and Clinical
　Psychology
Journal of Family Psychology
Journal of Marital and Family
　Therapy
Journal of Marriage and the Family
Journal of Nervous and Mental
　Disease
Journal of Personality Disorders
Journal of Psychiatric Research
Journal of Psychopathology
　and Behavioral Assessment
Journal of Studies on Alcohol

Journal of Traumatic Stress
Obesity Research
Personality and Individual Differences
Professional Psychology: Research and Practice
Psychiatric Clinics of North America
Psychiatry Research
Psychological Assessment
Psychological Medicine
Psychology of Addictive Behaviors
Schizophrenia Bulletin
Suicide and Life-Threatening Behavior

CBT関連のウェブサイト

Academy of Cognitive Therapy	*www.academyofct.org*
Association for Advancement of Behavior Therapy	*www.aabt.org*
Association of State and Provincial Psychology Boards (ASPPB) Roster of Member Jurisdictions	*www.asppb.org*
Beck Institute for Cognitive Therapy and Research	*www.beckinstitute.org*
International Association for Cognitive Psychotherapy	*www.iacp.asu.edu*

□ 文　献

1) American Psychiatric Association. (2000). *Diagnostic and statistical manual of mental disorders* (4th ed., text rev.). Washington, DC: Author.
2) American Psychological Association. (2002). Ethical principles of psychologists and code of conduct. *American Psychologist, 57*, 1060–1073.
3) Barlow, D. H. (Ed.). (2001). *Clinical handbook of psychological disorders: A step-by-step treatment manual* (3rd ed.). New York: Guilford Press.
4) Basoglu, M., Marks, I. M., Kilic, C., Brewin, C. R., & Swinson, R. P. (1994). Alprazolam and exposure for panic disorder with agoraphobia attribution of improvement to medication predicts subsequent relapse. *British Journal of Psychiatry, 164*, 652–659.
5) Beck, A. T. (1976). *Cognitive therapy and the emotional disorders*. New York: International Universities Press.
6) Beck, A. T., Rush, A. J., Shaw, B., & Emery, G. (1979). *Cognitive therapy of depression*. New York: Guilford Press.
7) Beck, J. S. (1995). *Cognitive therapy: Basics and beyond*. New York: Guilford Press.
8) Brent, D. A., Perper, J. A., Mortiz, G., Allman, C., Schweers, J., Roth, C., et al. (1993). Psychiatric sequelae to the loss of an adolescent peer to suicide. *Journal of the American Academy of Child and Adolescent Psychiatry, 32*, 509–517.
9) Brown, T. A., DiNardo, P. A., & Barlow, D. H. (1994). Anxiety Disorders Interview Schedule for DSM-IV (ADIS-IV). San Antonio, TX: Psychological Corporation.
10) Burns, D. D. (1980). *Feeling good: The new mood therapy*. New York: Signet.
11) Canadian Psychological Association. (2000). *Canadian code of ethics for psychologists* (3rd ed.). Ottawa, Ontario: Author.
12) Craske, M. G., & Barlow, D. H. (2001). Panic disorder and agoraphobia. In D. H. Barlow (Ed.), *Clinical handbook of psychological disorders* (3rd ed., pp. 1–59). New York: Guilford Press.

13) Crits-Christoph, P., Baranackie, K., Kurcias, J., Beck, A. T., Carroll, K., Perry, K., Luborsky, L., McLellan, A. T., Woody, G., Thompson, L., Gallagher, D., & Zitrin, C. (1991). Meta-analysis of therapist effects in psychotherapy outcome studies. *Psychotherapy Research, 1,* 81–91.
14) Cukrowicz, K. C., Wingate, L. R., Driscoll, K. A., & Joiner, T. E. (2004). A standard of care for the assessment of suicide risk and associated treatment: The Florida State University psychology clinic as an example. *Journal of Contemporary Psychotherapy, 34,* 87–100.
15) Duberstein, P. R., & Conwell, Y. (1997). Personality disorders and completed suicide: A methodological and conceptual review. *Clinical Psychology: Science and Practice, 4,* 359–376.
16) First, M. B., Spitzer, R. L., Gibbon, M., & Williams, J. B. W. (1997). *Structured Clinical Interview for DSM-IV Axis I Disorders (SCID-I), Clinician Version.* Washington, DC: American Psychiatric Publishing.
17) Furmark, T., Tillfors, M., Marteinsdottir, I., Fischer, H., Pissiota, A., Langstroem, B., & Fredrikson, M. (2002). Common changes in cerebral blood flow in patients with social phobia treated with citalopram or cognitive-behavioral therapy. *Archives of General Psychiatry, 59,* 425–433.
18) Garner, D. M. (1993). Eating disorders. In A. S. Bellack & M. Hersen (Eds.), *Psychopathology in adulthood* (pp. 319–336). Needham Heights, MA: Allyn & Bacon.
19) Goldapple, K., Segal, Z., Garson, C., Lau, M., Bieling, P., Kennedy, S., & Mayberg, H. (2004). Modulation of cortical–limbic pathways in major depression: Treatment specific effects of cognitive behavior therapy. *Archives of General Psychiatry, 61,* 34–41.
20) Greenberger, D., & Padesky, C. A. (1995). *Mind over mood: Change how you feel by changing the way you think.* New York: Guilford Press.
21) Groth-Marnat, G. (1997). *Handbook of psychological assessment* (3rd ed.). Oxford, UK: Wiley.
22) Heikkinen, M. E., Isometsae, E. T., Marttunen, M. J., Aro, H. M., & Lönnqvist, J. K. (1995). Social factors in suicide. *British Journal of Psychiatry, 167,* 747–753.
23) Hope, D. A., Heimberg, R. G., Juster, H. R., & Turk, C. L. (2000). *Managing social anxiety: A cognitive-behavioral therapy approach.* San Antonio, TX: Psychological Corporation.
24) Jones, M. C. (1924). A laboratory study of fear: The case of Peter. *Pedagogical Seminary, 31,* 308–315.
25) Joiner, T. E., Rudd, M. D., & Rajab, M. H. (1997). The Modified Scale for Suicidal Ideation: Factors of suicidality and their relation to clinical and diagnostic variables. *Journal of Abnormal Psychology, 106,* 260–265.
26) Joiner, T. E., Walker, R. L., Rudd, M. D., & Jobes, D. A. (1999). Scientizing and routinizing the assessment of suicidality in outpatient practice. *Professional Psychology: Research and Practice, 30,* 447–453.
27) Kaplan, H. I., Sadock, B. J., & Grebb, J. A. (1994). *Kaplan and Sadock's synopsis of psychiatry: Behavioral sciences, clinical psychiatry* (7th ed.). Baltimore, MD: Williams & Wilkins.
28) Keijsers, G. P. J., Schaap, C. P. D. R., & Hoogduin, C. A. L. (2000). The impact of interpersonal patient and therapist behavior on outcome in cognitive-behav-

ioral therapy: A review of empirical studies. *Behavior Modification, 24*, 264–297.
29) Kleespies, P. M., Deleppo, J. D., Gallagher, P. L., & Niles, B. L. (1999). Managing suicidal emergencies: Recommendations for the practitioner. *Professional Psychology: Research and Practice, 30*, 454–463.
30) Lambert, M. J., & Bergin, A. E. (1994). The effectiveness of psychotherapy. In A. E. Bergin & S. L. Garfield (Eds.), *Handbook of psychotherapy and behavior change* (4th ed., pp. 143–189). Oxford, UK: Wiley.
31) Leahy, R. L. (2001). *Overcoming resistance in cognitive therapy*. New York: Guilford Press.
32) Leahy, R. L. (2003). *Roadblocks in cognitive-behavioral therapy: Transforming challenges into opportunities for change*. New York: Guilford Press.
33) Maris, R. W. (1992). The relationship of nonfatal suicide attempts to completed suicides. In R. W. Maris & A. L. Berman (Eds.), *Assessment and prediction of suicide* (pp. 362–380). New York: Guilford Press.
34) Marttunen, M. J., Aro, H. M., & Lönnqvist, J. K. (1993). Precipitant stressors in adolescent suicide. *Journal of the American Academy of Child and Adolescent Psychiatry, 32*, 1178–1183.
35) McManus, P., Mant, A., Mitchell, P. B., Montgomery, W. S., Marley, J., & Auland, M. E. (2000). Recent trends in the use of antidepressant drugs in Australia, 1990–1998. *Medical Journal of Australia, 173*, 458–461.
36) Padesky, C. A., & Greenberger, D. (1995). *Clinician's guide to mind over mood*. New York: Guilford Press.
37) Paykel, E. S., Prusoff, B. A., & Myers, J. K. (1975). Suicide attempts and recent life events: A controlled comparison. *Archives of General Psychiatry, 32*, 327–333.
38) Persons, J. B. (1989). *Cognitive therapy in practice: A case formulation approach*. New York: Norton.
39) Rogers, C. R. (1957). The necessary and sufficient conditions of therapeutic personality change. *Journal of Consulting Psychology, 21*, 95–103.
40) Rudd, M. D., & Joiner, T. (1998). The assessment, management, and treatment of suicidality: Toward clinically informed and balanced standards of care. *Clinical Psychology: Science and Practice, 5*, 135–150.
41) Sadler, J. Z. (2002). *Descriptions and prescriptions: Values, mental disorders, and the DSMs*. Baltimore, MD: Johns Hopkins University Press.
42) Shapiro, D. A., & Shapiro, D. (1982). Meta-analysis of comparative therapy outcome studies: A replication and refinement. *Psychological Bulletin, 92*, 581–604.
43) Smith, M. L., & Glass, G. V. (1977). Meta-analysis of psychotherapy outcome studies. *American Psychologist, 32*, 752–760.
44) Wierzbicki, M., & Pekarik, G. (1993). A meta-analysis of psychotherapy dropout. *Professional Psychology: Research and Practice, 24*, 190–195.
45) Wiger, D. E. (1998). *The psychotherapy documentation primer*. Oxford: Wiley.
46) Wilson, G. T., Fairburn, C. G., & Agras, W. S. (1997). Cognitive behavioral therapy for bulimia nervosa. In D. M. Garner & P. E. Garfinkel (Eds.), *Handbook of treatment for eating disorders* (2nd ed., pp. 67–93). New York: Guilford Press.

□索　引

1回目の治療セッション …………………132
2回目の治療セッション …………………151
CBTの有効性 ………………………………113
DSM-Ⅳ-TR …………………………………18
PTSD（外傷後ストレス障害）……………232
SCID……………………………………42, 72
SCID-Ⅳ ………………………………………49
SUD尺度………………………………………157

【あ】
アジェンダ ………130, 131, 141, 151, 225, 247
アメリカ心理学協会 …………………………29
アルコール依存 ……………………………256
安全行動 ………………………………………88
インフォームドコンセント …………………97
うつ病 …………………………………………94
運命の先読み ………………………………194
贈り物 …………………………………186, 189
怒っているクライエント …………………237
オペラント条件づけ …………………………11

【か】
解釈 ……………………………………102, 192
階層表 ………………………………151, 157, 248
回避 ………………………………88, 143, 157
科学者としての立場 ………………………183
過去 ……………………………………163, 164
過食 …………………………………………118
過食症 …………………………………94, 191
家族環境 ……………………………………152
家族背景 ………………………………………55
家族歴 …………………………………………55

過度に協力的なクライエント ……………241
観察 ……………………………………………60
感情 ………………………………………53, 82
感情的反応 ………………14, 17, 72, 80, 192
完璧主義 ……………………………………152
希望 …………………………………………161
キャンセル …………………………………213
強化 ……………………………………………11
共感 …………………………………………184
共同作業 ………………………………………3
共同的経験主義 ………………………102, 114
強迫性障害 ………………46, 64, 94, 236, 241, 242
恐怖 …………………………………………157
恐怖と回避の階層表 ………………………200
記録 ……………………………………204, 206
クライエント …………………7, 25, 98, 241
クライエントへの否定的な反応 …………179
グループスーパービジョン ………277, 278
訓練生の役割 ………………………………274
系統的段階的曝露法 ………………………153
契約 …………………………………………177
欠席 …………………………………………214
欠席と遅刻 …………………………………213
向精神薬 ……………………………………166
構造化面接 ……………………………………49
行動 ……………………………………………53
行動活性化 …………………………………139
行動観察 ……………………………………124
行動主義 ……………………………………9, 10
行動的技法 ………………………………15, 16
行動的反応 ………………14, 17, 72, 81, 82, 88, 192
行動の要素 ……………………………142, 144

行動テスト ………………………………60
行動療法 …………………………………104
行動療法推進協会 ……………………21, 22
抗不安薬 …………………………………168
合理的な反応 ……………………198, 199, 201
国際認知療法協会 ………………………23
心のフィルター …………………………194
個人スーパービジョン ……………277, 278
個人的な質問 ……………………182, 184, 185
古典的条件づけ …………………………10

【さ】

最初の接触 ……………………………25, 38, 39
再発 ………………………………………256
先延ばし …………………………………219
査定 ……………………2, 6, 18, 42, 43, 45, 48, 129
査定報告書 …………………………120, 121
時間制限つき ……………………………103, 116
時間制限つきの治療法 …………………245
自記式質問紙 …………………………58, 72
自己開示 …………………………………235
自己主張 …………………………………214
事後の総括 ………………………………202
自殺願望 …………………………………175
自殺企図 …………………………………175
自殺念慮 …………………………………175
自殺のリスク …………………………170, 172
事前準備 …………………………………202
失敗の理由 ………………………………168
自動思考 ……13, 14, 53, 80, 83, 193, 199, 201
自分の感情的反応 ………………………172
社会恐怖 …………72, 86, 89, 90, 96, 109, 246
社会的支援 ………………………………176
社会不安 ………………………80, 88, 95, 138
社会不安障害 …………………………35, 39
社交行事 …………………………………188

終結 ………………………………245, 252
重要な他者 ……………………………65, 66
主訴 ……………………………………52, 132
守秘義務 …………………31, 33, 36, 38, 62, 65
衝動性 ……………………………………176
将来に向けての現実的な予想 …………255
将来に向けての目標 ……………………254
症例 ………………………………………39
症例の概念化 ……3, 5, 6, 19, 20, 38, 68, 77, 85, 88, 90, 96, 97, 100, 107, 116, 120, 130, 180, 183, 203, 205, 212
症例の定式化 ……………………………77
初心の臨床家 ……………1, 8, 66, 183, 271
診断 ……………………………………48, 99
信念 …………………………3, 81, 133, 151, 163
信頼関係 ……………31, 32, 65, 129, 131, 137
心理教育 …………………………137, 138, 139
心理的問題のない生活 …………………228
スーパーバイザー ……47, 131, 178, 179, 183, 190, 191, 271, 275, 279
スーパーバイザーの役割 ………………272
スーパービジョン 7, 9, 69, 171, 183, 271, 291
スーパービジョン関係 ……………275, 276
スーパービジョン関係での障壁 ………282
スーパービジョンの方法 ………………277
ストレス因 ………………………………219
生活上でのストレス因 …………………221
性機能の問題 ……………………………167
生物学的要因 ……………………………165
生理的反応 …………………………14, 17, 53
生理的要素 …………………………142, 144
セクシュアルハラスメント ……………289
摂食障害 ……………………………164, 216, 256
セッションの頻度 ………………………177
絶望感 ……………………………………174
説明責任 …………………………………205

索引 309

セルフ・モニタリング …………61, 253
専門家の間のコミュニケーション ……205
素因 ……………………………174
「贈答禁止」ポリシー ………………187
ソクラテス式質問法 …102, 103, 136, 143, 159, 194, 247

【た】
ダイエット ………………………118
代価 ………………………………261
大学院教育 …………………………271
脱線戦術 ……………………219, 224
遅刻 …………………………213, 214
中核的信念 ……13, 14, 53, 78, 83, 85, 163
治療関係 ……86, 179, 180, 181, 184, 230, 263
治療技法の目的 ……………………162
治療計画 ……2, 38, 88, 90, 116, 120, 131, 203
治療失敗 …………………………117
治療同盟 ……………………………3
治療の延長 …………………………262
治療の共同的性質 …………………207
治療の成功 ……………………9, 168
治療の選択肢 …………………97, 100
治療マニュアル ………………91, 141
抵抗 …………………………211, 215
動機づけ ………………………41, 137
同僚に相談 ………………………171
読心術 ……………………………194

【な】
認知 ………………………………101
認知行動モデル ………………138, 162
認知行動療法 ………………………1
認知再構成法 …15, 89, 138, 153, 192, 199, 200
認知主義 ………………………9, 12
認知的技法 …………………………15

認知的要素 …………………142, 144
認知モデル …………………………12, 52
認知療法 ……………………………12
認知療法アカデミー ………………23
抜毛癖 ……………………………61, 253
能動的な役割 ………………………212

【は】
媒介信念 ……………………………14
曝露 …………………157, 200, 202, 203, 248
曝露反応妨害法 ……………………64
曝露法 ………………………138, 199
話しすぎるクライエント ……………235
パニック障害 ………………216, 222, 226
パニック制御治療 …………………191
パニック発作 …………………94, 103
早い終結 …………………………258
般化 ………………………………10
半構造化面接 ………………………49
引き金となる出来事 ………………192
非協力 ………………………211, 212
非構造化面接 ………………………50
病因に関する信念 ……………163, 165
費用対収益の分析 …………………218
広場恐怖を伴うパニック障害 …219, 225
ヒントペーパー ………………140, 141
不安 ……………………………66, 67
不安の3要素 …………………142, 159
不安の下向き螺旋 …………………144
不安の身体症状 …………………152
フィードバック …97, 98, 99, 101, 105
ブースターセッション ……………256
併存 ………………………………175
併存疾患 …………………………94
併用 ………………………………168
変化すること ………………………163

防御因子 …………………………………176
ホームワーク …87, 93, 130, 151, 153, 159, 198,
　　　224, 226, 247
ホームワークへの非協力 ……………224, 226

【ま】
無条件の肯定的受容 ………………………4
持ち帰りメッセージ ………148, 159, 198, 202
問題リスト …………66, 73, 79, 83, 97, 99, 106

【や】
薬物に関する心配 ………………………167
薬物の服用 ………………………………169
薬物療法 …………………………119, 166

薬物療法の併用 …………………………169
誘惑 ………………………………………189
抑うつ ……………………………239, 250
予約の変更 ………………………………215

【ら】
理論的根拠 ………………………………162
臨床家の経験 ……………………………182
臨床家の年齢 ……………………………182
臨床家の未解決の問題 …………………178
臨床面接 …………………………………48
レッテル貼り ……………………………194
論理の誤り ………………………………193

○監訳者あとがき

　本書は"Making Cognitive-Behavioral Therapy Work: Clinical Process for New Practitioners（Guilford Press, New York, 2005）"を邦訳したものである。星和書店から何冊か認知療法・認知行動療法に関連した原書を渡されたとき，本書の共著者Richard G. Heimbergの名に惹かれ，監訳をお引き受けする決心をした。翻訳を北里大学の黒澤麻美氏がお一人で担当される計画であったことも，この決断を支えてくれた。

　いささか唐突に聞こえるかもしれないが，本書からイメージされるのは，京都は永観堂の「みかえり阿弥陀」である。永保2年（1082年）2月15日の払暁，凍てつく堂内で念仏を唱え巡る永観の前に，突如として，須弥壇から阿弥陀像が降り立った。驚く永観に，阿弥陀は肩越しに振り返り，「永観，おそし」と声をかけ，先導したと言われている（永観堂のホームページ http://www.eikando.or.jp/mikaeriamida.htm より）。

　先を歩む認知行動療法のエキスパートが，彼の後ろにいて専門家としての歩みを始めようとする初心者に顔を向け，一方の手で行く手を指し示している。「みかえり阿弥陀」のような，厳しく，しかし慈愛に満ちた眼差しが本書にはある。

　本書が想定する読者として最初に思い浮かぶのは，心理学系大学院に学ぶ学生や，資格を得て臨床実践を開始してまもない初心の臨床家である。認知療法に関わる他の専門領域（医学，看護学，社会福祉学など）において研修・訓練を受けている人たちも，本書から多くを得ることができるだろう。

　本書では，クライエントとの出会いまでに臨床家としてなすべき事柄から，

最初の面接，査定，症例の概念化，治療計画の立案，クライエントへのフィードバック，査定報告書の作成，初回セッションとアジェンダの設定，認知行動療法導入時の難題，その後のセッションにおける認知的技法と行動的技法（とくに社会不安障害に対する認知再構成法と曝露法）の適用，治療への非協力（nonadherence），治療の終結に至る，一連の認知行動療法による治療過程が詳述されている。

とりわけ治療の進め方を具体的に示すために選ばれた症例マイケルでは，社会不安障害の認知行動療法における第一人者であるHeimbergの練達の技が示されている。たしかに，マイケルがきわめて宗教的な，治療に協力的な，高学歴の医師であるので，治療の成功が特定の対象に限定される印象を与えかねない。しかし，本書の意図が難治例のための創意工夫ではなく，定型的な治療過程を描くことにあるのを忘れてはなるまい。むしろ，初心の臨床家は典型的なクライエントに関わることから始め，クライエントに教えられながら，治療手技を磨く必要があると思われる。適切な症例の選択と言えるのではあるまいか。

本書の最終章にはスーパービジョンに関する事柄が取り上げられている。直接クライエントに関わらないスーパーバイザーが初心の臨床家を教育するという構図には理解しがたいものがあるが，技術の継承には人から人へという口伝が要請される。臨床心理士養成大学院に勤務するという仕事柄，個人的にはもっとも興味深く読んだところである。

認知行動療法は外科手術に似る，などと書くと失笑を買うだろうか。しかし，症例の概念化や治療技法の選択はもちろんのこと，治療の全行程を自家薬籠中のものとするには，生きた治療を現在進行形で見聞することが不可欠である。模擬患者（simulated patient: SP）を加えた模擬診察が医学教育では活用されているが，認知行動療法の教育においても模擬体験ができるようになれば，初心の臨床家には朗報となるかもしれない。

認知行動療法に習熟するためには，クライエントの声を聴くばかりでなく，クライエントの全体を観ることが求められるとすると，本書を読み終えた初心の臨床家の前に続く道は長い。

最後に，短期間のうちに翻訳を仕上げられた黒澤麻美氏のおかげで，本書が

公刊できたことに謝意を表したい．また，星和書店の石澤雄司社長，編集部の近藤達哉氏に感謝申し上げる．予定よりも出版が遅延したが，監訳者のいつもの悪癖と，ご容赦願いたい．

　2007年初夏

井上　和臣

監訳者

井上　和臣（いのうえ かずおみ）

1952年　徳島県生まれ
1977年　京都府立医科大学卒業
1980年　京都府立医科大学精神医学教室助手
1986年　京都府立医科大学精神医学教室講師
1988年　米国ペンシルベニア大学精神医学教室認知療法センター留学
1989年　京都府立精神保健総合センター所長
1990年　鳴門教育大学人間形成基礎講座助教授
1998年　鳴門教育大学人間形成基礎講座教授
2001年　鳴門教育大学教育臨床講座教授

著訳書

『認知療法入門』（星和書店，分担翻訳および執筆）
『認知療法への招待』（金芳堂）
『認知療法ハンドブック 上・下』（星和書店，分担執筆）
『心のつぶやきがあなたを変える』（星和書店）
『CD-ROMで学ぶ認知療法』（星和書店）
『認知療法ケースブック』（星和書店，編集）
『認知療法・西から東へ』（星和書店，編著）

訳者

黒澤　麻美（くろさわ あさみ）

東京都出身
1989年　慶應義塾大学文学部卒業
1990年　英国オックスフォード大学留学（～1993年）
1991年　慶應義塾大学大学院文学研究科修士課程修了
帰国後，複数の大学で英語講師として勤務。
2005年　北里大学一般教育部専任講師

訳書

『境界性人格障害＝BPD 実践ワークブック』（星和書店，共訳）

> [著者]

デボラ・ロス・レドリー Ph.D.
ペンシルベニア大学医学部心理学助教授 兼 同大学不安障害治療研究センタースタッフ。
著書は，社会恐怖，強迫性障害，その他の不安障害の性質と治療に関する科学論文や共著など。

❏

ブライアン・P・マルクス Ph.D.
テンプル大学臨床心理学助教授。
著書は，性的攻撃・加害，外傷後ストレス障害，感情と精神病理学，行動療法に関する科学論文や共著など。

❏

リチャード・G・ハイムバーグ Ph.D.
テンプル大学心理学教授，臨床訓練ディレクター，成人不安障害クリニック長。元・行動療法推進協会会長。
社会不安に対する認知行動療法の発展と評価に対する尽力で知られ，社会不安，不安障害，その他の関連トピックに関する200以上の論文や章を著している。
共編，共著には，"Social Phobia: Diagnosis, Assessment, and Treatment" "Managing Social Anxiety: A Cognitive-Behavioral Therapy Approach" "Generalized Anxiety Disorder: Advances in Research and Practice" がある。

認知行動療法を始める人のために

2007年8月29日 初版第1刷発行

著　者	デボラ・ロス・レドリー　ブライアン・P・マルクス リチャード・G・ハイムバーグ	
監訳者	井上和臣	
訳　者	黒澤麻美	
発行者	石澤雄司	
発行所	㈱ 星 和 書 店	

東京都杉並区上高井戸1-2-5　〒168-0074
電話03(3329)0031（営業）／03(3329)0033（編集）
FAX 03(5374)7186
http://www.seiwa-pb.co.jp

©2007　星和書店　　Printed in Japan　　ISBN978-4-7911-0639-4

不安障害の認知行動療法(1)
パニック障害と広場恐怖
〈治療者向けガイドと患者さん向けマニュアル〉

アンドリュース 他著
古川壽亮 監訳

A5判
292p
2,600円

不安障害の認知行動療法(1)
パニック障害と広場恐怖
〈患者さん向けマニュアル〉

アンドリュース 他著
古川壽亮 監訳

A5判
112p
1,000円

不安障害の認知行動療法(2)
社会恐怖
〈治療者向けガイドと患者さん向けマニュアル〉

アンドリュース 他著
古川壽亮 監訳

A5判
192p
2,500円

不安障害の認知行動療法(2)
社会恐怖
〈患者さん向けマニュアル〉

アンドリュース 他著
古川壽亮 監訳

A5判
108p
1,000円

不安障害の認知行動療法(3)
強迫性障害とPTSD
〈治療者向けガイドと患者さん向けマニュアル〉

アンドリュース 他著
古川壽亮 監訳

A5判
240p
2,600円

不安障害の認知行動療法(3)
強迫性障害とPTSD
〈患者さん向けマニュアル〉

アンドリュース 他著
古川壽亮 監訳

A5判
104p
1,000円

発行:星和書店　http://www.seiwa-pb.co.jp　価格は本体(税別)です

認知療法実践ガイド・基礎から応用まで
ジュディス・ベックの認知療法テキスト

ジュディス・S・ベック 著
伊藤絵美、神村栄一、藤澤大介 訳

A5判
464p
3,900円

認知療法・西から東へ

井上和臣 編・著

A5判
400p
3,800円

認知療法全技法ガイド
対話とツールによる臨床実践のために

ロバート・L・リーヒイ 著
伊藤絵美、佐藤美奈子 訳

A5判
616p
4,400円

侵入思考
雑念はどのように病理へと発展するのか

D.A.クラーク 著
丹野義彦 訳・監訳
杉浦、小堀、山崎、高瀬 訳

四六判
396p
2,800円

認知行動療法の科学と実践
EBM時代の新しい精神療法

Clark、Fairburn 編
伊豫雅臣 監訳

A5判
296p
3,300円

発行：星和書店　http://www.seiwa-pb.co.jp　価格は本体（税別）です

認知療法・認知行動療法カウンセリング初級ワークショップ	伊藤絵美 著	A5判 212p 2,400円
〈DVD〉認知療法・認知行動療法カウンセリング初級ワークショップ	伊藤絵美	DVD2枚組 5時間37分 12,000円
CD-ROMで学ぶ認知療法 Windows95・98&Macintosh対応	井上和臣 構成・監修	3,700円
認知療法・認知行動療法面接の実際〈DVD版〉	伊藤絵美	DVD4枚組 6時間40分 [テキスト付] B5判 112p 18,000円
認知療法ケースブック こころの臨床a・la・carte 第22巻増刊号[2]	井上和臣 編	B5判 196p 3,800円

発行：星和書店　http://www.seiwa-pb.co.jp　価格は本体（税別）です

認知療法入門 フリーマン氏による 治療者向けの臨床的入門書	A.フリーマン 著 遊佐安一郎 監訳	A5判 296p 3,000円
統合失調症の 早期発見と認知療法 発症リスクの高い状態への治療的アプローチ	P.French、 A.P.Morrison 著 松本和紀、 宮腰哲生 訳	A5判 196p 2,600円
認知療法2006 第5回 日本認知療法学会から	貝谷久宣 編	A5判 128p 2,600円
認知療法ハンドブック 上 応用編	大野裕、 小谷津孝明 編	A5判 272p 3,680円
認知療法ハンドブック 下 実践編	大野裕、 小谷津孝明 編	A5判 320p 3,800円

発行：星和書店　http://www.seiwa-pb.co.jp　価格は本体（税別）です

心のつぶやきが あなたを変える
認知療法自習マニュアル

井上和臣 著

四六判
248p
1,900円

フィーリングGood ハンドブック
気分を変えて すばらしい人生を手に入れる方法

D.D.バーンズ 著
野村総一郎 監訳
関沢洋一 訳

A5判
756p
3,600円

［増補改訂］第2版 いやな気分よ、さようなら
自分で学ぶ「抑うつ」克服法

D.D.バーンズ 著
野村総一郎 他訳

B6判
824p
3,680円

「うつ」を生かす
うつ病の認知療法

大野裕 著

B6判
280p
2,330円

不安からあなたを解放する 10の簡単な方法
―不安と悩みへのコーピング―

ボーン、ガラノ 著
野村総一郎、
林建郎 訳

四六判
248p
1,800円

発行：星和書店　http://www.seiwa-pb.co.jp　価格は本体（税別）です